Microsoft Excel 5
para Windows
paso a paso

Microsoft Excel 5 para Windows paso a paso

Catapult Inc.

Traducción

RAFAEL GUIRADO CLAVIJO
ANTONIO BECERRA TERON
Departamento de Lenguajes y Computación
Universidad de Almería

Revisión técnica

ANTONIO VAQUERO SANCHEZ
Catedrático de Informática
Facultad de Ciencias Físicas
Universidad Complutense de Madrid

SAMUEL TUNEZ RODRIGUEZ
Departamento de Lenguajes y Computación
Universidad de Almería

McGRAW-HILL

MÉXICO • BUENOS AIRES • CARACAS • GUATEMALA • LISBOA • MADRID • NUEVA YORK
PANAMÁ • SAN JUAN • SANTAFÉ DE BOGOTÁ • SANTIAGO • SÃO PAULO
AUCKLAND • HAMBURGO • LONDRES • MILÁN • MONTREAL • NUEVA DELHI • PARÍS
SAN FRANCISCO • SINGAPUR • ST. LOUIS • SIDNEY • TOKIO • TORONTO

DERECHOS RESERVADOS © 1994 respecto a la primera edición en español por McGRAW-HILL/INTERAMERICANA DE ESPAÑA, S. A.
Edificio Valdealty, 1.ª planta
Basauri, 17
28023 ARAVACA (Madrid)

Traducido de la primera edición en inglés de
Microsoft Excel 5 for Windows Step-by-Step
ISBN: 1-55615-587-5

Copyright © 1994, por Microsoft Corporation
Copyright de la edición original en lengua inglesa © 1994 por Catapult, Inc.

Publicado por McGraw-Hill/Interamericana de España por acuerdo con el editor original, Microsoft Corporation. Redmond. Washington. EE.UU.

ISBN: 84-481-1896-0
Depósito legal: M. 24.791-1994

4567890123   PE-95   9087543216

Impreso en México   Printed in Mexico

Esta obra se terminó de
imprimir en Agosto de 1996 en
Litográfica Ingramex
Centeno Núm. 162-1
Col. Granjas Esmeralda
Delegación Iztapalapa
09810 México, D.F.

Se tiraron 3300 ejemplares

Catapult Inc. es una empresa de enseñanza de software dedicada a confeccionar programas de aprendizaje de la más alta calidad. Años de experiencia en la instrucción sobre PC y Macintosh en instituciones oficiales han hecho posible el programa de entrenamiento especial orientado al pleno rendimiento, exclusivo de Catapult. En base a los principios de la enseñanza de adultos, el programa asegura que los alumnos abandonan el aula con la seguridad de haber aprendido todo el material expuesto y en disposición de poder aplicarlo con éxito. Tanto el diseño visual como el contenido específico han sido pensados para motivar al alumno y conseguir los objetivos del curso. En particular, se incluye toda la información relacionada con los conceptos y órdenes utilizadas y permite practicar las nuevas destrezas, consiguiendo así afianzar y retener los nuevos aspectos examinados. Este programa de aprendizaje basado en el rendimiento es lo que se ha aplicado en la realización de la serie *Paso a paso*.

El equipo de desarrollo de Catapult ha puesto en cada obra de la serie *Paso a paso* toda su experiencia adquirida en la formación de miles de estudiantes. Después de un riguroso seguimiento del rendimiento individualizado en clase, múltiples sesiones de evaluación del personal de más de 500 empresas y datos recogidos de agencias oficiales, Catapult analiza toda la información para determinar cuáles son las habilidades que pueden reportar una mayor productividad. Esta información ha sido aplicada al modelo en que se basa la serie *Paso a paso*. Tras ello, trabajando directamente con los desarrolladores de software de Microsoft, el equipo de desarrollo de Catapult ha creado una serie de lecciones y ejercicios minuciosamente seleccionados para conseguir dar soluciones a los problemas específicos de los usuarios, todo ello sacando el máximo partido de las aplicaciones y sistemas operativos de Microsoft.

Para el grupo de desarrollo de productos de Catapult es un honor compartir su experiencia en el entrenamiento de profesionales con la amplia audiencia de la serie *Paso a paso*. *Microsoft Excel 5 para Windows paso a paso* es la novena obra de la serie producida por Catapult Press. Este libro, como los restantes de la colección, le ayudarán a desarrollar la habilidad y dominio necesarios para conseguir la máxima productividad en el uso de los productos Microsoft.

Los centros de formación de software de Catapult cuentan con aulas de aprendizaje dirigidas por instructores cualificados, repartidas por todo el territorio nacional, ya sea para el acceso libre de usuarios, como formando parte de conciertos específicos con empresas. Las oficinas centrales de Catapult se encuentran en Bellevue, Washington.

Contenido

Parte 2   Representación gráfica e impresión de sus datos

Lección 4   Representación gráfica e impresión de sus datos   75

Lección 5   Modificación de sus gráficos   93

Apéndice

Acerca de este libro

Microsoft Excel versión 5 para Windows es una aplicación potente de hoja electrónica que puede utilizar para la representación gráfica, gestión y análisis de sus datos. *Microsoft Excel 5 para Windows paso a paso* le muestra cómo se utiliza Microsoft Excel para simplificar su trabajo e incrementar su productividad. Puede utilizar este libro como una guía de clase, o para aprender Microsoft Excel con tranquilidad y a su propia conveniencia.

También se obtiene la práctica, utilizando los archivos del disco que se proporcionan. Las instrucciones para copiar los archivos de prácticas en el disco fijo de su computadora están en la próxima sección de este libro, "Cómo comenzar".

Localización del punto de partida adecuado

Este libro ha sido pensado para los nuevos usuarios que desean aprender Microsoft Excel por primera vez, y para los usuarios experimentados que desean aprender y utilizar las nuevas prestaciones de Microsoft Excel versión 5 para Windows. De cualquier forma, *Microsoft Excel 5 para Windows paso a paso* le ayudará a sacar el máximo partido de Microsoft Excel.

Este libro está dividido en cinco partes principales, cada una de las cuales contiene varias lecciones relacionadas. Al final de cada parte, encontrará una sección Ejercicio de repaso que le dará la oportunidad de practicar las técnicas aprendidas en dicha parte. Cada sección de Ejercicio de repaso le permite comprobar su conocimiento y preparar su propio trabajo.

Utilice la tabla siguiente para determinar el mejor camino a seguir a través del libro.

Nivel actual	Pasos a seguir
Un usuario sin experiencia en computadoras o en entornos gráficos del tipo Microsoft Windows.	Lea "Cómo comenzar", la sección siguiente de este libro, y siga las instrucciones para la instalación de los archivos de prácticas. Lea con cuidado las secciones "Si no tiene experiencia con Microsoft Windows" y "Si no tiene experiencia en el uso del ratón". A continuación, estudie sucesivamente desde la Lección 1 hasta la 3 para una introducción básica a Microsoft Excel, y de la 4 a la 15 en cualquier orden.

Nivel actual	Pasos a seguir
Un usuario con experiencia en el entorno gráfico de computadora de Microsoft Windows, pero no en el uso de Microsoft Excel.	Siga las instrucciones para la instalación de los archivos de prácticas de la sección "Cómo comenzar" de este libro. A continuación, estudie sucesivamente desde la Lección 1 a la 3 para una introducción básica a Microsoft Excel y desde la 4 a la 15 en cualquier orden.
Un usuario con experiencia en Lotus 1-2-3 pero no en Microsoft Excel.	Siga las instrucciones para la instalación de los archivos de prácticas de la sección "Cómo comenzar" de este libro. A continuación, estudie sucesivamente desde la Lección 1 a la 3 para una introducción básica a Microsoft Excel, y desde la Lección 4 a la 15 en cualquier orden. Observe las notas al margen que explican las diferencias o semejanzas entre Lotus 1-2-3 y Microsoft Excel.
Un usuario con experiencia en Excel.	Siga las instrucciones para la instalación de los archivos de prácticas de la sección "Cómo comenzar" de este libro. A continuación, lea la sección "Nuevas prestaciones de Microsoft Excel 5" que sigue a la sección "Cómo comenzar" para una introducción a las nuevas características de la versión 5. Siga las lecciones que mejor se adapten a sus necesidades.

Uso de este libro como referencia en clase

Si es profesor puede utilizar *Microsoft Excel 5 para Windows paso a paso* para enseñar a los usuarios de computadoras. Seleccione ciertas lecciones que satisfagan las necesidades particulares de sus alumnos e incorpóreles sus propios ejemplos.

Si pretende enseñar todo el contenido de este libro, debería reservar tres clases para la discusión, preguntas y cualquier práctica personalizada que planifique. Las lecciones de la 1 a la 3 abarcan los conceptos básicos de Microsoft Excel como la introducción de datos, escritura de fórmulas y cómo formatear datos. Las lecciones de la 4 a la 6 tratan de la representación gráfica e impresión de los datos. Las lecciones de la 7 a la 10 abarcan la gestión de datos trabajando con libros de trabajo, listas e informes. Las lecciones 11, 12 y 13 contienen el análisis de los datos con herramientas de análisis sencillos y modelos de hojas de cálculo, y la forma de compartir los datos con otros usuarios y aplicaciones. Las lecciones 14 y 15 tratan de la personalización de Microsoft Excel con barras de herramientas y ventanas, y el uso de macros para la automatización de tareas repetitivas.

Convenios utilizados en este libro

Antes de comenzar con cualquiera de las lecciones, es importante que comprenda la terminología y convenios de notación utilizados en este libro.

Convenios de procedimientos

- Los ejercicios que ha de realizar aparecen divididos en una lista de pasos numerados (1, 2, y así sucesivamente). Una señal triangular (➤) —véase el Manual— indica que el ejercicio sólo tiene un paso.

- El término *selección* se utiliza para la ejecución de la orden de un menú o de un cuadro de diálogo. También se utiliza para destacar directorios, nombres de archivo, cuadros de texto, barras de menú y opciones, y para seleccionar opciones de un cuadro de diálogo.

Convenios de notación

- Los caracteres u órdenes que tiene que escribir aparecen en minúscula y **negrita**.

- Los términos importantes (la primera vez que se definen) y los títulos de libros aparecen en letra *cursiva*.

- Los nombres de archivos, vías de acceso o directorios aparecen todos en MAYUSCULAS, salvo cuando van a ser introducidos directamente.

Convenios de teclado

- Los nombres de las teclas que tiene que pulsar aparecen en mayúsculas, por ejemplo, TAB y MAYUS.

- Un signo más (+) entre los nombres de dos teclas significa que debe pulsarlas al mismo tiempo. Por ejemplo, "Pulse ALT+TAB" significa que debe mantener presionada ALT mientras pulsa TAB.

- Una coma (,) entre dos o más nombres de tecla significa que debe pulsar cada una de las teclas consecutivamente y no simultáneamente. Por ejemplo, "Pulse ALT, T, X" significa que pulse y suelte cada tecla de la secuencia. "Pulse ALT+W, L" significa que primero debe pulsar simultáneamente ALT y W, y luego soltarlas y pulsar L.

- Puede escoger órdenes de menú con el teclado. Pulse la tecla ALT para activar la barra de menú, y luego pulse consecutivamente las teclas que corresponden a la letra destacada o subrayada del nombre de menú y del nombre de la orden. Para algunas órdenes también puede pulsar una combinación de tecla listada en el menú.

Convenios de ratón

- *Pulsar* significa señalar un objeto y luego pulsar y soltar el botón del ratón. Por ejemplo, "Pulse el botón AutoSuma". La palabra "pulsar" se utiliza para seleccionar botones de órdenes, botones de opción y recuadros de selección.

- *Arrastrar* significa mantener presionado el botón del ratón mientras desplaza el ratón. Por ejemplo, "Arrastre los contenidos de la celda B5 hasta C10".

- *Pulsar dos veces* significa pulsar y soltar rápidamente el botón del ratón dos veces. Por ejemplo, "Pulse dos veces el icono de Microsoft Excel para poner en marcha Microsoft Excel".

- *Pulsar el botón derecho del ratón* significa señalar un objeto y luego pulsar y soltar el botón derecho del ratón. Por ejemplo, "Seleccione la celda A1 y pulse el botón derecho del ratón". Al pulsar el botón derecho del ratón se abre un menú contextual que proporciona un acceso fácil a órdenes asociadas con la acción actual.

Otras características de este libro

- El texto que se encuentra en el margen izquierdo proporciona notas, información útil adicional o alternativas de teclado para seleccionar una orden.

- El ejercicio "Un paso más", que aparece al final de cada lección, introduce nuevas opciones o técnicas para profundizar en algunas órdenes; destreza adquirida en la lección.

- Cada lección tiene una lista resumen de las técnicas que ha aprendido en cada lección y proporciona una breve revisión de cómo realizar tareas concretas.

- La actividad opcional "Ejercicio de repaso", que aparece al final de cada parte, nos da ocasión de utilizar las principales técnicas presentadas en las lecciones realizadas hasta ese momento. Estas actividades presentan ejercicios que refuerzan lo que ha aprendido y le animan a conocer nuevas formas de utilizar Microsoft Excel.

Imprimir

- Puede ejecutar muchas órdenes pulsando un botón en la parte superior de la ventana de trabajo. Si un procedimiento le pide que pulse un botón, aparecerá un dibujo del botón en el margen izquierdo como aparece aquí el botón Imprimir.

- En el Apéndice, "Comparación de ejercicios", puede revisar las opciones utilizadas en este libro para obtener los resultados que aparecen en las figuras.

Consulte esta sección del libro cuando su pantalla no coincida con las figuras o cuando al realizar los ejercicios obtenga resultados inesperados.

Referencias a la documentación de Microsoft Excel

Las referencias al *Manual del usuario de Microsoft Excel,* que aparecen al final de cada lección, le remiten a capítulos concretos para obtener más información. Las notas y otras referencias también le remiten a la documentación de Microsoft Excel. Utilice esta documentación para aprovechar plenamente las prestaciones de Microsoft Excel.

Ayuda en línea

El sistema de Ayuda en Microsoft Excel proporciona una referencia completa en línea de Microsoft Excel. Aprenderá un poco más sobre el sistema de Ayuda en la sección "Estar preparado" que viene a continuación.

Manual del usuario de Microsoft Excel

Este manual incluye información sobre la instalación e inicio de Microsoft Excel, utilización del sistema de Ayuda y trabajo con el programa. También explica las prestaciones del mismo.

Manual del usuario del lenguaje Visual Basic de Microsoft Excel

Este manual proporciona información detallada sobre la creación y edición de macros utilizando el lenguaje Visual Basic. La Lección 15 de este libro *paso a paso* le introduce en las macros que automatizan tareas repetitivas.

Cómo comenzar

Esta sección del libro le prepara para realizar sus primeros pasos dentro del entorno de Microsoft Excel. Estudiará algunas técnicas útiles de Microsoft Windows, así como términos y conceptos importantes en la comprensión de la utilización Microsoft Excel.

Aprenderá a:

- Instalar los archivos de prácticas paso a paso en el disco fijo.

- Iniciar Microsoft Windows.

- Iniciar Microsoft Excel.

- Utilizar las prestaciones importantes de las ventanas, menús y cuadros de diálogo del sistema operativo gráfico de Microsoft Windows.

- Utilizar el sistema de Ayuda en línea de Microsoft Excel.

Instalación de los archivos de prácticas *Paso a paso**

Al final de este libro encontrará un disco denominado "Archivos de prácticas *Paso a paso* de Microsoft Excel 5 para Windows". Un programa especial del disco Archivos de prácticas copia estos archivos en la unidad de disco fijo de su computadora dentro de un directorio denominado PRACTICA.

Copia de los archivos de prácticas en la unidad de disco fijo

1. Conecte la computadora.

2. Inserte el disco de los Archivos de prácticas en la unidad A o B.

3. Si Windows ya se está ejecutando, abra el Administrador de programas y escoja Ejecutar del menú Archivo. Si aún no ha arrancado Windows, pase al paso 5.

---

* La traducción de este libro se ha realizado utilizando comas (,) decimales y un formato monetario con signos de $. Para que los ejercicios realizados con los "Archivos de Prácticas" coincidan con las ilustraciones de este libro, tendra que seleccionar (o escribir en el recuadro Código) en el cuadro de dialogo de la orden Formato Celdas, dentro del Número, un código de formato que incluya las comas decimales y los signos de $, por ejemplo: "$"#.##0,00), ("$"#.##0,00).

4. En el cuadro línea de comandos, introduzca **a:\install** (o **b:\install**), escoja Aceptar, y luego salte al paso 6.

No introduzca un espacio entre la letra de la unidad y la barra inclinada.

5. En el indicador de orden de MS-DOS (normalmente C:\>), introduzca **a:\install** (o **b:\install**) y pulse INTRO.

No introduzca un espacio entre la letra de unidad y la barra inclinada.

6. Siga las instrucciones de la pantalla para completar el proceso de instalación.

El programa de instalación *Paso a paso* copia los archivos de prácticas del disquete al disco fijo en un subdirectorio denominado PRACTICA del directorio principal de Microsoft Excel para Windows (denominado EXCEL, o de cualquier otra forma).

Necesitará recordar el nombre de la unidad y directorio en el que están almacenados los archivos de prácticas para que pueda abrirlos en cada lección.

Base de la lección

Los archivos de prácticas se utilizan en las lecciones para simular lo que podría encontrar si utiliza Microsoft Excel en una empresa típica. Imagine que trabaja para una compañía denominada Ventas de la Costa Oeste. A través de estas lecciones, utilice Microsoft Excel para ayudarle en sus tareas diarias en esta compañía.

Puesta en marcha de Microsoft Windows y Microsoft Excel

Este libro supone que tiene Microsoft Windows y Microsoft Excel instalados en su sistema. Después de instalar sus archivos de prácticas puede iniciar Microsoft Windows, si no se está ejecutando ya, y Microsoft Excel.

Utilice los procedimientos siguientes para poner en marcha Microsoft Windows y Microsoft Excel. La pantalla podría ser diferente a las figuras siguientes, dependiendo de la instalación particular y de las aplicaciones instaladas en la computadora. Para más información sobre Microsoft Windows, vea el *Manual del usuario de Microsoft Windows*.

Inicialización de Microsoft Windows desde el indicador de órdenes de MS-DOS

1. Introduzca **win** en el indicador de órdenes.

2. Pulse INTRO.

Después de la puesta en marcha la ventana del Administrador de programas se parecerá a la figura siguiente. Desde el Administrador de programas, puede iniciar todas las aplicaciones, incluyendo Microsoft Excel.

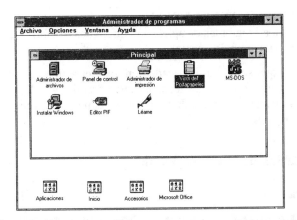

Cuando se activa Microsoft Windows todos los elementos de la pantalla (denominada *escritorio*) aparecen en *ventanas*. Puede ajustar cada ventana al tamaño que desee, y desplazarlas a cualquier parte del escritorio. Puede tener varias ventanas abiertas al mismo tiempo para comparar y compartir fácilmente la información.

Dentro del Administrador de programas existen símbolos denominados iconos que representan aplicaciones y documentos. Los iconos están organizados en grupos de programas, normalmente relacionados con aplicaciones. La instalación normal de Microsoft Excel crea un nuevo grupo o utiliza un grupo existente, y luego crea un icono dentro de ese grupo para el programa Microsoft Excel. Pulsando dos veces el icono de grupo que contiene Microsoft Excel 5.0 se abre la ventana de grupo del programa Microsoft Excel.

Cuando esté más familiarizado con Windows, descubrirá que puede personalizar la pantalla inicial a su estilo de trabajo personal.

Inicialización de Microsoft Excel

Microsoft Excel

1. Pulse dos veces el icono de grupo que contiene Microsoft Excel 5.0.

   Esto abrirá el grupo del programa.

2. Pulse dos veces el icono del programa Microsoft Excel.

3. Pulse el botón Maximizar de la ventana de aplicación de Microsoft Excel.

Si no tiene experiencia con Microsoft Windows

Esta sección les proporciona a los usuarios sin experiencia en Microsoft Windows, una visión general de lo que pueden realizar dentro de este entorno gráfico. Windows está pensado para utilizarse fácilmente, mientras proporciona funciones sofisticadas. Le ayuda a manejar todo el trabajo diario que lleva a cabo en la computadora. Microsoft Windows proporciona un interfaz común compartido por muchos programas de aplicación diferentes (de forma que comparten datos y controla su forma de operar).

Una vez que se ha familiarizado con los elementos básicos de Microsoft Windows, puede aplicar estas técnicas para aprender y utilizar Microsoft Excel, así como muchos otros tipos de aplicaciones como el tratamiento de texto y los gráficos.

Utilización de Microsoft Windows

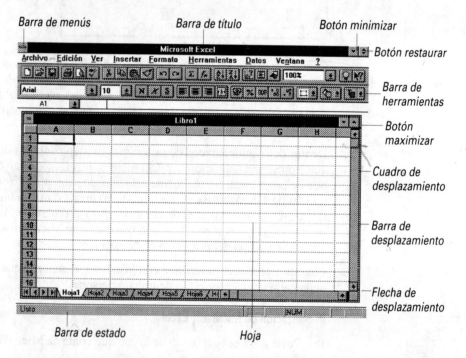

Puede desplazar, trasladar, cambiar el tamaño y cerrar una ventana utilizando el ratón.

Para	Haga esto
Desplazar una ventana	Pulse las barras de desplazamiento o arrastre el cuadro de desplazamiento.
Cambiar el tamaño de la ventana	Arrastre cualquiera de los extremos o ángulos de la ventana.
Ampliar una ventana hasta llenar la pantalla	Pulse dos veces la barra de título o pulse el botón Maximizar.

Para	Haga esto
Reducir una ventana a un icono	Pulse el botón Mi<u>n</u>imizar.
Restablecer una ventana a su tamaño anterior	Pulse el botón <u>R</u>estaurar.
Trasladar una ventana	Arrastre la barra de título.
Cerrar una ventana	Pulse dos veces el cuadro menú de control.

Utilización de Windows en Microsoft Excel

De igual modo que cualquier aplicación que se basa en Windows, Microsoft Excel posee una ventana principal que visualiza el nombre de la aplicación, "Microsoft Excel", en la barra de título. Esta ventana puede maximizarse para ocupar toda la pantalla, restaurarse para ocupar parte de la pantalla, o reducirse a un icono al fondo de la pantalla.

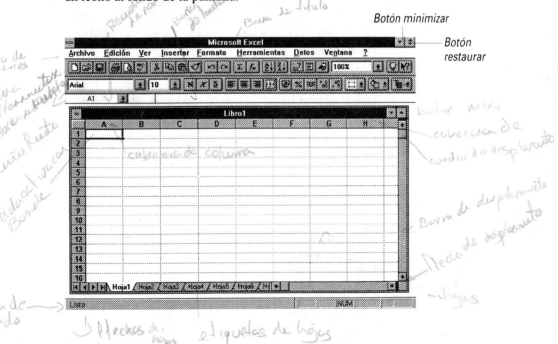

Uso de menús

En Microsoft Excel los menús y órdenes funcionan de acuerdo con los convenios de Microsoft Windows. Los nombres de menú aparecen en la *barra de menús* de la parte superior de la pantalla. Cuando se pulsa un menú aparece una lista de órdenes. Para seleccionar una pulse el nombre del menú que se abrirá y luego pulse la orden que desee.

La siguiente ilustración muestra el menú Edición abierto desde la barra de menús de Microsoft Excel.

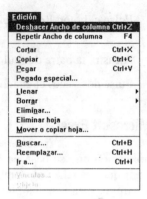

Algunas opciones tienen una combinación de teclas denominada *alternativa de teclado* que aparecen a la derecha del nombre de la orden. Una vez que esté familiarizado con los menús y las órdenes, estas alternativas de teclado podrán ahorrarle tiempo.

Todas las órdenes poseen equivalentes de teclado. Si no se utiliza un ratón, realice las selecciones pulsando ALT y el carácter subrayado del menú. Para seleccionar una orden de un menú, introduzca simplemente el carácter subrayado una vez que el menú se visualiza en la pantalla.

Cuando el nombre de una orden aparece atenuada, ésta no se puede aplicar en la situación actual y por lo tanto no está disponible. Por ejemplo, la orden Pegar del menú Edición aparece más atenuada si no ha utilizado primero la orden Copiar o Cortar.

Cuando el nombre de una orden visualiza a su izquierda una marca de comprobación, la orden ya está activa.

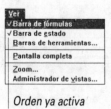

Orden ya activa

Cuando el nombre de una orden va seguido de una flecha, aparece otro nivel de opciones al seleccionar la orden. Por ejemplo, cuando se selecciona la orden Borrar del menú Edición aparece una lista con más opciones. Puede borrar Todo, Formatos, Contenido o Notas.

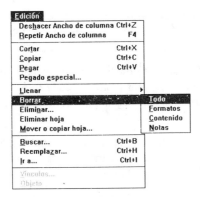

Para cerrar un menú sin escoger una orden, pulse de nuevo el nombre del menú o pulse ESC.

Utilización de los cuadros de diálogo

Cuando se escoge una orden que va seguida de puntos suspensivos, las aplicaciones basadas en Windows visualizan un *cuadro de diálogo* que puede proporcionar más información. Dependiendo del cuadro de diálogo que se trate, se introduce la información o se selecciona entre un grupo de opciones.

Después de introducir la información o realizar selecciones en el cuadro de diálogo, se puede pulsar el botón Aceptar con el ratón o pulsar la tecla INTRO para ejecutar la orden. También se puede escoger el botón Cancelar o pulsar ESC para cerrar un cuadro de diálogo sin ejecutar una acción.

Por ejemplo, el cuadro de diálogo Preparar página aparece cuando escoge la orden Preparar página del menú Archivo. Especifique las opciones que desea en el cuadro de diálogo. El cuadro de diálogo Preparar página es como el siguiente:

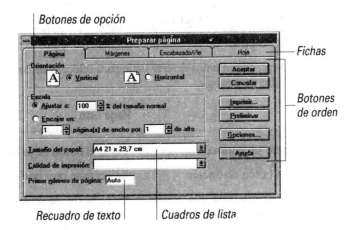

Cada cuadro de diálogo posee varios de los siguientes tipos de elementos (denominados *controles*) que le ayudarán a suministrar la información necesaria para llevar a cabo la orden.

Recuadro de texto   Se introduce información en un recuadro de texto. Por ejemplo, en el cuadro de diálogo de Preparar página, puede introducir un número en el cuadro de texto Primer número de página para comenzar sus números de página con un número concreto.

Cuadros de lista   Muestra una lista de opciones disponibles. Si la lista es más extensa que el cuadro, se puede utilizar la barra de desplazamiento o el botón de flecha hacia abajo para ver el resto de la lista.

Botones de opción   Entre un grupo de botones de opción sólo se puede seleccionar una opción cada vez. La opción seleccionada tiene un punto negro en el centro.

Casillas de selección   Entre un grupo de casillas de selección, puede seleccionar varias casillas de selección al mismo tiempo. Una casilla seleccionada tiene una X en el centro.

Botones de órdenes   Se escoge un botón de orden para ejecutar una operación o para visualizar más opciones. Si un botón de orden está más atenuado, no estará disponible. Una elipsis detrás del nombre de un botón de orden significa que hay más opciones disponibles. En el cuadro de diálogo Preparar página, puede escoger el botón Aceptar para ejecutar las opciones, o se puede escoger el botón Imprimir u Opciones para abrir otro cuadro de diálogo con más opciones, o se puede escoger el botón Cancelar para cancelar la operación.

Fichas   Puede escoger una ficha para visualizar otra sección del cuadro de diálogo. En el cuadro de diálogo Preparar página, puede visualizar diferentes opciones pulsando las fichas Márgenes, Encabezado/Pie u Hoja.

Selección de opciones de un cuadro de diálogo

Para desplazarse por un cuadro de diálogo, pulse simplemente el elemento que desea. También puede mantener presionada ALT y pulsar simultáneamente la letra subrayada. O puede pulsar TAB para desplazarse entre los elementos.

Utilice los procedimientos de esta tabla para seleccionar con el ratón las opciones de un cuadro de diálogo.

Para	Haga esto
Seleccionar un botón de opción	Pulse el botón de la opción.
Borrar un botón de opción	Seleccione otro botón de opción.
Seleccionar o borrar una casilla de selección	Pulse la casilla de selección.

Para	Haga esto
Seleccionar un elemento de una lista	Pulse el elemento.
Dirigirse a un recuadro de texto	Pulse el recuadro de texto.
Seleccionar el texto de un cuadro de texto	Pulse dos veces una palabra o arrastre el ratón a través de los caracteres.
Desplazarse a través de una lista	Utilice las barras de desplazamiento.
Seleccionar un botón	Pulse el botón.

Utilización de las barras de herramientas

Las *barras de herramientas* se encuentran localizadas debajo de la barra de menús. Cuando instala y ejecuta inicialmente Microsoft Excel, aparece la barra de herramientas Estándar y la barra de herramientas Formato. Estas barras contienen botones que son abreviaturas para la elección de órdenes y para el manejo de Microsoft Excel. Por ejemplo, pulsar el botón Abrir de la barra de herramientas equivale a la orden Abrir del menú Archivo.

Puede seleccionar diferentes barras de herramientas dependiendo de las herramientas que necesite. Para cambiar a una barra de herramientas diferente, utilice la orden Barras de herramientas del menú Ver, y luego seleccione de la lista la barra de herramientas que desea.

Aunque en un principio pueda sentirse más cómodo utilizando el teclado para realizar las selecciones de menú, generalmente es mucho más rápido utilizar el ratón para pulsar un botón de las barras de herramientas. Las instrucciones de este libro resaltan el uso de las barras de herramientas como el método más eficaz para la mayoría de las operaciones básicas de Microsoft Excel.

Si no tiene experiencia en el uso del ratón

Las barras de menú, barras de herramientas y muchas otras prestaciones de Microsoft Excel y de otras aplicaciones basadas en Windows han sido concebidas para trabajar con un ratón. Aunque puede utilizar el teclado para la mayoría de las acciones de Microsoft Excel, muchas de ellas son más fáciles de realizar con el ratón.

Punteros del ratón

El ratón controla un símbolo de la pantalla denominado *puntero*. Traslade el puntero desplazando el ratón sobre una superficie plana y en la dirección que desea mover el puntero. Si se sale del espacio para desplazar el puntero, puede levantar el ratón y bajarlo de nuevo. El puntero sólo se desplaza cuando el ratón toca una superficie plana.

El desplazamiento del puntero del ratón a través de la pantalla no afecta al documento; el puntero indica simplemente una posición en la pantalla. Cuando pulsa el botón del ratón se ejecuta una acción en la posición del puntero.

Cuando el puntero del ratón pasa sobre partes diferentes de la ventana de Microsoft Excel cambia de forma, indicando qué puede hacerse con él en ese momento. La mayor parte del trabajo de este libro utilizará los siguientes punteros del ratón.

Este puntero	Aparece cuando señala
↖	La barra de menú y barras de herramientas para escoger una orden o un botón, la barra de título para desplazar una ventana o las barras de desplazamiento para desplazarse a través de un documento.
I	El texto de un cuadro de texto o celda. Cuando pulsa el ratón en un cuadro de texto aparece una barra vertical intermitente denominada *punto de inserción*.
✛	Una celda de la hoja.
╉	El controlador de relleno de una celda seleccionada o rango.
↔ ↕	Un límite de cabecera de columna o un límite de cabecera de fila para modificar el ancho de columna o el alto de fila.
⇳ ⇔	Un cuadro de división de la barra de desplazamiento para dividir una ventana de forma vertical u horizontal.
🖑	Un botón de una hoja o un término de un tema de Ayuda (Help) que puede pulsar para dirigirse a otro tema.

Utilización del ratón

Los términos siguientes describen las cuatro acciones básicas que utilizará a lo largo de las lecciones de este libro.

Señalar   Término utilizado cuando se desplaza el ratón para situar el puntero sobre un elemento.

Pulsar   Término utilizado cuando se señala un elemento de la pantalla y luego se pulsa una vez y se suelta rápidamente el botón del ratón.

Pulsar dos veces   Término utilizado cuando se señala un elemento y luego se pulsa y se suelta dos veces el botón del ratón. Esto es una abreviatura conveniente para muchas tareas de Microsoft Excel.

Arrastrar   Término utilizado cuando se mantiene presionado el botón del ratón mientras se desplaza el puntero.

Prueba con el ratón

Tómese un momento para examinar el ratón. Deslice simplemente el ratón para que el puntero se desplace por la pantalla de Microsoft Excel.

1. Deslice el ratón hasta que el puntero esté sobre los menús y herramientas que se encuentran en la parte superior de la pantalla. El puntero es ahora una flecha que señala a la izquierda.

2. Deslice el puntero alrededor de la ventana de documento.

    La ventana de documento es el área en la que trabaja con el texto de una hoja. El puntero es ahora similar a un signo más (+) grueso.

3. Con el puntero sobre cualquier celda de la hoja, pulse el botón del ratón, luego deslice el puntero sobre la barra de fórmula por encima de la hoja.

    El puntero es ahora como una columna (I).

4. Con el puntero sobre cualquier celda de la hoja, pulse el botón derecho del ratón.

    Aparece un menú contextual listando las órdenes que puede ejecutar para la celda seleccionada.

Nota   Microsoft Excel Versión 5 posee varios menús contextuales que se pueden utilizar cuando se pulsa con el botón derecho del ratón sobre las diferentes áreas de la pantalla. Cuando se pulsa una celda, aparece un menú, otro cuando se pulsa sobre las barras de herramientas y otro cuando se pulsa sobre la barra de título de la ventana de documento. A lo largo del libro se utilizarán estos menús contextuales para acceder rápidamente a las órdenes.

---

5. Pulse sobre otra celda fuera del menú contextual.

El menú contextual se cierra.

Utilización de la Ayuda

Microsoft Excel incluye la Ayuda, una referencia completa en línea. Se puede acceder de varias formas a la información de la Ayuda.

Para obtener la información de Ayuda	Haga esto
Sobre un tema o actividad	Escoja Contenido del menú Ayuda (?).
Mientras trabaja en una ventana o cuadro de diálogo	Pulse F1 o escoja el botón Ayuda del cuadro de diálogo.
Sobre una orden específica, herramienta u otro elemento de la pantalla	Pulse la herramienta Ayuda y luego pulse la orden, herramienta u otro elemento de la pantalla.
Por teclado	Pulse dos veces la herramienta Ayuda. En el cuadro de diálogo Buscar, introduzca una palabra clave y luego seleccione un tema de Ayuda.

Visualización de la lista de temas de Ayuda

➤ Escoja Contenido del menú ? (Ayuda).

La ventana Contenido de la Ayuda de Microsoft Excel es similar a la siguiente figura.

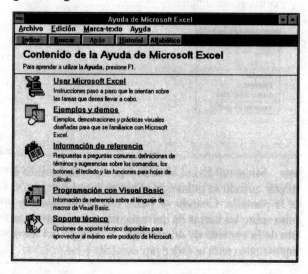

Puede cambiar de tamaño, mover y desplazarse a través de una ventana de Ayuda. Puede cambiar de la ventana de Ayuda a la de Microsoft Excel, o puede escoger la orden ? siempre visible para conservar la ventana de Ayuda en la parte superior de otras ventanas de forma que se pueda hacer referencia a la Ayuda mientras trabaja.

Obtención de Ayuda en Ayuda

Para aprender a utilizar mejor toda la información de Ayuda, puede leer las instrucciones de utilización de la Ayuda.

Aprendizaje en el uso de la Ayuda

1. Pulse F1.

   Aparece la lista Contenido de la Ayuda de Microsoft Excel.

2. Localice la frase "barra de desplazamiento", la cual tiene un subrayado de puntos y púlsela.

   Aparece una definición del término en un cuadro instantáneo.

Nota Si pulsa un término subrayado aparece un tema relacionado. Si pulsa un término con un subrayado de puntos aparece una definición instantánea en una ventana del tema.

---

3. Pulse de nuevo la frase.

   Se cierra la definición del cuadro instantáneo.

4. Localice la frase Fundamentos de la Ayuda, la cual tiene un subrayado contínuo y púlselo.

   Aparece una nueva pantalla con información sobre la Ayuda.

5. Pulse el término de enlace que tiene una línea de puntos.

   Aparece otra definición instantánea.

6. Pulse de nuevo el término.

   Se cierra la definición.

Obtención de Ayuda en un tema concreto

El sistema Ayuda le permite encontrar de varias formas información sobre un tema. Primero, la lista Contenido le permite escoger entre una lista de temas y subtemas organizados de forma funcional. Segundo, la opción Buscar le permite localizar rápidamente los temas de Ayuda utilizando una palabra clave. Si conoce la orden o término sobre el que desea la ayuda puede dirigirse directamente a ese tema. También puede utilizar el botón Indice o el de Ayuda de la barra de herramientas Estándar para encontrar la Ayuda.

En los ejercicios siguientes, buscará información utilizando la lista Contenido y la opción Buscar.

Uso de la lista Contenido

1. En la ventana de Ayuda, pulse el botón Contenido.

    Aparece la lista de Contenido.

2. Desplácese a lo largo de la lista y pulse cualquier tema que esté subrayado en verde.

    Aparece una nueva pantalla con información sobre el tema.

Búsqueda de un tema específico

1. Pulse el botón Buscar.

2. Introduzca **redes** en el cuadro de diálogo Buscar.

    Las opciones de impresora y los temas de impresión aparecen en la lista.

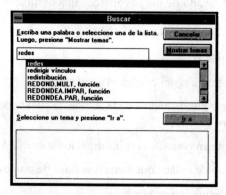

3. En la lista de temas, desplácese hacia abajo si es necesario y seleccione "impresión" y luego escoja el botón Mostrar temas.

4. Seleccione un tema de la lista que aparece en el fondo del cuadro de diálogo y luego escoja el botón Ir a.

    La ventana de Ayuda visualiza el tema seleccionado.

5. En la ventana de Ayuda, escoja Salir del menú Archivo.

    La ventana de Ayuda se cierra.

Salida de Microsoft Excel

Si desea salir de Excel y volver a la ventana del Administrador de programas, haga lo siguiente:

Cómo salir de Microsoft Excel

➤ Seleccione <u>S</u>alir del menú <u>A</u>rchivo.

Si aparece el cuadro de diálogo de Guardar, pulse No.

Nota   Para abandonar Microsoft Excel puede pulsar también dos veces el cuadro del menú de Control que aparece en la esquina superior izquierda de la ventana de aplicación.

Salida de Microsoft Windows

Si desea salir de Windows existe una forma sencilla de salir del programa.

Cómo salir de Microsoft Windows

1. Desde el menú <u>A</u>rchivo, seleccione <u>S</u>alir de Windows.

2. Cuando vea un cuadro con el mensaje "Esto finalizará su sesión con Windows", pulse INTRO.

Nuevas prestaciones de Microsoft Excel 5

La tabla siguiente lista las nuevas prestaciones principales de la versión 5 de Microsoft Excel para Windows que serán incluidas en este libro. La tabla muestra la lección en la que podrá aprender cada prestación. Para más información sobre las nuevas prestaciones, vea el *Manual del usuario de Microsoft Excel*.

Para aprender a	Véase
Rellenar automáticamente una serie personalizada dentro de un rango de celdas.	La Lección 1
Editar texto directamente en la celda.	La Lección 1
Utilizar el recuadro Nombre para crear nombres y dirigirse a rangos denominados.	La Lección 2
Crear fórmulas fácilmente con el Asistente para funciones.	La Lección 2
Crear automáticamente grandes totales con AutoSuma.	La Lección 2
Copiar formatos rápidamente con el botón Copiar formato.	La Lección 3
Añadir datos a un gráfico arrastrándolos desde la hoja.	La Lección 4
Trazar flechas, cuadros de texto y otros objetos gráficos directamente en su hoja o gráfico.	La Lección 5
Crear gráficos estandarizados con formato automático o con sus propios autoformatos personalizados.	La Lección 5
Desplazar elementos del gráfico, como títulos y leyendas, hasta cualquier posición del gráfico.	La Lección 5
Añadir líneas de tendencia a una serie de datos en un gráfico.	La Lección 5
Utilizar cabeceras o pies de páginas disponibles.	La Lección 6
Encontrar fácilmente los archivos con la orden Buscar archivo, incluso si no conoce sus nombres.	La Lección 7
Filtrar los datos automáticamente para mostrar únicamente los datos que necesita ver.	La Lección 8
Ordenar fácilmente los datos utilizando de su lista los rótulos de columna.	La Lección 8
Incorporar subtotales y grandes totales automáticamente.	La Lección 9

Para aprender a	Véase
Crear fácilmente informes resumen con la orden Asistente de tablas dinámicas.	La Lección 10
Crear y editar escenarios con el Administrador de escenarios.	La Lección 11
Activar y editar objetos de otras aplicaciones sin abandonar Microsoft Excel.	La Lección 13
Crear y personalizar barras de herramientas.	La Lección 14
Utilizar las órdenes Pantalla completa y Zoom para ver inmediatamente un poco más de su documento.	La Lección 14

1 Inicio de Microsoft Excel

Introducción de datos

Con Microsoft Excel es fácil introducir información dentro de una hoja y poder cambiar, suprimir o añadir dicha información. No tiene que preocuparse si inicialmente sus datos no han quedado perfectamente introducidos o no lo han hecho de forma completa. Siempre podrá cambiarlos o terminar de introducirlos más tarde. Además, con la versión 5, ya no tiene que crear libros de trabajo con páginas de contenidos y hojas agrupadas o desagrupadas. Cada archivo de Microsoft Excel 5 es un libro de trabajo con varias hojas que pueden intercambiar información entre sí fácilmente e introducir rápidamente datos en ellas. Puede ordenar las hojas de un libro de trabajo y ponerles un nombre para poder localizar rápidamente la información que necesita. En esta lección aprenderá cómo tiene que trabajar con las hojas y con los libros de trabajo; aprenderá también a abrir, guardar y cerrar un archivo y a introducir y editar datos de una hoja.

Aprenderá a:

- Introducir y editar los datos de una hoja.
- Trabajar con libros de trabajo.

Duración estimada de la lección: 40 minutos

Introducción de datos en las hojas

Si aún no ha arrancado Microsoft Excel o no ha instalado los archivos de práctica, trabaje primero con la parte "Estar preparado" que se encuentra al principio de este libro y luego vuelva a esta lección.

Cómo abrir y guardar un archivo

Siempre que inicie Microsoft Excel se abre un libro de trabajo en blanco preparado para trabajar en él. Este libro consta de varias hojas en las que puede introducir y editar información. Cuando comience a trabajar con Microsoft Excel puede comenzar a trabajar en el libro de trabajo en blanco que Microsoft Excel nos presenta o bien puede abrir un archivo existente y trabajar en él.

En el siguiente ejercicio, abra un archivo existente en su directorio PRACTICA denominado 01LECCN.XLS. Utilice este archivo para toda la lección y aprenda a introducir datos en una hoja.

Apertura de un libro de trabajo

1. Pulse el botón Abrir de la barra de herramientas.

    Aparece el cuadro de diálogo Abrir.

Abrir

La orden Abrir es como /Fichero Recuperar, /Fichero Lista, /Fichero Directorio y /Fichero Importar de 1-2-3.

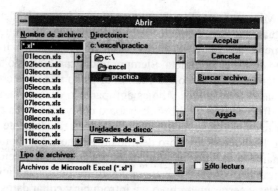

2. En la lista de Directorios, asegúrese de que ha seleccionado el directorio PRACTICA.

3. En la lista de Nombre de archivo, seleccione el archivo 01LECCN.XLS y luego escoja Aceptar.

    Se abre el archivo 01LECCN.XLS, una hoja de presupuesto para las Ventas de la Costa Oeste. Su pantalla será como la que se muestra a continuación:

4. Pulse el botón Maximizar sobre la ventana de la hoja, si ésta aún no ha sido maximizada.

Utilizaremos este archivo de presupuesto en varias lecciones de este libro. Comenzaremos cada lección abriendo un archivo del directorio PRACTICA. Guarde luego el archivo con un nuevo nombre antes de realizar en él ningún cambio y presérvelo así de forma que pueda más tarde utilizarlo de nuevo. En el ejercicio

Si su pantalla no coincide con las ilustraciones de esta lección, vea el Apéndice, "Comparación de ejercicios".

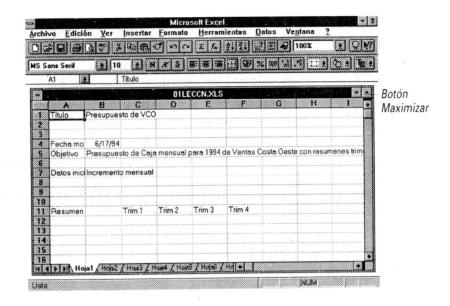

siguiente, guarde el archivo 01LECCN.XLS que acaba de abrir con el nombre LECCN01.XLS.

La orden Guardar como le pide un nombre de archivo, de la misma forma en que Fichero Grabar lo hace en 1-2-3.

Almacenar la hoja con un nuevo nombre

1. Desde el menú Archivo, escoja Guardar como.

   Aparece el cuadro de diálogo Guardar como. Asegúrese de que se ha seleccionado el directorio y la unidad correctos.

Después de denominar una hoja la orden Guardar (o el botón Guardar equivalente) es como Fichero Grabar Reemplazar de 1-2-3.

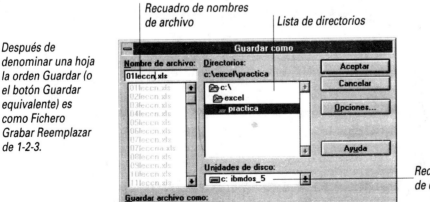

2. En el recuadro Nombre de archivo, introduzca **leccn01**, y luego escoja Aceptar.

La extensión XLS se añade al nombre automáticamente. El cuadro de diálogo se cierra y su libro de trabajo se guarda con el nombre nuevo.

Desplazamiento por la hoja de trabajo

Una hoja consta de *columnas* y *filas*. Las columnas se disponen verticalmente y se identifican con letras. Las filas se disponen de forma horizontal y se identifican con números. A la intersección de una columna y fila se le denomina *celda*. Las celdas se denominan según sus posiciones en las filas y columnas. A esta combinación de una letra de columna y un número de fila se le llama *referencia* de celda. Con la intersección de la primera columna y la primera fila se obtiene la celda A1. La celda que se encuentra una columna a la derecha es la celda B1 y la que se halla una fila por debajo de A es A2 y así sucesivamente.

Nota   Si sus columnas se identifican por números en lugar de hacerlo con letras, es porque ha elegido un estilo de referencia de L1C1 en lugar de hacerlo como A1. En este libro, todas las referencias estarán denominadas como A1. Para cambiar el estilo de referencia, use la orden Opciones del menú Herramientas, y seleccione la ficha General. En el recuadro Estilo de referencia, pulse A1 y luego elija Aceptar.

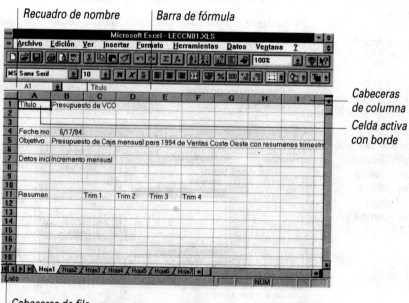

Recuadro de nombre   Barra de fórmula

Cabeceras de columna

Celda activa con borde

Cabeceras de fila

La celda activa en Microsoft Excel es como la celda activa en 1-2-3

Cuando selecciona una celda con el botón del ratón o con las teclas del cursor convierte esa celda en la *celda activa*. En ella se puede introducir nuevos datos o editar los datos que contiene. La celda activa tiene un borde que la rodea. Siempre podrá saber la referencia de la celda en que está, mirando el recuadro de nombre que se encuentra en la barra de fórmula.

En la ilustración anterior, la celda A1 es la celda activa. Observe el borde alrededor de la celda y la referencia en el recuadro del nombre, los cuales indican que dicha celda está activa.

La barra de menú, la barra de fórmulas y la barra de estado son como el panel de control de 1-2-3.

Para cambiar la celda activa con su ratón, pulse simplemente una nueva celda. Para cambiarla desde el teclado, use las teclas de dirección. La tabla siguiente lista las teclas que pueden utilizarse.

Para desplazarse	Pulse
Una celda a la izquierda	FLECHA IZDA
Una celda a la derecha	FLECHA DCHA
Una celda hacia arriba	FLECHA ARRIBA
Una celda hacia abajo	FLECHA ABAJO
Una pantalla arriba	REPAG
Una pantalla abajo	AVPAG
A la primera celda de una fila que contenga datos	CONTROL+FLECHA IZDA
A la última celda de una fila que contenga datos	CONTROL+FLECHA DCHA
Al principio de la hoja	CONTROL+INICIO
A la celda obtenida en la intersección de la última fila y columna que contenga datos	CONTROL+FIN

También puede utilizar las barras de desplazamiento, los cuadros de desplazamiento o las flechas de desplazamiento para trasladarse a otras zonas de su hoja. Sin embargo, cuando se desplace por la hoja, la celda que estaba activa antes de iniciar el desplazamiento seguirá siendo la celda activa.

En el ejercicio siguiente, utilice las órdenes de teclado para desplazarse por la hoja y seleccione celdas concretas.

Selección de celdas de una hoja

1. Pulse la tecla FLECHA DCHA.

   La celda B1 pasa a ser la celda activa, con lo cual nos hemos desplazado una celda a la derecha de A1.

2. Pulse CONTROL + FLECHA DCHA.

   La última celda de la fila, IV1, pasa a ser ahora la celda activa.

3. Pulse CONTROL + FIN.

   La celda activa cambia a la celda obtenida por la intersección de la última fila y columna que contenga datos.

4.   Pulse REPAG

La celda activa es ahora la que se obtiene al desplazarse una pantalla hacia arriba desde la celda activa anterior.

5.   Pulse CONTROL + INICIO.

La celda activa cambia a la primera celda de la hoja, la celda A1.

Selección de varias celdas

Se pueden seleccionar varias celdas a la vez manteniendo pulsada la tecla DESPL o CONTROL mientras pulsa el ratón. Para seleccionar varias celdas adyacentes, especifique la primera celda del conjunto, mantenga presionado DESPL, y luego seleccione la última celda del conjunto. O bien, puede especificar la primera celda y arrastrarse hasta la última que desee seleccionar. De cualquier forma, todas las celdas que haya entre la primera y última celda quedarán seleccionadas. Cuando seleccione más de una celda adyacente estará seleccionando un *rango* de celdas. Para seleccionar varias celdas no adyacentes, pulse simplemente la primera celda, mantenga presionado CONTROL, y pulse la celda siguiente que desee.

Nota   También puede seleccionar un rango de celdas de varias hojas a la vez. Posteriormente, en esta lección, sabrá un poco más sobre cómo trabajar con las hojas de sus libros de trabajo.

En el siguiente ejercicio, practicará seleccionando varias celdas con el uso de las teclas DESPL y CONTROL.

Selección de varias celdas de una hoja

1.   Pulse la celda A1.

2.   Mantenga presionado DESPL y pulse la celda B5.

Todas las celdas que están entre A1 y B5 han sido seleccionadas.

3.   Pulse CONTROL + INICIO.

Esta combinación de teclas hará que la celda A1 se active de nuevo.

4.   Mantenga presionada CONTROL y pulse la celda B5.

Manteniendo pulsada CONTROL y pulsando B5, se seleccionan únicamente las celdas A1 y B5 y no todas las otras que hay entre ellas.

5.   Pulse la celda A1.

La celda A1 se activa de nuevo.

6. Arrastre el ratón desde la celda A1 hasta B5.

   Todas las celdas entre A1 y B5 son seleccionadas.

7. Pulse la celda A1.

Introducción y edición de datos

Texto en Microsoft Excel equivale a rótulos en 1-2-3.

Puede introducir texto, números y fórmulas en cualquier celda de una hoja. Seleccione simplemente una celda y luego introdúzcala. Comenzará la hoja con su proyecto de presupuesto para las Ventas de la Costa Oeste (VCO) introduciendo texto en la columna A para poner rótulos a las filas de su hoja de presupuesto. Pondrá títulos a las filas con descripciones como Desarrollado por, Area modelo presupuesto y así sucesivamente. Cuando ponga títulos a sus hojas, usted y otros podrán comprender el objetivo, la lógica y las suposiciones de su hoja haciendo que sus hojas sean más fáciles de usar.

Cualquier cosa que introduzca aparece en la celda activa y en la barra de fórmulas. Puede introducir sus datos en la celda activa pulsando el cuadro de entrada (la casilla con una comprobación sobre ella) que está en la barra de fórmulas o bien pulsando INTRO. Se puede cancelar la entrada, pulsando el cuadro cancelar de la barra de fórmulas o pulsando ESC. Si comete un error mientras introduce datos en una celda, puede utilizar la tecla RETROCESO o las teclas de flecha para mover el *punto de inserción*, la linea vertical parpadeante que indica dónde se puede introducir texto.

Introducción de encabezamientos

Cuando introduzca los títulos de fila, las entradas largas ocuparán otras columnas o se truncarán si la columna siguiente ya está ocupada aun cuando estén contenidas en la columna B. En la lección 3, "Presentación de sus datos", sabrá cómo puede corregir esto cambiando los anchos de columna.

Si la celda activa no cambia cuando pulsa INTRO, escoja Opciones del menú Herramientas y, en la ficha Editar, seleccione Mover Selección después de ENTRAR. Para más información, vea el Apéndice, "Comparación de ejercicios".

1. Seleccione la celda A3 y luego introduzca **Desarrollado por**.

2. Pulse INTRO.

3. Seleccione la celda B3.

4. Introduzca su nombre y luego pulse INTRO.

5. Seleccione la celda A18.

6. Introduzca **Area presupuesto.**

7. Pulse INTRO.

   Su hoja deberá ser como la siguiente:

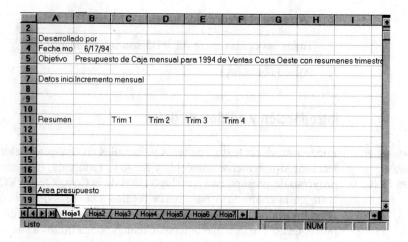

Puede ahorrarse tiempo al introducir datos en un rango si selecciona primero todas las celdas del rango. Cuando introduzca datos en cada celda y pulse INTRO, la siguiente celda del rango se activa en un orden de arriba a abajo y de izquierda a derecha. O puede utilizar TAB para desplazarse de izquierda a derecha y luego de arriba a abajo en el rango.

Nota   Denominamos un rango mediante la referencia de la primera celda del rango seguido de dos puntos y luego la referencia de la última celda del rango. Por ejemplo, el rango de celdas que abarca desde B8 a C9 se denominaría B8:C9.

Comience por seleccionar el rango B8:C9, donde introducirá los primeros datos de su hoja de presupuesto. La primera celda que seleccione es la celda activa. Si comete un error de escritura y desea retroceder a través de la selección, mantenga presionada la tecla DESPL y pulse TAB O INTRO.

Selección de un rango de celdas e introducción de los datos iniciales

1.   Arrastre el ratón desde la celda B8 a la celda C9.

2.   Introduzca **Aumento ventas** TAB **1,50** TAB **Incremento CMV** TAB **0,90** TAB.

Cuando llegue a la última celda del rango y pulse TAB, la primera celda seleccionada será de nuevo la celda activa. También puede pulsar INTRO para desplazarse desde la última hasta la primera celda del rango. Su documento deberá ser como el siguiente:

	A	B	C	D	E	F	G	H	I	
2										
3	Desarrollado por									
4	Fecha mo	6/17/94								
5	Objetivo	Presupuesto de Caja mensual para 1994 de Ventas Costa Oeste con resumenes trimestre								
6										
7	Datos inici	Incremento mensual								
8		Aumento v		1.50						
9		Incremento		0.90						
10										
11	Resumen		Trim 1	Trim 2	Trim 3	Trim 4				
12										
13										
14										
15										
16										
17										
18	Area presupuesto									
19										

Hoja1 / Hoja2 / Hoja3 / Hoja4 / Hoja5 / Hoja6 / Hoja7

Listo — NUM

Edición de datos en una celda

Puede editar datos en dos lugares de una hoja. Puede seleccionar la celda y editar los datos en la barra de fórmulas, o puede editar los datos dentro de la celda. Pulse simplemente dos veces sobre la celda y luego desplace el punto de inserción a donde sea necesario dentro de la celda. Luego puede introducir la nueva información o suprimir la que sea incorrecta. Editar directamente en la celda es útil cuando se trata del texto de una celda y resulta incluso de mayor utilidad cuando se trabaja con fórmulas como ya veremos en la siguiente lección.

En el ejercicio siguiente, edite el título de la hoja.

Edición de los datos de una celda

1. Pulse dos veces sobre la celda B1.

    La celda B1 contiene el título de la hoja.

2. En la celda B1, pulse justo delante de la palabra "Presupuesto" e introduzca **de Caja**.

3. Introduzca dos puntos seguido de un espacio al final y luego introduzca **Año económico 1994**.

4. Pulse INTRO.

    El título nuevo aparece en la celda B1. Su hoja deberá parecerse a la siguiente:

	A	B	C	D	E	F	G	H	I
1	Título	Presupuesto de Caja de VCO: Año económico 1994							
2									
3	Desarrollado por								
4	Fecha mo	6/17/94							
5	Objetivo	Presupuesto de Caja mensual para 1994 de Ventas Costa Oeste con resúmenes trimestre							
6									
7	Datos inici	Incremento mensual							
8		Aumento v	1,50						
9		Incremento	0,90						
10									
11	Resumen		Trim 1	Trim 2	Trim 3	Trim 4			
12									
13									
14									
15									
16									
17									
18	Area presupuesto								

Hoja1 / Hoja2 / Hoja3 / Hoja4 / Hoja5 / Hoja6 / Hoja7

Listo   NUM

Introducción de una serie de datos en celdas

Como ya vio en el último ejercicio, se puede seleccionar un rango de celdas e introducir datos en cada una de ellas. También se puede introducir una serie de datos, ya sea números o texto, en varias celdas. Para hacer esto se introducen los dos primeros números o entradas de texto de la serie y luego se utiliza Llenar para introducir el resto de la serie. Por ejemplo, se puede introducir un "1" en la primera celda, y un "2" en la segunda, y luego usar Llenar para completar rápidamente el 3, 4, 5 y 6.

Si va a introducir un conjunto de series, como los meses del año o los días de la semana, puede escribir el primer elemento de la serie y luego completar el resto de la serie sin tener que introducir ninguna otra cosa. Por ejemplo, si desea introducir los meses del año en una fila escriba simplemente "Ene" y luego use Llenar para completar el resto.

Arrastrar el controlador de rellenar para introducir una serie es como utilizar /Datos Llenar de 1-2-3.

Puede utilizar la orden Llenar del menú Edición, o arrastrar el controlador de rellenar sobre el borde de la celda para rellenar su serie rápidamente. En el ejercicio siguiente, utilizaremos Llenar para añadir los rótulos del mes a su hoja de presupuesto.

Uso de Llenar para introducir una serie de números

1. Seleccione las celdas C19:D19.

2. Introduzca **1** INTRO **2**.

3. Con ambas celdas seleccionadas, desplace su puntero sobre el cuadro negro (el controlador de relleno) que aparece en el ángulo inferior derecho de la celda D19 hasta que el puntero cambie a un signo más (+) grueso. Su puntero deberá ser como el siguiente:

	2

4. Arrastre el controlador de Llenar hasta la celda L19.

Puede introducir los nombres de meses o de días de forma completa (Enero) o abreviados (Ene). Cuando complete la serie en las otras celdas, el resto de la serie aparecerá también de forma completa (Febrero) o en forma abreviada (Feb).

Uso de Llenar para introducir una serie de meses

1. Seleccione la celda C19.

2. Introduzca **Jun** y pulse INTRO.

3. Pulse de nuevo la celda C19 y luego arrastre el controlador de Llenar hasta la celda N19.

El resto de la serie se introduce en las celdas.

4. Pulse CONTROL + INICIO.

La celda activa cambia a A1.

Supresión de datos de las celdas

Si necesita eliminar datos de una celda, puede suprimir fácilmente la información y sustituirla por otra nueva introduciendo dicha información en la celda. También se puede eliminar datos de una celda seleccionando la celda y pulsando SUPR o bien utilizando la orden Borrar del menú Edición. Sin embargo, el método más rápido es seleccionar una celda y sustituir los antiguos datos por la nueva información que se desee.

En el ejercicio siguiente introduzca la nueva información, escribiendo sobre los datos antiguos.

Eliminar una celda e introducir información nueva

La orden Borrar es como /Rango Borrar (/Rango Erase) en 1-2-3, salvo que puede especificar qué atributos de celda se desea eliminar.

En la Lección 2 "Escritura de fórmulas" aprenderá cómo se puede desarrollar una fórmula que visualice automáticamente la fecha actual.

1. Seleccione la celda B4.

Esta celda refleja la última fecha en la que se modificó la hoja de presupuesto.

2. Introduzca la fecha actual del impreso *dd/mm/aa*, y luego pulse INTRO.

La fecha queda eliminada de la celda y se introduce la nueva fecha. Su hoja deberá ser parecida a la siguiente:

Deshacer cambios

Siempre podrá corregir errores mientras escribe si pulsa la tecla RETROCESO y escribe de nuevo las letras o números correctos. Pero ¿qué ocurre si selecciona una celda y la elimina o sustituye sus contenidos por error? Puede resarcirse de esos errores si utiliza la orden Deshacer del menú Edición, o el botón Deshacer que aparece en la barra de`herramientas. Si decide después de todo que desea conservar el cambio, puede utilizar la orden Rehacer del menú Edición.

En el ejercicio siguiente, suprima los contenidos de una celda y luego restablézcalos.

Deshacer acciones anteriores

1. Seleccione la celda B4.

2. Pulse SUPR.

    La fecha queda eliminada de la celda.

3. Escoja Deshacer Borrar del menú Edición.

    Los datos son de nuevo restablecidos. El nombre de la orden Deshacer cambia para reflejar la acción específica que necesita Deshacer. Si hubiera introducido un nuevo texto, la orden Deshacer habría sido la orden Deshacer escritura en lugar de Deshacer Borrar.

4. Desde el menú Edición, elija Rehacer (h) Borrar, o pulse CONTROL+Z.

    La orden Deshacer cambia a Rehacer puesto que acaba de utilizar Deshacer. CONTROL+Z es la alternativa de teclado para Deshacer y Rehacer. La fecha que introdujo en el último ejercicio queda eliminada de la celda B4.

Nota   En algunos casos, la orden Deshacer no está disponible. Si, por ejemplo, acaba de guardar su libro de trabajo y abre el menú Edición, verá que en lugar de la orden Deshacer aparece No se puede deshacer.

Manejo de los libros de trabajo

En Microsoft Excel 5, los archivos se denominan libros de trabajo. Estos libros pueden contener varias hojas de trabajo, hojas de gráficos y módulos de Visual Basic. Aprenderá más sobre gráficos y hojas de gráficos en las leciones 4 y 5 "Representación gráfica de sus datos" y "Modificación de sus gráficos". Conocerá un poco más sobre los módulos de Visual Basic en la Lección 15. "Automatización de tareas repetitivas". Por ahora, trabajará mayormente con hojas de trabajo. Con los libros de trabajo de Microsoft Excel 5 puede hacer fácilmente intercambio entre hojas, introducir datos en más de una hoja a la vez, y denominar las hojas por separado para hacer que sean fáciles de distinguir. No necesita utilizar una página de contenidos para intercambiar entre hojas o visualizar los nombres de hoja que hay dentro de un libro o guardar hojas por separado. En lugar de ello, se puede acceder en cualquier momento a todas las hojas y guardar inmediatamente todo el libro de trabajo.

Desplazamiento dentro de un libro

Puede desplazarse entre las hojas de un libro de trabajo pulsando las etiquetas que aparecen al final de las hojas. Puede utilizar las flechas del ángulo inferior izquierdo de la pantalla para desplazarse hasta la primera hoja, retroceder una hoja, avanzar una hoja o ir hasta la última hoja de un libro. También puede utilizar las abreviaturas del teclado para desplazarse entre las hojas. Si pulsa CONTROL + AVPAG se desplazará hasta la página siguiente. Si pulsa CONTROL + REPAG se desplazará hasta la página anterior. La ilustración siguiente muestra las tabulaciones y flechas que puede utilizar para desplazarse en un libro de trabajo.

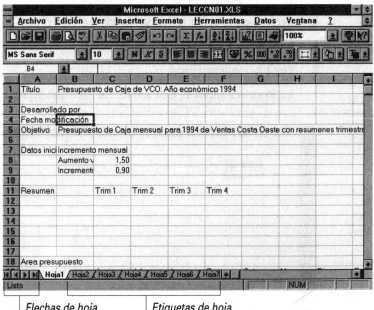

Flechas de hoja   *Etiquetas de hoja*

También puede seleccionar varias hojas a la vez de la misma forma que selecciona varias celdas al mismo tiempo. Seleccione varias hojas adyacentes manteniendo presionada la tecla MAYUS y seleccionando las etiquetas de las hojas que desee, o especifique varias hojas no adyacentes manteniendo presionada la tecla CONTROL y seleccionando las etiquetas de las hojas.

Cuando seleccione varias hojas de un libro puede introducir en cada una de ellas los mismos datos, todos a la vez. Especifique simplemente las hojas en las que desea que aparezcan los datos, y luego introduzca los datos en una de las hojas. Los datos aparecerán en la misma celda de todas las hojas seleccionadas.

En el ejercicio siguiente, se desplazará a través de hojas diferentes del libro e introducirá datos en ellas.

Desplazarse a otras hojas e introducir datos

1. Pulse la etiqueta Hoja4.

   La Hoja4 es ahora la hoja activa.

2. Pulse la etiqueta Hoja5.

   La Hoja5, la siguiente del libro, pasa a ser ahora la hoja activa.

3. Mantenga presionada MAYUS y pulse la etiqueta Hoja3.

   Se ha seleccionado ahora desde la hoja 3 hasta la 5, pero la Hoja5 sigue siendo la hoja activa.

4. Seleccione la celda B3 de la Hoja5.

5. Introduzca **Kris Mueller** y pulse INTRO.

6. Pulse la etiqueta Hoja4.

   La Hoja4 es ahora la hoja activa. Su libro deberá ser como el siguiente:

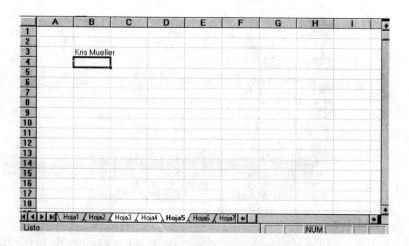

Observe que el nombre aparece en la Hoja4, aunque únicamente lo introdujo en la Hoja5. Cuando selecciona varias hojas y luego escribe sobre una de ellas, los datos se introducen en cada una de las hojas seleccionadas y en la misma posición. Observe también que la Hoja3 y 5 aún están seleccionadas, a pesar de que la Hoja4 es ahora la hoja activa.

7. Pulse la etiqueta Hoja2.

Al pulsar esta etiqueta de la hoja se eliminan las otras selecciones de hoja. La Hoja2 pasa a ser ahora la única.

Inserción, supresión y nueva denominación de hojas

Cuando abre un nuevo libro de trabajo, dispone de 16 hojas en blanco denominadas Hoja1, Hoja2, etc. Puede dejar estas hojas tal como están si es eso lo que prefiere, o puede personalizar su libro añadiendo, eliminando o renombrando las hojas. Puede tener en un libro desde 1 a 255 hojas. Utilice la orden Hoja de cálculo del menú Insertar para insertar una nueva hoja y use la orden Eliminar hoja del menú Edición para eliminar una hoja. También puede denominar de nuevo las hojas para que indiquen su propósito o contenido.

En el ejercicio siguiente, eliminará una hoja e insertará una nueva. Luego renombrará una hoja para indicar de forma más clara su objetivo.

Eliminar, añadir y renombrar hojas de un libro

1. Asegúrese de que la Hoja2 está activa y luego desde el menú Edición, seleccione Eliminar hoja.

Aparece un cuadro de diálogo informándole que la hoja seleccionada quedará eliminada permanentemente.

2. Escoja Aceptar.

El cuadro de diálogo se cierra y se suprime la hoja. Observe que la Hoja2 ha desaparecido y que ahora es la Hoja3 la que va detrás de la Hoja1.

3. Desde el menú Insertar, seleccione Hoja de cálculo.

Una hoja nueva se inserta delante de la Hoja3.

4. Pulse el botón Desplazamiento última etiqueta.

Las etiquetas de las hojas se desplazan para que pueda ver la Hoja16.

*Desplazamiento
última etiqueta*

Nota   Existen dos flechas a la derecha y otras dos flechas a la izquierda. Las flechas con la barra (botones de Desplazamiento última etiqueta y Desplazamiento primera etiqueta) le desplazan hasta la primera o última etiqueta de hoja. Las flechas que no tienen barra le hacen avanzar o retroceder cada vez una hoja de su libro.

---

5.   Pulse el botón Desplazamiento primera etiqueta.

Las etiquetas de hoja se desplazan para que pueda ver la Hoja1.

6.   Pulse dos veces la etiqueta Hoja1.

Se abre el cuadro de diálogo Cambiar nombre de la hoja.

7.   En el cuadro Nombre, introduzca **Presupuesto 94** y luego pulse INTRO.

Se denomina de nuevo la Hoja1 con Presupuesto de 1994. Su hoja deberá ser como la siguiente:

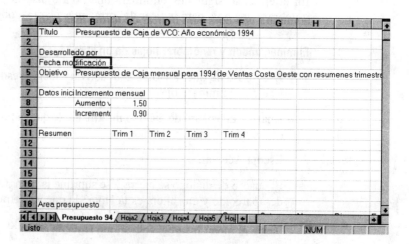

Un paso más

En esta lección ha aprendido que puede introducir automáticamente una serie de datos dentro de una serie de celdas. Microsoft Excel reconoce varias series de datos estándar, como 1, 2, 3; Trim1, Trim2, Trim3; etc. y la serie de meses que utilizó anteriormente. También es capaz de definir series personalizadas. Con la orden Opciones del menú Herramientas, puede crear una lista personalizada que pueda ocupar celdas de sus hojas.

En el ejercicio siguiente, desarrolle una serie personalizada.

Creación de una lista personalizada de datos

1. Desde el menú <u>H</u>erramientas seleccione <u>O</u>pciones.

Se abre el cuadro de diálogo de Opciones.

Ficha listas

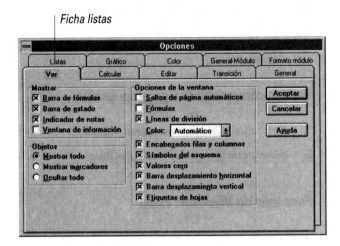

2. Pulse la ficha Listas.

3. En la lista de Listas personalizadas, seleccione NUEVA LISTA.

4. En el cuadro Entradas de lista, introduzca **Total ingresos** INTRO **Coste mercancías vendidas** INTRO **Beneficio bruto** INTRO **Gastos** INTRO **Ingresos de explotación**.

5. Pulse el botón Agregar.

Su nueva lista personalizada queda incluida en las Listas personalizadas del cuadro de diálogo.

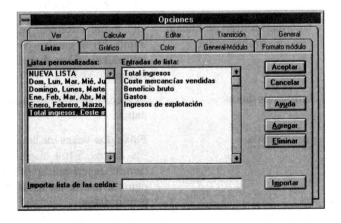

6. Pulse Aceptar.

7. Desplácese hasta la Hoja4 y seleccione la celda B12.

8. Introduzca en la celda B12 **Total Ingresos** INTRO.

9. Seleccione la celda B12 y luego arrastre el controlador de relleno cuatro filas hacia abajo hasta la fila B16.

La serie de rótulos queda introducida automáticamente.

Para continuar con la siguiente lección

1. Seleccione Guardar del menú Archivo.

2. Seleccione Cerrar del menú Archivo.

Para salir de Microsoft Excel

➤ Seleccione Salir del menú Archivo.

Si aparece el cuadro de diálogo de Guardar, pulse Sí.

Resumen de la lección

Para	Haga esto	Botón
Abrir un libro	Pulse el botón Abrir de la barra de herramientas. Seleccione la unidad, directorio y nombre de archivo y luego escoja Aceptar.	
Guardar un libro de trabajo con un nombre nuevo	Del menú Archivo, seleccione Guardar como. En el cuadro Nombre de archivo, introduzca el nombre de archivo y pulse Aceptar.	
Introducir datos	Seleccione una celda e introduzca los datos.	
Editar datos	Pulse dos veces en la celda que contiene los datos. Sitúe el punto de inserción donde desee editar y sobreescriba los datos o use la tecla RETROCESO para suprimir datos.	

Para	Haga esto	Botón
Completar datos dentro de una serie de celdas	Introduzca los datos para las dos primeras celdas de la serie y luego arrastre el controlador de Llenar para completar el resto de la serie.	
Borrar una celda	Seleccione la celda y luego pulse SUPR *o* desde el menú Edición elija Borrar y luego escoja Aceptar.	
Deshacer un cambio	Desde el menú Edición elija Deshacer si es que está disponible.	
Repetir un cambio	Desde el menú Edición elija Rehacer o Repetir, si es que está disponible.	
Insertar una hoja en un libro de trabajo	Desde el menú Insertar seleccione Hoja de cálculo.	
Suprimir una hoja de un libro de trabajo	Seleccione la etiqueta de la hoja de trabajo y desde el menú Edición seleccione Eliminar hoja.	
Renombrar una hoja	Pulse dos veces la etiqueta de la hoja. Introduzca el nombre nuevo en el recuadro Nombre y pulse Aceptar.	
Cerrar un libro de trabajo	Desde el menú Archivo, escoja Cerrar. *o* Pulse dos veces el cuadro del menú de control que aparece en la ventana de la hoja.	

Para más información sobre	Véase *Manual del usuario de Microsoft Excel*
Abrir, guardar y cerrar un libro de trabajo	El Capítulo 6, "Administración de los archivos de libros de trabajo".
Introducir datos	El Capítulo 9, "Introducción de datos".
Editar datos	El Capítulo 11, "Edición de una hoja de cálculo".
Introducir una serie de datos	El Capítulo 9, "Introducción de datos" en celdas.
Eliminar celdas	El Capítulo 11, "Edición de una hoja de cálculo".
Deshacer cambios	El Capítulo 11, "Edición de una hoja de cálculo".
Insertar, suprimir y renombrar hojas	El Capítulo 7, "Utilización de libros trabajo".

Avance de la siguiente lección

En la lección siguiente, aprenderá a copiar, pegar y desplazar información a otras celdas de una hoja. Aprenderá a utilizar fórmulas sencillas que ejecuten operaciones matemáticas, así como otros tipos de operaciones y a emplear las referencias de celdas en fórmulas para que indiquen las celdas que necesita. También tendrá un mayor conocimiento de los rangos y de su denominación para que pueda encontrar y utilizar rápidamente la información que necesita.

Introducción de fórmulas

Se pueden realizar cálculos con sus datos utilizando *fórmulas*, las cuales están formadas por *operadores de datos* y con frecuencia de *funciones*. Microsoft Excel contiene cientos de funciones que puede utilizar en fórmulas, incluyendo las funciones automáticas, como *AutoSuma*, que suma los datos de filas o columnas. El *Asistente para funciones* hace que resulte fácil crear fórmulas.

En esta lección aprenderá a sumar los datos de filas y columnas, a crear fórmulas sencillas y a denominar rangos para hacer que las fórmulas y referencias sean fáciles de comprender. Aprenderá a copiar, pegar y desplazar datos con facilidad y el porqué es importante la diferencia entre las referencias absolutas y relativas cuando se copian o desplazan datos.

Aprenderá a:

- Sumar filas y columnas automáticamente.

- Crear fórmulas sencillas.

- Crear fórmulas con el Asistente para funciones.

- Denominar rangos.

- Copiar y pegar datos entre las celdas.

- Desplazar datos entre las celdas.

- Crear fórmulas con las referencias absolutas y relativas.

Duración estimada de la lección: 50 minutos

Si su pantalla no coincide con las ilustraciones de esta lección, vea el Apéndice "Comparación de ejercicios".

Inicio de la lección

1.   Desde su directorio PRACTICA, abra 02LECCN.XLS.

2.   Guarde el libro de trabajo como LECCN02.XLS.

3.   Pulse el botón Maximizar de la ventana del libro de trabajo, si ésta aún no ha sido maximizada.

Cómo sumar filas y columnas automáticamente

Una de las tareas que probablemente realizará con más frecuencia en Microsoft Excel es sumar filas y columnas. Podría crear una nueva fórmula cada vez que necesitara sumar una fila o columna, pero Microsoft Excel nos proporciona una forma más fácil: el botón AutoSuma de la barra de herramientas Estándar crea automáticamente una fórmula para sumar las filas y columnas.

Puede utilizar AutoSuma de tres formas: para localizar y sumar las filas o columnas del rango más cercano a la celda activa, para sumar cualquier rango que se seleccione, o para añadir totales generales a un rango que contenga otros totales. Para sumar automáticamente el rango más cercano, pulse el botón AutoSuma y luego pulse INTRO, o pulse dos veces el botón AutoSuma. Para sumar un rango concreto, seleccione el rango y luego pulse el botón AutoSuma. Cuando utilice este botón se creará e introducirá la fórmula Sumar. Cuando pulsa el botón AutoSuma una vez se crea la fórmula y luego tiene la opción de aceptarla (pulsando INTRO) o bien de modificarla.

Indiferentemente del método que vaya a utilizar, asegúrese de que hay una fila o columna en blanco alrededor de sus datos para las celdas que desea sumar. En el ejercicio siguiente, sume los datos del coste de mercancías vendidas para Junio y luego totalice los datos resumen de su hoja de presupuesto utilizando el botón AutoSuma.

Suma del coste de mercancías vendidas

1.   Asegúrese de que la hoja de presupuesto de 1994 es la hoja activa.

2.   Seleccione la celda C29.

       Utilizará AutoSuma para introducir un total en el rango C25:C28.

3.   Pulse una vez el botón AutoSuma de la barra de herramientas Estándar.

       El rango C25:C28 de la hoja está rodeado por una línea de desplazamiento, y una fórmula de sumar, =SUMA(C25:C28) aparece en la barra de fórmula. Cuando pulse una vez el botón AutoSuma podrá decidir si el rango seleccionado es el rango que desea sumar. Su hoja deberá ser como la siguiente:

AutoSuma

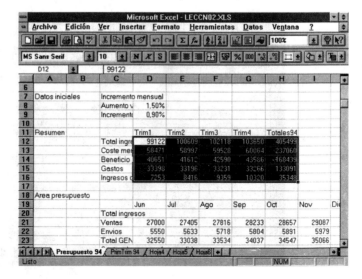

4. Pulse INTRO.

El resultado se introduce en la celda C29.

Suma de los otros rangos de resumen

1. Seleccione el rango C12:G16.

Este rango contiene los datos resumen y la columna con los totales.

2. Pulse el botón AutoSuma.

Los totales de las filas aparecen en las celdas G12:G16.

Creación de fórmulas sencillas

Cuando necesite realizar un cálculo en Excel utilice una fórmula. Puede crear fórmulas para realizar cálculos tan simples como sumar los valores de dos celdas, o tan complejos como encontrar la desviación de un valor concreto con respecto a un conjunto de valores. Para indicarle a Microsoft Excel que va a introducir una fórmula en una celda, debe comenzar la entrada con un operador aritmético como por ejemplo el signo de igualdad (=). También puede introducir +, -, o @ para comenzar una fórmula; Microsoft Excel convierte estos signos en un signo igual. Una fórmula sencilla, como puede ser sumar, restar, multiplicar o dividir celdas, requiere dos partes: un operador para comenzar la fórmula, y al menos una referencia de celda.

Cuando desarrolla fórmulas que ejecutan cálculos o utilizan fórmulas que generan información de sus datos, necesita indicarle a Microsoft Excel dónde puede encontrar los datos. Puede teclear una referencia de celda o un nombre de rango, o puede señalar las celdas mientras crea la fórmula. Las celdas que indique están rodeadas por una línea punteada denominada *borde de desplazamiento* de forma que puede ver qué celdas son seleccionadas mientras trabaja con la fórmula.

En el ejercicio siguiente, desarrolle una fórmula en la celda C30 para hallar el beneficio bruto de Junio. Utilice el método de señalización para crear la fórmula.

Búsqueda del beneficio bruto

1. Seleccione la celda C30.
2. Introduzca = y pulse la celda C23.
3. Introduzca el signo – y pulse la celda C29.
4. Pulse INTRO.

   La fórmula ha sido introducida y el importe del beneficio bruto aparece en la celda.

Introducción de fórmulas con el Asistente para funciones

Un número en Microsoft Excel es como un valor en 1-2-3.

Una fórmula sencilla puede constar de operadores aritméticos y de referencias de celda. La mayoría de las fórmulas complejas también pueden incluir números y funciones. Microsoft Excel posee cientos de *funciones de hoja* que le pueden ayudar a ejecutar fácilmente cálculos especializados. Una función de hoja es una fórmula especial implementada que realiza una operación sobre los valores proporcionados. Por ejemplo, la fórmula "=PROMEDIO(C22:C26)" utiliza una función para buscar la media de los valores del rango C22:C26. Le proporciona el mismo resultado que la fórmula "=(C22+C23+C24+C25+C26)/5", la cual suma los valores y los divide por el número de valores. Las funciones pueden utilizarse solas o anidadas dentro de otras funciones. Puede introducir funciones escribiéndolas en la celda junto con la otra información que necesita para la fórmula. Puede introducir una fórmula con una función, o utilizar el Asistente para funciones para introducir una función automáticamente.

Una función es como una @función de 1-2-3.

Algunas funciones no necesitan argumentos; no tiene que incluir ninguna referencia de celda ni ninguna otra información para que éstas funcionen. Por ejemplo, la función HOY introduce la fecha actual del sistema en una celda. La función AHORA es otra función que no requiere ninguna información adicional. En el ejercicio siguiente, utilizará la función HOY para visualizar la fecha actual.

Visualización de la fecha actual

1. Seleccione la celda B4 y pulse SUPR.

2. Introduzca **=hoy()** en B4.

   Puede escribir los nombres de función en mayúsculas o minúsculas. Cuando pulse INTRO, éstas se convertirán automáticamente en mayúsculas.

3. Pulse INTRO.

   La fórmula queda introducida y en la celda aparece la fecha actual del sistema.

La mayoría de las fórmulas que desarrolle requerirán más de un nombre de función. Tal vez necesite incluir referencias de celdas o valores, o ambos para poder completar la fórmula. Estos elementos adicionales de una fórmula se denominan *argumentos*. Por ejemplo, en las fórmulas resumen que introdujo con el botón AutoSuma, se introdujo una fórmula con la función =SUMA, que determina lo que la fórmula hace, y el argumento (C25:C28) que determina las celdas que son utilizadas.

También puede utilizar valores en algunas fórmulas como ocurre con algunas funciones financieras que determinan los pagos de un préstamo o los valores futuros de inversiones. Los argumentos aparecen normalmente dentro de paréntesis como en la fórmula =SUMA(C25:C28). De hecho, siempre que utilice una función debe tener paréntesis, aun cuando no necesite ningún argumento como por ejemplo

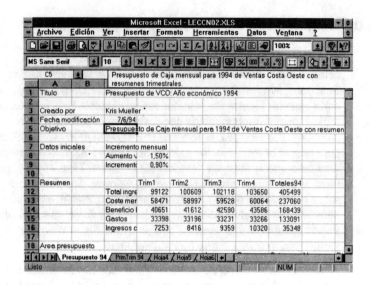

cuando introdujo la función HOY, =HOY(). Algunas funciones, como por ejemplo varias funciones financieras o estadísticas, requieren más de un argumento. En estos casos, los argumentos van separados por puntos y comas (;)

Para una mayor información sobre funciones concretas, busque en la Ayuda en línea el nombre de la función.

Cuando trabaje con una función que requiera argumentos puede resultarle difícil hacer un seguimiento de la información que necesita. Microsoft Excel tiene ahora un Asistente para funciones que le pide algunos argumentos necesarios para completar una fórmula. En el ejercicio siguiente, utilizará el Asistente para funciones para crear una fórmula que calcule la media de las ventas producidas en todo el año.

Cálculo del promedio de ventas de todo el año

Asistente para funciones

1. Seleccione la celda C50, y luego pulse el botón del Asistente para funciones que aparece sobre la barra de herramientas Estándar.

   Se abre el Asistente para funciones.

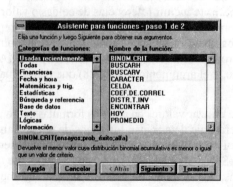

2. Seleccione Estadísticas de la lista Categorías de funciones.

Aparece una lista de funciones estadísticas en el cuadro Nombre de la función.

3. En el cuadro Nombre de la función, seleccione PROMEDIO y luego seleccione el botón Siguiente.

Aparece el paso siguiente del Asistente para funciones.

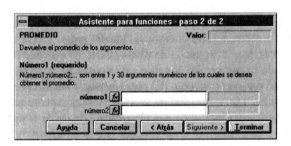

4. Pulse la barra de título del cuadro de diálogo del Asistente para funciones y arrástrelo hacia abajo hasta llegar al fondo de su pantalla.

Necesita desplazar el cuadro de diálogo de forma que pueda seleccionar el rango para el que desea calcular la media en su hoja de presupuestos.

5. Pulse en el recuadro Número1.

6. Desplácese hacia arriba de su hoja de presupuestos hasta que pueda ver la fila 21.

7. Arrastre el ratón para seleccionar las celdas C21:N21 de la hoja de presupuestos.

Observe que cuando arrastra el ratón para seleccionar las celdas el valor del recuadro valor, que aparece en el cuadro de diálogo del Asistente para funciones, cambia para reflejar su selección. Las referencias de C21:N21 aparecen en el recuadro Número1.

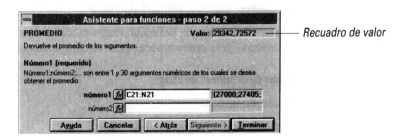

Recuadro de valor

8. Escoja el botón Terminar, y desplácese hacia abajo de la hoja de presupuestos hasta que pueda ver la celda C50.

El promedio de ventas del año, 29343, aparece en la celda C50.

Denominación de rangos

Cualquier grupo de celdas rectangular de una hoja se denomina *rango*. Como ya se vio en la sección AutoSuma de esta lección, se hace referencia a un rango mediante la referencia de la primera celda del rango, seguida de dos puntos (:), y luego la referencia de la última celda del rango. Con frecuencia, se utilizan rangos para referirse a un grupo de datos similares que caen dentro de una área rectangular de la hoja como los datos de ventas de un proyecto particular o los datos anuales para un concepto del presupuesto. Cuando necesite en una fórmula hacer referencia a un rango (como ya verá posteriormente en esta lección) puede introducir el rango mediante sus referencias de celda o puede denominar el rango y luego usar el nombre en la fórmula. La denominación de rangos puede ahorrarle tiempo y esfuerzo ya que un nombre es más fácil de recordar que la primera y última referencias de celda de un rango.

Creación de nombres

La orden Crear nombres es como la orden /Rango Nombre Usar-rótulos de 1-2-3, excepto que Crear nombres actúa sobre varias celdas.

Crear nombres para un rango es fácil. Puede seleccionar el rango y luego usar el recuadro de nombre de la barra de fórmulas para definir un nombre o puede crear nombres automáticamente basándose en las cabeceras de fila o columna. También puede utilizar para definir nombres la orden Nombre del menú Insertar.

Los nombres de rango pueden ser tan largos como quiera, con tal que no utilice ningún espacio, coma o punto. Normalmente, un nombre de rango consta de una palabra o unas cuantas palabras separadas por caracteres de subrayado entre las palabras. Por ejemplo, los nombres "Carga" y "Ventas_Impresora" son nombres de rango correctos. "Ventas Impresora" o "Ventas.Impresora" no lo son. En general, debe utilizar nombres que pueda recordar y escribir fácilmente.

Puede crear varios nombres, todos a la vez, dentro de un rango seleccionándolos y utilizando luego las órdenes Nombre y Crear del menú Insertar. Para utilizar la orden Crear debe incluir en la selección las cabeceras de fila o columna. Estas cabeceras serán luego los nombres de rango.

En el ejercicio siguiente, defina un rango escribiendo un nombre y a continuación con la orden Crear cree nombres para un rango más grande.

Creación de nombres de rango

1. Seleccione el rango C20:C46.

Definirá un nombre para este rango.

Nombre

2. Pulse en el recuadro nombre de la barra de fórmula y luego introduzca **Presupuesto_Junio93**.

3. Pulse INTRO.

Se define el nombre Presupuesto_Junio93 para el rango C20:C46.

4. Seleccione el rango B19:N46.

Este rango contiene las cabeceras y todos los datos de su presupuesto.

5. Del menú Insertar, elija Nombre y luego Crear.

Se abre el cuadro de diálogo Crear nombres. Observe que las opciones para utilizar las cabeceras de la fila superior y de la columna izquierda ya están seleccionadas.

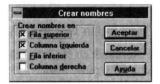

6. Escoja Aceptar.

Los nombres están creados. Cada fila pasa a ser un rango denominado con el título de fila, y cada columna se convierte en un rango denominado con el título de columna.

Aviso   Una abreviatura de teclado para crear nombres de rango es CONTROL + DESPL + F3.

La orden Nombre Definir es como /Rango Nombre Crear y /Rango Nombre Suprimir de 1-2-3.

Edición de nombres

Con la orden Nombre, puede editar el nombre de rango o cambiar las celdas incluidas en un rango denominado después de crearlo. En el ejercicio siguiente, extienda el rango para incluir otras celdas y luego edite el nombre de rango.

Extensión de un rango y edición de un nombre

1. Desde el menú Insertar, seleccione Nombre y a continuación Definir.

Se abre el cuadro de diálogo de Definir nombre. Observe todos los nombres nuevos que aparecen en la lista Nombres en el libro.

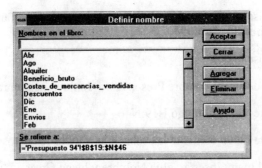

2. Desplácese a lo largo de la lista, si es necesario, y seleccione el nombre Presupuesto_Junio93.

   Este es el primer rango que ha creado.

3. En el recuadro Se refiere a, seleccione 20 e introduzca **19**.

   Esto extiende el rango hasta incluir la celda C19.

4. En el recuadro de texto Nombres en el libro, seleccione el texto "io93" del nombre Presupuesto_Junio93 y pulse SUPR.

   Su cuadro de diálogo deberá ser como el siguiente:

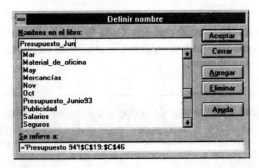

5. Pulse el botón Agregar.

   Al pulsar dicho botón su nombre modificado, Presupuesto_Jun, queda incluido en la lista de rangos. Observe que Presupuesto_Junio93 aún sigue en la lista.

6. Seleccione el rango Presupuesto_Junio93, y escoja el botón Eliminar del cuadro de diálogo.

   El rango queda eliminado de la lista.

7. Seleccione Cerrar.

   Se cierra el cuadro de diálogo.

Cómo ir a los rangos

Ahora que les ha puesto nombre a los rangos puede desplazarse por su hoja con mucha más rapidez. En lugar de desplazarse o moverse hasta otra área de la hoja para seleccionar un rango, puede utilizar el recuadro de nombre que aparece en la barra de fórmulas para ir a un rango y seleccionarlo en un solo paso. Seleccione el rango de la lista que aparece en el recuadro de nombre.

En el ejercicio siguiente, utilice el recuadro de nombre para desplazarse por la hoja.

Uso del recuadro de nombre para seleccionar rangos

1.   Pulse la flecha hacia abajo cerca del recuadro de nombre.

Se abre una lista de rangos para que pueda escoger entre ellos.

2.   Desplácese hacia abajo y seleccione el rango Presupuesto_Jun.

Las celdas C19:C46 son seleccionadas.

3.   Pulse de nuevo la flecha del recuadro de nombre, y a continuación desplácese hacia abajo y seleccione Ventas.

Ventas es un nombre de rango que se creó automáticamente cuando utilizó la orden Crear. El rango Ventas, celdas C21:N21, queda seleccionado.

Nota   También puede utilizar el recuadro de nombre que hay en la barra de fórmulas para desplazarse hasta una celda concreta. En lugar de introducir un nombre en el recuadro, introduzca una referencia de celda, como N56, para seleccionar esa celda.

Uso de nombres en fórmulas

En lugar de las referencias de celdas se pueden utilizar los nombres de rango en las fórmulas. En vez de escribir la referencia del rango C19:C46, puede utilizar el nombre "Jun" creado anteriormente en esta lección. Los nombres pueden hacer que sus fórmulas sean mucho más fáciles de comprender si necesita alguna vez volver atrás y comprender exactamente para qué es esa fórmula.

En el ejercicio siguiente, utilice el Asistente para funciones para hallar el valor máximo de ventas, y luego introduzca una fórmula para hallar el valor mínimo de ventas de los datos de su presupuesto.

Cálculo de los valores máximo y mínimo de las ventas

Asistente para funciones

1. Seleccione la celda C51 y pulse el botón Asistente para funciones que aparece en la barra de herramientas Estándar.

    Se abre el Asistente para funciones.

2. En el recuadro Categorías de funciones, asegúrese de que se selecciona Estadísticas, y luego en el recuadro Nombre de la función, desplácese hacia abajo y seleccione MAX.

    Esta función halla el valor máximo del rango seleccionado.

3. Pulse el botón Siguiente.

    Aparece el paso siguiente del Asistente para funciones.

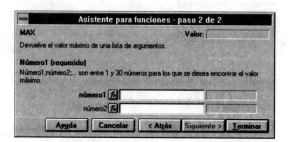

4. Pulse en el recuadro Número1.

5. Pulse la flecha hacia abajo que aparece al lado del recuadro de nombre de la barra de fórmulas.

    Se abre la lista con los nombres de rango de la hoja.

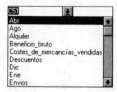

6. Desplácese a lo largo de la lista y seleccione Ventas.

    El nombre de rango "Ventas" aparece en el recuadro Número1.

7. Pulse el botón Terminar.

Se realiza la fórmula y el valor aparece en la celda C51.

8. Seleccione la celda C52.

9. Introduzca **=min(Ventas)**.

Esto hallará el valor mínimo del rango "Ventas".

10. Pulse INTRO.

Su hoja deberá ser como la siguiente:

	A	B	C	D	E	F	G	H	I
36		Utiles	75	75	75	75	75	75	75
37		Seguros	237	0	0	0	0	237	237
38		Telefono	280	283	285	288	290	293	295
39		Material d	147	147	147	147	147	147	147
40		Formación	100	100	100	100	100	100	100
41		Viajes	200	202	204	205	207	209	211
42		Impuestos	240	240	241	242	243	244	245
43		Intereses	800	807	814	822	829	837	844
44		Total GAS	11279	11054	11066	11079	11092	11342	11355
45									
46		Ingresos c	1955	-11054	-11066	-11079	-11092	-11342	-11355
47									
48									
49									
50		Ventas me	29343						
51		Ventas mé	31804,62						
52		Ventas mí	27000						
53									

Presupuesto 94 / Primtrim 94 / Hoja4 / Hoja5 / Hoja6

Reorganización de los contenidos de celda

Cuando introduce datos en sus celdas como texto, números y fórmulas no se le impide organizar los datos nuevamente. Siempre se tiene la opción, si es necesario, de reorganizar los datos, aunque debe tener cuidado si está trabajando con fórmulas. Puede copiar y pegar datos entre celdas; insertar y suprimir celdas, filas y columnas e incluso desplazar datos entre celdas.

Copia y pegado de datos entre celdas

Si necesita copiar información en otra posición de la hoja, puede utilizar los botones Copiar y Pegar que aparecen en la barra de herramientas, utilizar las órdenes Copiar y Pegar del menú Edición, o bien usar el ratón para arrastrar los datos a una nueva posición. Para copiar datos con el ratón, seleccione la celda a copiar, mantenga presionada CONTROL, y luego arrastre los datos hasta la nueva celda. Este método de copia es mucho más rápido si está copiando sobre la misma hoja. Sin embargo, si lo que desea es copiar en otra hoja utilice las órdenes del menú.

En los ejercicios siguientes, utilice el ratón para copiar datos en la hoja de presupuesto y utilice las órdenes del menú Edición para copiar datos en otra hoja.

Pulsar CONTROL *y arrastrar las celdas seleccionadas por sus bordes es como usar la orden /Copiar de 1-2-3.*

Utilización del menú y del ratón para copiar datos

1.   Seleccione las celdas M19:N46.

2.   Sitúe el cursor en cualquier parte del borde del rango, y luego mantenga presionada CONTROL.

Cuando mantiene presionada CONTROL con su puntero situado sobre el borde del rango, el puntero visualiza un pequeño signo más cerca de su extremo. Este signo más indica que está preparado para copiar los contenidos del rango. Su puntero deberá ser como el siguiente:

3.   Arrastre el borde gris que rodea el rango hasta el rango nuevo O19:P46, y luego suelte el botón del ratón y CONTROL.

La información queda pegada en el nuevo rango de celdas.

Consejo   También puede utilizar otro método para copiar datos de una celda o rango a una celda o rango contiguo. Si sus datos no son una serie que pueda rellenarse automáticamente dentro de las celdas (como los meses del año, los días de la semana o números consecutivos) puede copiar los datos arrastrando el controlador de relleno. Seleccione simplemente la celda o rango, arrastre el controlador de relleno hasta la celda o rango contiguo y suéltelo. Los datos o serie de datos se copiarán en las celdas.

---

4.   Desde el menú Edición, escoja Deshacer Arrastrar y colocar.

La información queda eliminada de las celdas.

Copia de fórmulas

Puede copiar o (rellenar) fórmulas dentro de un rango de celdas, y asimismo puede copiar datos dentro de un rango. Para rellenar una fórmula en un rango, seleccione la celda que contiene la fórmula y luego arrastre el controlador de relleno arriba o abajo hasta que lo necesite. La fórmula se copia automáticamente en las nuevas celdas. En el ejercicio siguiente, copie la fórmula del Coste de mercancías vendidas a través de la fila.

Copia de una fórmula en un rango

1. Seleccione la celda C29.

2. Arrastre el controlador de relleno hasta la celda N29 y suéltelo.

La fórmula de la suma del Coste de mercancías vendidas se copia en las celdas D29:N29. Su hoja deberá ser como la siguiente:

Copia y pegado de aspectos concretos de una celda

Se puede copiar los datos de celdas y los formatos, tal como lo hace en 1-2-3.

Cuando copia y pega, puede pegar cada aspecto de la celda como ya hizo en el último ejercicio, o bien puede pegar únicamente ciertos aspectos de los datos de la celda. Por ejemplo, si la celda contiene una fórmula puede pegar en la nueva celda únicamente el valor, o el resultado de esa fórmula. También puede pegar únicamente el formato de una celda como ya se verá posteriormente en la Lección 3, "Presentación de sus datos".

Para copiar y pegar selectivamente aspectos concretos de una celda utilice como siempre la orden o el botón Copiar, pero utilice la orden Pegado especial del menú Edición en lugar de la orden Pegar. La orden Pegado especial le permite escoger qué aspectos de la celda desea copiar. Por ejemplo, si una celda en concreto contiene una fórmula, pero sólo se desea copiar el valor que se obtiene de la fórmula, puede copiar la celda y luego utilizar la orden Pegado especial para copiar en la nueva celda únicamente el valor y no la fórmula.

En el ejercicio siguiente, copie los totales del área de presupuesto y pegue únicamente los valores dentro de un área resumen.

Cómo copiar en otra hoja sólo los datos de presupuesto del primer trimestre

1. Seleccione B19:E30.

Copiar

2. Pulse el botón Copiar de la barra de herramientas.

3. Cambie a la hoja Primtrim 94 y seleccione la celda B9.

4. Seleccione Pegado especial del menú <u>E</u>dición.

    Se abre el cuadro de diálogo de Pegado especial.

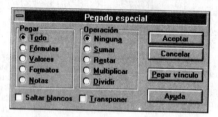

5. Bajo la orden Pegar, seleccione el botón de opción Valores y luego escoja Aceptar.

    El cuadro de diálogo se cierra y únicamente los valores quedan copiados dentro del nuevo rango de celdas.

Desplazamiento de datos entre celdas

De igual forma que se utiliza el ratón o las órdenes de menú para copiar datos, también se puede utilizar cualquiera de estos dos métodos para desplazarlos. Cuando utiliza las órdenes Cortar y Pegar del menú Edición, puede cortar datos de una celda y pegarlos en otra. Si utiliza el ratón, seleccione simplemente una celda y arrástrela por su borde hasta una nueva posición. Cuando desplace datos no necesita mantener presionada CONTROL ni ninguna otra tecla mientras arrastra el ratón.

Arrastrar celdas seleccionadas por su borde es como utilizar la orden /Mover de 1-2-3.

En el ejercicio siguiente, desplace una celda de su hoja de presupuesto hasta otra posición.

Desplazamiento de una celda

1. Cámbiese de nuevo a la hoja Presupuesto de 1994 y seleccione el rango B30:C30.

2. Sitúe el puntero del ratón sobre una parte del borde del rango, mantenga pulsado el botón del ratón y arrastre el borde del rango hasta B31:C31.

Asegúrese de que no selecciona el ángulo inferior derecho con lo cual, en lugar de desplazar los datos, se copiarían automáticamente los datos de B30:C30 en las celdas B31:C31.

3. Suelte el botón del ratón.

Los datos quedan introducidos en su nueva posición. Su hoja deberá ser como la siguiente:

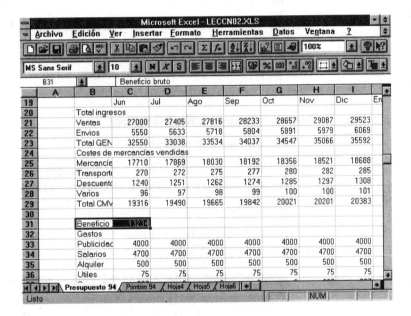

Inserción y supresión de celdas, filas y columnas

Las órdenes de Columnas y Filas son como /Hoja Insertar Columna y /Hoja Insertar Fila de 1-2-3.

Se pueden copiar celdas para reordenar los datos de su hoja, pero ¿qué ocurre si necesita más espacio en una zona concreta? Puede insertar o suprimir celdas, filas o columnas fácilmente. Cuando suprime una celda no sólo se borran los contenidos, sino que está quitando completamente la celda de la hoja y otras celdas tienen que desplazarse hasta la posición dejada por la celda eliminada, ya vengan desde la parte derecha o inferior de la celda suprimida. Para insertar una celda, fila o columna, puede utilizar las órdenes Celdas, Filas o Columnas del menú Insertar. Para suprimir una celda, fila o columna, puede utilizar la orden Eliminar del menú Edición.

Cuando inserte o suprima una fila o columna, debe seleccionar toda la fila o columna y no parte de ella. Para hacerlo, pulse el botón de cabecera que aparece a la izquierda de una fila o en la parte superior de una columna.

Botones de cabecera

Cuando inserta una celda, columna o fila, debe seleccionar la celda, columna o fila que está justo a la derecha o debajo de la posición en que desea situar esa nueva celda, fila o columna. Cuando utilice las órdenes de menú para insertar una celda, puede decidir qué celdas desplazará para dejar espacio a la nueva celda. Cuando suprime una celda, puede decidir qué celdas desplazará para ocupar el lugar de las celdas eliminadas.

También puede insertar, suprimir y desplazar filas o columnas completas de la misma forma que lo hace con las celdas. En el ejercicio siguiente, inserte en su presupuesto una columna nueva y desplace sus columnas de forma que quede una columna en blanco entre su área de rótulos, como el Area de presupuesto, y sus datos.

Inserción y reorganización de columnas

1. Pulse la cabecera de la columna A.

Desplácese hasta la celda A1 de forma que pueda ver el movimiento de datos de la columna A cuando la arrastre en el paso 4.

2. Seleccione Columnas del menú Insertar.

Se inserta una nueva columna.

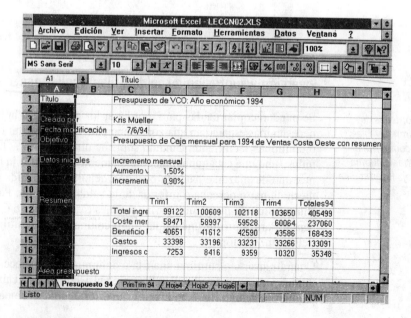

3. Pulse la cabecera de la columna B.

4. Sitúe el cursor en la parte derecha del borde del rango y arrástrelo a la nueva posición.

Los datos de la columna B se desplazan hasta la columna A. Ahora ya tiene una columna en blanco entre sus rótulos y sus datos. Su hoja deberá ser como la ilustración anterior.

Creación de fórmulas con referencias absolutas y relativas

Cuando se copió la fórmula para sumar el Coste de mercancías vendidas de la celda C29 a las celdas D29:N29, las referencias de celdas utilizadas en la fórmula se ajustaron automáticamente para reflejar la columna en la que se encontraba la fórmula. Las referencias que cambian automáticamente cuando se las desplaza se denominan *referencias relativas*. Cuando se copia una fórmula que contiene referencias relativas, estas referencias se ajustan para reflejar la nueva posición de la fórmula. Sin embargo, también se pueden utilizar fórmulas con *referencias absolutas*, referencias que siempre se refieren a la misma celda, sin tener en cuenta dónde se copie la fórmula.

Una referencia relativa describe la posición de una celda en función de su distancia, en filas y columnas, con respecto a otra celda. Una referencia relativa es equivalente a dar una dirección como en "Cruce la calle y diríjase a la quinta casa de la izquierda". En la siguiente hoja, la fórmula de la celda D23 suma los valores de las celdas D21:D22. La fórmula de la celda E23 suma los valores de las celdas E21:E22. Del mismo modo, las fórmulas de F23 y G23 suman los valores de las celdas F21:F22 y G21:G22 respectivamente.

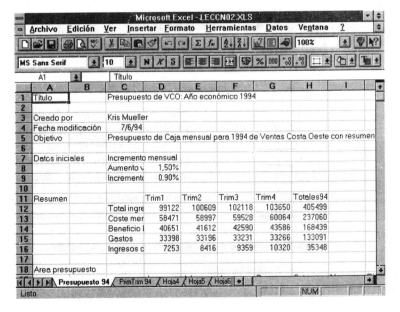

Una referencia de celda absoluta describe una dirección de celda concreta. Las referencias absolutas son análogas a proporcionar direcciones, como en, "Entregue el periódico en 405 114th Avenue S.E, Bellevue, WA 98004". En la ilustración anterior, las fórmulas de las celdas E21:O21 calculan el incremento de ventas entre meses en función de un porcentaje fijo. Sin embargo, cada una de estas fórmulas hacen referencia a la celda $D$8, la celda que contiene el índice de crecimiento de las ventas (1,50 por 100). Los signos de dólares ($) indican una referencia absoluta en la celda $D$8. No importa dónde se copie la fórmula con el incremento de ventas, ésta siempre hará referencia a la celda $D$8.

Normalmente, cuando se utiliza en una fórmula una referencia de celda la referencia es relativa. Por ejemplo, en la ilustración siguiente, la fórmula de la celda C2 utiliza una referencia relativa con respecto a la celda B4, dos filas más abajo y una columna a la izquierda de C2.

	A	B	C
1			
2			formula
3			
4		dato	
5			

Si desplaza la fórmula una celda a la derecha, tal como aparece en la ilustración siguiente, la fórmula seguirá buscando datos de la celda que está dos filas más abajo y una columna a la izquierda de su nueva posición. Pero sus datos permanecen en la misma posición, la cual está ahora dos filas más abajo y dos columnas a la izquierda de la fórmula. Ahora la fórmula está en la celda D2, y hace referencia a la celda C4, que se encuentra dos filas hacia abajo y una columna a la izquierda, mientras los datos permanecen en la celda B4.

	A	B	C	D
1				
2				formula
3				
4		dato		
5				

Se puede cambiar una referencia relativa a una referencia absoluta de forma que si desplaza o copia la fórmula, ésta siempre señalará a la misma celda. Para cambiar una referencia relativa a una absoluta, seleccione la referencia en la fórmula y pulse F4. O bien puede introducir un signo de dólar ($) delante de los indicadores de columna y fila de la referencia de celda ($D$8).

En el ejercicio siguiente, copie una fórmula con referencias relativas y vea lo que sucede. Luego cambie la referencia a absoluta y vea como cambia de nuevo.

Copiar una fórmula y cambiar una referencia a absoluta

1. Seleccione la celda O23.

    Esta celda contiene una fórmula con referencias relativas.

2. Copie la celda O23 en P23.

La fórmula se desplaza hasta la nueva celda. Observe que ahora se obtiene un resultado de 0 en lugar de su valor original. La razón de ello es que la referencia relativa señala ahora a celdas que no tienen nada. Su hoja deberá ser como la siguiente:

	H	I	J	K	L	M	N	O	P
19	Oct	Nov	Dic	Ene	Feb	Mar	Abr	May	
20									
21	28657	29087	29523	29966	30415	30872	31335	31805	
22	5891	5979	6069	6160	6252	6346	6441	6538	
23	34547	35066	35592	36125	36667	37217	37776	38342	0
24									
25	18356	18521	18688	18856	19026	19197	19370	19544	
26	280	282	285	287	290	293	295	298	
27	1285	1297	1308	1320	1332	1344	1356	1368	
28	100	100	101	102	103	104	105	106	
29	20021	20201	20383	20566	20751	20938	21127	21317	
30									
31									
32									
33	4000	4000	4000	4000	4000	4000	4000	4000	
34	4700	4700	4700	4700	4700	4700	4700	4700	
35	500	500	500	500	500	500	500	500	
36	75	75	75	75	75	75	75	75	

Celda O23: =SUMA(O21:O22)

3. Seleccione Deshacer Pegar o Deshacer arrastrar y colocar del menú Edición.

4. Seleccione la celda 023.

5. En la barra de fórmulas, seleccione "021:022".

6. Pulse F4 y luego INTRO.

Esto cambiará las referencias a referencias absolutas.

Nota   Se puede pulsar F4 varias veces para cambiar entre los diferentes tipos de referencias. Puede cambiar ambas referencias de fila y columna a referencias absolutas (como por ejemplo, $A$1), o cambiar únicamente la referencia de fila (como en A$1), o bien cambiar únicamente la referencia de columna a una referencia absoluta (como en $A1), o ambas a referencias relativas (como en A1).

---

7. Copie la celda O23 en P23.

La fórmula se copia en la nueva celda pero mantiene su valor puesto que se cambiaron las referencias relativas a absolutas.

Un paso más

Microsoft Excel contiene muchas funciones que le pueden ayudar en los cálculos matemáticos, financieros, estadísticos y otras fórmulas. Ya se han visto algunas funciones que probablemente utilizará con más frecuencia: SUMA, PROMEDIO, MAX, MIN y HOY. Algunas otras funciones que probablemente utilizará con cierta frecuencia son: AHORA, CONTAR y CONTARA. La función AHORA es muy parecida a HOY, excepto que introduce la fecha y la hora actuales. CONTAR y CONTARA cuentan, respectivamente, las celdas que contienen números y las celdas que contienen en ellas cualquier entrada. Por ejemplo, si tiene un rango con los datos siguientes: uno, 2, 3, 4, 5 y utiliza la función CONTAR para calcular cuántos números hay en el rango el resultado será cuatro. Si utiliza la función CONTARA con ese mismo rango el resultado sería cinco.

En el ejercicio siguiente, utilice las funciones AHORA y CONTARA para examinar la información de sus hojas.

1. Cámbiese a la hoja del Prim Trim de 1994 y seleccione la celda B4.

2. Introduzca **=ahora()** y pulse INTRO.

   La fecha y hora actual aparecen en la celda.

Asistente para
funciones

3. Seleccione la celda C23 y pulse el botón del Asistente para funciones.

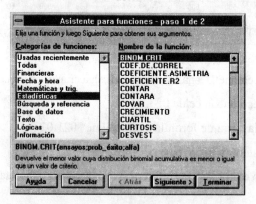

4. De la lista Categorías de funciones, seleccione Estadísticas si ésta aún no ha sido seleccionada.

5. Desplácese a lo largo de la lista de Nombre de la función y seleccione CONTARA y luego pulse el botón Siguiente.

6. Arrastre el ratón por la hoja y seleccione el rango C11:C19.

7. Pulse el botón Terminar.

   El resultado de la función, 8, aparece en la celda. Su hoja deberá ser como la siguiente:

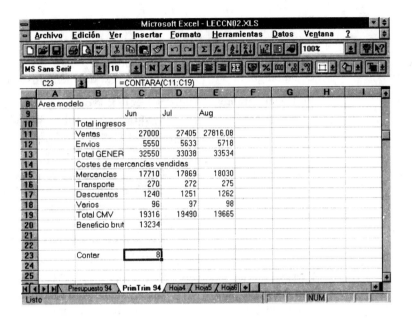

Para continuar con la siguiente lección

1. Seleccione Guardar del menú Archivo.

2. Seleccione Cerrar del menú Archivo.

Para salir de Microsoft Excel

➤ Seleccione Salir del menú Archivo.

Si aparece el cuadro de diálogo de Guardar pulse Sí.

Resumen de la lección

Para	Haga esto	Botón
Sumar un rango	Seleccione el rango y pulse el botón AutoSuma de la barra de herramientas Estándar.	Σ
Definir un nombre para un rango	Seleccione el rango y pulse en el recuadro de nombre de la barra de fórmulas. Introduzca el nombre y pulse INTRO.	

Para	Haga esto	Botón
Crear varios nombres de un rango	Seleccione el rango. Escoja Nombre y luego Crear del menú Insertar.	
Editar un nombre	Seleccione Nombre y luego Definir del menú Insertar. Seleccione el nombre de la lista y edite éste o su referencia. Seleccione Aceptar.	
Ir a un rango	Pulse la flecha que está cerca del recuadro de nombre en la barra de fórmulas y seleccione el nombre *o* introduzca el nombre del recuadro de nombre.	
Escribir una fórmula con con Asistente para funciones	Seleccione una celda y pulse el botón del Asistente para funciones que aparece en la barra de herramientas Estándar. Seleccione la categoría de función y luego el nombre de dicha función. Pulse el botón Siguiente. Introduzca los argumentos necesarios, y pulse el botón Terminar.	f_x
Introducir una fórmula	Seleccione una celda e introduzca un signo igual seguido de la fórmula. Pulse INTRO.	
Copiar y pegar datos	Seleccione la celda o rango y escoja Copiar del menú Edición, o compruebe el botón Copiar. Seleccione la nueva celda y, desde el menú Edición, elija Pegar o pulse el botón Pegar *o* seleccione la celda con los datos, mantenga pulsada CONTROL y arrastre el borde de la celda hasta el rango nuevo. Suelte el botón del ratón.	
Desplazar datos	Seleccione la celda o rango y arrástrelo hasta la nueva posición.	
Insertar una celda, fila o columna	Seleccione la celda, fila o columna a la derecha o debajo de donde desea la inserción. Seleccione Celdas, Filas o Columnas del menú Insertar.	

Para	**Haga esto**	**Botón**
Suprimir una celda, fila o columna	Seleccione la celda, fila o columna y desde el menú Edición seleccione Eliminar. Del cuadro de diálogo de Eliminar, escoja la opción que desea y luego pulse Aceptar.	
Cambiar una referencia relativa a una referencia absoluta	Seleccione la referencia de la fórmula o celda y pulse F4.	

Para más información sobre	**Véase *Manual del usuario de Microsoft Excel***
Sumar y denominar rangos	El Capítulo 10 "Creación de fórmulas y vínculos".
Escribir fórmulas	El Capítulo 10, "Creación de fórmulas y vínculos".
Copiar, pegar y desplazar datos	El Capítulo 11, "Edición de una hoja de cálculo".
Insertar y suprimir celdas, filas y columnas	El Capítulo 11, "Edición de una hoja de cálculo".
Utilizar referencias absolutas y relativas	El Capítulo 10, "Creación de fórmulas y vínculos".

Avance de la siguiente lección

En la lección siguiente, aprenderá a formatear sus datos y hacer que resulten más fáciles de comprender. Aprenderá a utilizar Autoformato para formatear sus datos y a copiar formatos en otras celdas. Sabrá también cómo manejar los botones de la barra de herramientas para poder controlar individualmente los elementos de formato.

Presentación de sus datos

Cuando se piensa utilizar una hoja en una presentación o en un informe, es importante conseguir que la información sea clara y fácil de comprender. Puede formatear los datos de forma que la información sea comprensiva y significativa. Al formatear los datos, también puede integrar su hoja con el resto de la presentación o informe. Con Autoformato, Copiar formato y los botones de formato que aparecen en la barra de herramientas, se pueden crear con facilidad hojas claras y con una buena presentación. En esta lección, aprenderá a utilizar Autoformato para mejorar la presentación de sus hojas. También sabrá cómo puede copiar rápidamente su formato a otras áreas de sus hojas o en otras hojas de su libro de trabajo. Por último, aprenderá a utilizar los botones de la barra de herramientas de Formato para especificar los elementos de formato individualmente.

Aprenderá a:

- Formatear sus datos con Autoformato y Copiar formato.

- Formatear datos con los botones de la barra de herramientas de Formato.

- Copiar formatos en otras celdas.

Duración estimada de la lección: 35 minutos

Si su pantalla no coincide con las ilustraciones de esta lección, vea el Apéndice, "Comparación de ejercicios".

Cómo comenzar la lección

1. Abra el archivo 03LECCN.XLS de su directorio PRACTICA.

2. Guarde el libro de trabajo como LECCN03.XLS.

3. Pulse el botón Maximizar de la ventana del libro de trabajo, si es que ésta no ha sido aún maximizada.

Cómo formatear datos automáticamente

Cuando prepare datos con intención de mostrarlos a otra persona, deseará que éstos tengan un aspecto profesional y sean fáciles de comprender. Puede utilizar la orden Autoformato del menú Formato para darle a sus datos un aspecto profesional y consistente. Autoformato le permite escoger entre diferentes formatos de tabla estándar que incluyen bordes, tramas, colores para los tipos de letra y otras opciones de formato. Con esta orden se puede aplicar fácilmente el mismo formato a varias hojas.

Para aplicar un formato automáticamente, seleccione un rango y luego escoja la orden Autoformato del menú Formato. Se puede entonces seleccionar uno de los diecisiete formatos diferentes de tabla, incluyendo los formatos para datos financieros, datos de contabilidad, listas e incluso formatos tridimensionales y con color. También puede utilizar el botón Opciones para seleccionar los elementos precisos de los formatos que desea usar. Puede aplicar a su tabla los formatos predefinidos de número, borde, fuentes, diseño, alineación y los formatos de ancho o alto seleccionando o no estas opciones. Por omisión, todas estas opciones están seleccionadas y se aplican cuando se selecciona Autoformato.

En los ejercicios siguientes, seleccione rangos y luego aplíqueles con Autoformato formatos de tabla diferentes.

Nota   Cuando formatea un rango automáticamente, sus datos pueden no parecerse exactamente a lo que desea. Posteriormente en esta lección aprenderá otras técnicas de formato para obtener el aspecto que desea para sus datos.

Cómo formatear datos con Autoformato

1. Seleccione el rango C11:H16.

2. Seleccione Autoformato del menú Formato.

Se abre el cuadro de diálogo de Autoformato.

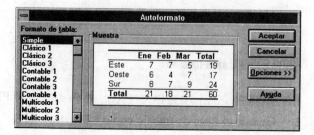

3. En la lista de Formato de tabla, desplácese hacia abajo y seleccione Lista 2, y luego pulse Aceptar.

Sus datos se formatearán con el estilo de Lista 2. Su hoja deberá ser como la siguiente:

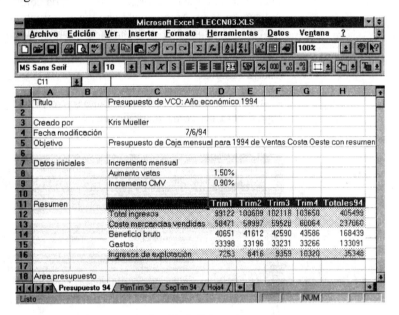

Cómo formatear otro rango de datos y quitar una opción de formato

1. Seleccione el rango C19:O45.

2. Seleccione Autoformato del menú Formato.

Se abre el cuadro de diálogo de Autoformato.

3. De la lista Formato de tabla, seleccione Clásico 3 y pulse el botón Opciones.

El cuadro de diálogo de Autoformato se amplia para mostrar las opciones de formato.

4. En el recuadro Formatos a aplicar, pulse las casillas de selección Número y Ancho/Alto.

Esto desactiva estos Autoformatos y garantiza que los formatos de número, anchos de columna y alturas de fila de cada celda sigan como en la hoja. La aplicación de un Autoformato cambia el formato de número, el ancho de columna y la altura de fila del área seleccionada, a menos que no seleccione estos formatos.

5. Escoja Aceptar.

El cuadro de diálogo de Autoformato se cierra y se producen los cambios. Su hoja deberá ser como la siguiente:

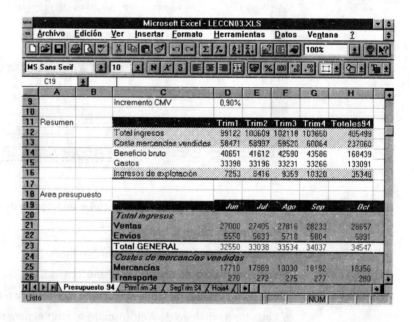

En el ejercicio siguiente, formatee el Area de resumen para que sea igual al Area del Modelo de Presupuesto.

Repetición del Autoformato

1. Seleccione el rango C11:H16.

2. Seleccione Repetir Autoformato del menú Edición.

Se aplica el formato Clásico 3 en el rango de resumen.

Copia de formatos en otras celdas

Cuando desee copiar en otra hoja el formato utilizado en una sección de su hoja, puede usar el botón Copiar formato. Este botón le permite copiar formatos rápidamente. Seleccione simplemente una celda con el formato que desea, pulse la herramienta Copiar formato y luego elija la celda o rango en el que desea aplicar dicho formato.

Si pulsa el botón Copiar formato una vez, sólo podrá pegar esos formatos una vez. Si desea copiar el formateado de una área de la hoja a varias áreas no-adyacentes, entonces pulse dos veces el botón Copiar formato. Cuando haya acabado con los formatos, pulse de nuevo el botón Copiar formato para desactivarlo.

En el ejercicio siguiente, utilice el botón Copiar formato para copiar el formato del Area Resumen en el área de los Datos Iniciales.

Copia de un formato con el botón Copiar formato

1. Seleccione el rango C11:D13.

Copiar formato

2. Pulse el botón Copiar formato que aparece en la barra de herramientas.

   El puntero cambia a una brocha con un signo más.

3. Con el puntero nuevo seleccione C7.

   Se copia el formato en el rango C7:D9. Si sólo hubiera seleccionado una fila, se habría copiado únicamente el formato de una fila. Seleccionando tres filas, copiará los formatos de cada una de las tres filas a las tres filas del rango de destino. Su hoja deberá ser como la siguiente:

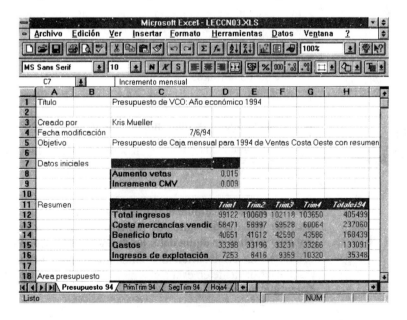

Uso de la barra de herramientas Formato para formatear datos

Tal vez no desee establecer todas las especificaciones estándar de un formato de tabla o tal vez quiera resaltar una sección de la hoja aplicando formatos diferentes con respecto al resto de su hoja. Puede formatear fácilmente celdas, filas, columnas o rangos específicos con los botones de la barra de herramientas de Formato.

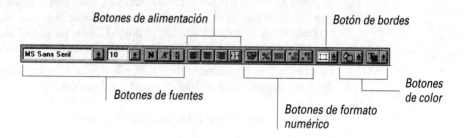

Botones de alimentación   Botón de bordes

Botones de fuentes   Botones de color

Botones de formato numérico

Modificación de los formatos de número

Se pueden formatear los números de una celda con los botones Modelo moneda, Modelo porcentual y Modelo millares que aparecen en la barra de herramientas. Cada uno de estos estilos tiene un número de puntos decimales predeterminado que puede modificar con los botones Aumentar decimales y Disminuir decimales.

En el ejercicio siguiente, cambie los formatos de número de los datos de su presupuesto a moneda y, las cifras del Incremento mensual, a porcentaje. Ajuste también el número de cifras decimales en los datos del presupuesto.

Cambio de los formatos de número

1. Seleccione las celdas D20:O45.

2. Pulse el botón Modelo moneda de la barra de herramientas de Formato.

   Esto añade a sus números un signo de dólar, una coma decimal y dos decimales.

Modelo Moneda

Nota Cuando se cambie al formato monetario, algunas de las celdas podrían visualizar una fila de signos de número (#) en lugar de valores. No se preocupe sobre la pérdida de algún dato; los signos de número indican simplemente que las columnas no son lo suficientemente anchas para visualizar los números completos. Posteriormente en esta lección cambiaremos el tamaño de las columnas para hacer que aparezcan sus datos.

Disminuir decimales

Copiar formato

Modelo Porcentual

3. Pulse dos veces el botón Disminuir decimales de la barra de herramientas.

Esto elimina las cifras decimales de sus números.

4. Seleccione D21 y pulse el botón Copiar formato.

5. Con el puntero de Copiar formato, seleccione las celdas D12:H16.

6. Seleccione las celdas D8:D9 y pulse el botón Modelo porcentual que aparece en la barra de herramientas.

Las celdas se formatean como porcentajes. Su hoja deberá ser como la siguiente:

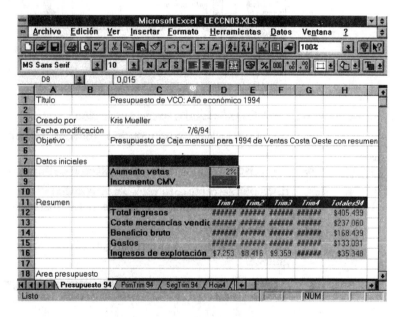

Estas órdenes son similares a las opciones de /Rango Fmto de 1-2-3.

También se pueden cambiar formatos de número con el menú contextual. Seleccione las celdas que desea cambiar, pulse el botón derecho del ratón y luego seleccione Formato de celdas. Con esta orden dispone de más opciones de formatos de número que las que tiene con los botones de la barra de herramientas. En el ejercicio siguiente, utilice la orden Formato de celdas para cambiar el formato de la celda C4, la cual contiene la fecha de la hoja modificada.

Modificación del formato de fecha

1. Seleccione la celda C4.

2. Pulse el botón derecho del ratón para abrir el menú contextual.

3. Desde este menú, elija Formato de celdas.

Se abre el cuadro de diálogo de Formato de celdas.

4. En el cuadro de diálogo, seleccione la ficha Número, si ésta no ha sido aún seleccionada.

Se muestra la ficha Número con las opciones de formato para los números.

Ficha Número

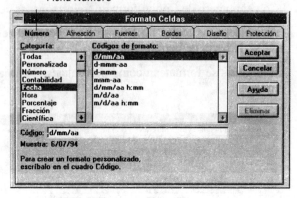

5. En la lista Categoría, seleccione Fecha.

Como puede ver, existen muchos formatos de número entre los que poder elegir.

6. De la lista Códigos de formato, seleccione d-mmm-aa.

Este código cambia su fecha para visualizar el día seguido del mes y luego del año. Por ejemplo, 5 de Julio de 1994 aparecería como 5-Jul-94.

7. Escoja Aceptar.

Su fecha cambia así al formato d-mmm-aa. Su hoja deberá ser como la siguiente:

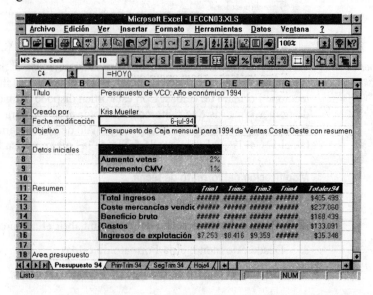

Modificación de tipos de letra

Para realizar un cambio de formato en toda la hoja, comience por seleccionar la hoja y luego haga los cambios.

No sólo puede cambiar el formato de número de sus datos, sino que también puede cambiar otros aspectos de la presentación de su texto. Rápidamente, puede modificar tipos y tamaños de letras con los recuadros Nombre de fuente y Tamaño de fuente que aparecen en la barra de herramientas de Formato o puede utilizar la orden Formato Celdas. También puede usar los botones Negrita, Cursiva o Subrayar que están en la barra de herramientas.

En los ejercicios siguientes, cambie los tipos de letras, el tamaño de las mismas y los atributos utilizados en su hoja de presupuesto.

Cambio de tipos de letra y tamaños

1. En el ángulo superior izquierda de la retícula de la hoja, pulse el botón Seleccionar toda, o pulse CONTROL + MAYUS + BARRA ESPACIADORA.

   Botón seleccionar todo

   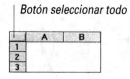

   Toda la hoja es seleccionada.

Fuente

2. Pulse la flecha hacia abajo que aparece al lado del recuadro Nombre de fuente de la barra de herramientas Formato.

   Aparece una lista de tipos de letras. Los tipos de letras disponibles varían dependiendo de los tipos de letra que haya instalado.

3. Seleccione MS Serif.

   Su texto y números cambian a MS Serif.

Tamaño fuente

4. Pulse la flecha hacia abajo que está próxima al recuadro Tamaño de fuente de la barra de herramientas Formato.

   Aparece una lista con tamaños de letras.

5. Seleccione 12.

   El tamaño del tipo de letra cambia a 12 puntos.

6. Pulse de nuevo la flecha hacia abajo de Tamaño de fuente y seleccione de la lista el 10.

El tamaño del tipo de letra cambia a 10 puntos. Su hoja deberá ser como la siguiente:

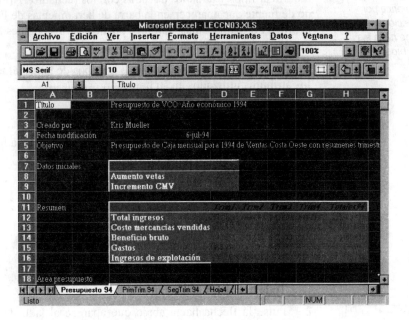

Nota   También puede cambiar su tipo de letra, tamaño y otros atributos eligiendo Formato de celdas del menú contextual. Seleccione las celdas que desea cambiar, pulse el botón derecho del ratón, escoja Formato de celdas y pulse Fuentes del cuadro de diálogo Formato Celdas. Seleccione una fuente de letra, tamaño y otros atributos, y pulse Aceptar.

Cambio de los atributos de los tipos de letra

1. Pulse la celda C1, mantenga presionada CONTROL y luego pulse la celda C3.

Ambas celdas quedan seleccionadas.

Negrita

2. Pulse el botón Negrita de la barra de herramientas Formato.

3. Seleccione la celda C1.

C1 pasa a ser ahora la celda activa y la celda C3 ya no está seleccionada.

Paleta portatil
Color texto

4. Pulse la flecha hacia abajo que está cerca del botón Paleta portátil Colores de la barra de herramientas de Formato.

Aparecerá una retícula de opciones de color similar a la siguiente:

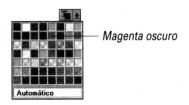

Magenta oscuro

5. Seleccione Magenta oscuro.

El título aparece sombreado en Magenta oscuro.

6. Pulse la cabecera de la columna A.

Toda la columna es seleccionada.

Cursiva

7. Pulse el botón Cursiva de la barra de herramientas Formato.

El texto de la columna A cambia a cursiva.

Negrita

8. Pulse el botón Negrita de la barra de herramientas Formato.

El texto de la columna A aparece en negrita.

9. Pulse CONTROL+INICIO.

La celda A1 pasa a ser la celda activa. Su hoja deberá ser como la siguiente:

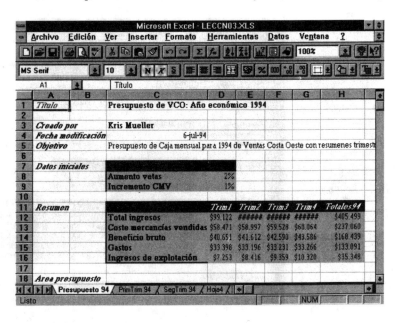

Cómo cambiar la altura de fila y el ancho de columna

A veces, sus datos no encajan dentro del ancho estándar de la columna. Esto ocurre con frecuencia cuando se trabaja con rótulos largos, con tamaños de fuentes anchos o con datos formateados como moneda. Se puede cambiar fácilmente el ancho de la columna o el alto de la fila sin necesidad de utilizar ninguna orden de menú o tecla especial. El ratón es todo lo que necesita. Pulsando dos veces el borde derecho que hay entre las cabeceras de columna, o el borde superior que aparece entre las cabeceras de fila, la columna o fila se ajustará para poder adaptarse al ancho del texto más largo de la columna o al alto de la fuente mayor de la fila.

La orden Ancho de columna es equivalente a las órdenes /Hoja Global Anchura-columna y /Hoja Columna Fijar-anchura de 1-2-3.

En el ejercicio siguiente, utilice el ratón para ajustar los anchos de columna en los que se encuentran los datos.

Cambio del ancho de columna para obtener un tamaño óptimo

1. Seleccione las columnas de la D a la O.

2. Sitúe el puntero sobre el borde que está entre las dos cabeceras de columna seleccionadas.

   El puntero cambia a una flecha con dos puntas.

3. Pulse dos veces el borde que se encuentra entre las cabeceras de columna.

   Los anchos de columna cambian para adaptarse a los datos más amplios de cada columna. Su hoja deberá ser como la siguiente:

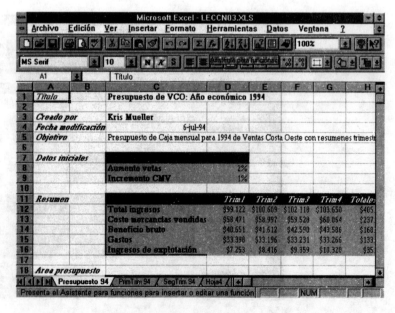

> **Nota**   También puede modificar los anchos de columna y las alturas de fila al tamaño que desee, arrastrando el borde de la cabecera de columna o fila hasta el ancho que necesite.

Modificación de las alineaciones de celda

Las opciones de alineación son comparables a las órdenes /Rango Rótulo y /Hoja Global Prefijo de 1-2-3.

Cuando abre una nueva hoja y comienza a introducir datos, su texto se alinea automáticamente a la izquierda y sus números se alinean automáticamente a la derecha. Sin embargo, podría desear alinear sus rótulos a la derecha o que los datos estuvieran centrados en las celdas. Tal vez tenga un título que quiera centrar en la parte superior de la hoja. Con los botones de la barra de herramientas de Formato, podrá alinear fácilmente el texto a la derecha, izquierda o centro, o centrar el texto a través de las columnas. Seleccione simplemente la celda o rango que desea cambiar, y luego pulse los botones Alinear a la izquierda, Centrar en la celda o Alinear a la derecha de la barra de herramientas de Formato.

Si desea alinear un título a través de varias columnas, seleccione las celdas en las que desea centrar el texto y pulse el botón Centrar en varias columnas de la barra de herramientas de Formato.

La alineación por omisión de texto y números es la misma que en 1-2-3, pero en Microsoft Excel puede cambiar ambas alineaciones.

En el ejercicio siguiente, modifique la alineación de su rótulo y luego céntrelo a lo largo de la parte superior de los datos.

Cómo cambiar las alineaciones de celda

1.   Pulse el botón de cabecera de columna para la columna A.

     Toda la columna queda seleccionada.

2.   Pulse el botón Alinear a la derecha de la barra de herramientas de Formato.

     Toda la columna queda alineada a la derecha.

3.   Pulse dos veces el borde de cabecera de columna que aparece entre la columna A y la B.

     El ancho de columna se ajusta para adaptar el texto en las celdas.

4.   Seleccione la celda C4 y luego pulse el botón Alinear a la izquierda de la barra de herramientas de Formato.

5.   Seleccione las celdas C1:L1.

     Este rango incluye el título de la hoja.

6.   Pulse el botón Centrar en varias columnas de la barra de herramientas de Formato.

     El título se centra a través de las columnas seleccionadas. Su hoja deberá ser como la siguiente:

Alinear a la derecha

Alinear a la izquierda

Centrar en varias columnas

Si desea utilizar los mismos prefijos de alineación que en 1-2-3, escoja Opciones del menú Herramientas y seleccione la ficha Transición. Seleccione el recuadro de selección Teclas de desplazamiento para transición y a continuación pulse Aceptar.

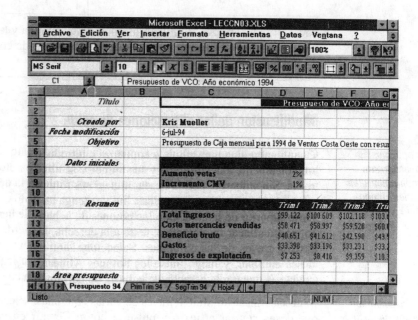

Incorporación de bordes y colores

Se pueden resaltar zonas concretas de la hoja o celdas específicas utilizando bordes y color. Los bordes añaden líneas por encima, por debajo o a cualquier lado de una celda. Puede añadir en un lado de una celda o alrededor de ella una sola línea o varias líneas. Se puede sombrear una celda con uno de los dibujos o colores. La incorporación de bordes o de color es tan simple como seleccionar una celda, pulsar los botones Paleta portátil Bordes o Paleta portátil Colores de la barra de herramientas y seleccionar un estilo o color. También puede cambiar el color de su texto con el botón Paleta portátil Color texto que aparece en la barra de herramientas. En los ejercicios siguientes, incluya bordes en la zona del Incremento mensual de su hoja y póngale sombra a las celdas con un color gris claro para resaltarlas. Luego añada un borde doble o un subrayado de cuentas para la fila Ingresos de explotación.

Incorporar bordes y color

1. Seleccione D8:D9.

Bordes

2. Pulse la flecha abajo que está junto al botón Paleta portátil Bordes de la barra de herramientas de Formato.

    Se abre un cuadro con las diferentes opciones de borde.

3. Seleccione el tercer borde de la tercera fila.

   Aparece un borde delgado alrededor del rango.

Color

4. Pulse la flecha hacia abajo junto al botón Paleta portátil Colores de la barra de herramientas de Formato.

   Se abre un cuadro con las diferentes opciones de color.

5. Seleccione el color gris oscuro.

   Las celdas aparecen sombreadas en gris oscuro. Su hoja deberá ser como la siguiente:

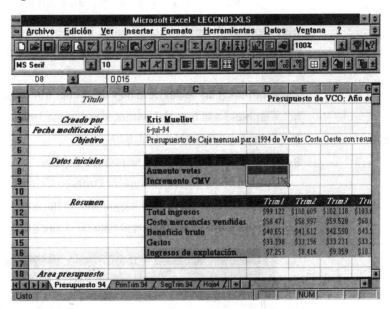

Cómo añadir un doble borde hasta el final de la fila de Ingresos corrientes

1. Seleccione D43:O43.

Bordes

2. Pulse la flecha hacia abajo junto al botón Paleta portátil Bordes de la barra de herramientas.

   Aparecen las distintas opciones de borde.

3. Seleccione el primer borde de la segunda fila.

Aparece un doble borde en la parte inferior de cada celda. El subrayado deberá ser similar al siguiente:

Subrayado con
borde doble

Un paso más

Como habrá podido observar a lo largo de esta lección, existe más de un medio para acceder a las órdenes de formato. La forma más directa es utilizar los botones de la barra de herramientas de Formato, pero probablemente deseará utilizar también el menú Formato o el menú contextual, ya que puede escoger varias opciones a la vez. Para abrir el cuadro de diálogo Formato Celdas escoja la orden Celdas del menú Formato. Desde el menú contextual, puede elegir Formato de celdas para modificar al mismo tiempo aspectos seleccionados de una celda. Como las opciones de fuentes, número, alineación, bordes y diseño forman parte del mismo cuadro de diálogo, sólo necesita utilizar una orden para cambiar todos estos aspectos de un formato de celda. En el ejercicio siguiente, abra el cuadro de diálogo de Formato Celdas y cambie los formatos de celda para sus presupuestos trimestrales.

Cómo formatear las celdas de la hoja del primer trimestre de 1994

1. Cámbiese a la hoja del primer trimestre de 1994.

2. Seleccione las celdas C11:E20.

3. Desde el menú Formato, seleccione Celdas.

Se abre el cuadro de diálogo de Formato Celdas.

4. Pulse la ficha Número, si es que aún no ha sido seleccionada.

Las opciones de número aparecen en el cuadro de diálogo.

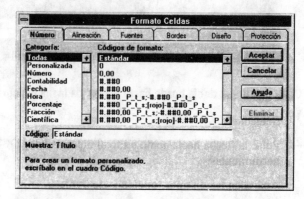

5. En el recuadro Categoría, seleccione Moneda.

6. En el recuadro Códigos de formato, seleccione en Todas el formato $#.##0_);
   [rojo]($#.##0). O escriba esta cadena de formato en el recuadro Código.

   Esto formateará sus números de forma que no tengan cifras decimales y con
   signos de $ al principio.

7. Pulse Aceptar.

   Sus datos se formatearán como moneda.

8. Seleccione toda la hoja y luego seleccione la ficha Fuentes, de la orden
   Formato Celdas.

   Aparecen las opciones de fuentes.

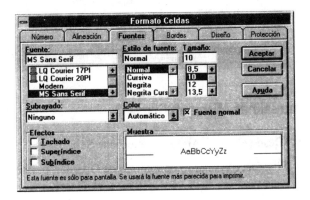

9. En el recuadro Fuente, desplácese hacia abajo y seleccione Times New
   Roman.

10. En el recuadro Tamaño, seleccione 9 y luego escoja Aceptar.

    El cuadro de diálogo se cierra y el texto de su hoja cambia a 9 puntos Times
    New Roman con números formateados como moneda.

11. Pulse CONTROL+INICIO.

    La celda A1 se convierte en la celda activa. Su hoja deberá ser como la de
    página siguiente.

Para continuar con la siguiente lección

1. Desde el menú Archivo, seleccione Guardar.

2. Desde el menú Archivo, seleccione Cerrar.

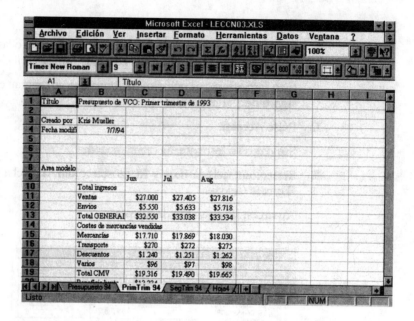

Para salir de Microsoft Excel

➤ Desde el menú <u>A</u>rchivo, seleccione <u>S</u>alir.

Si aparece el cuadro de diálogo de Guardar, pulse Sí.

Resumen de la lección

Para	Haga esto	Botón
Formatear un rango de datos	Seleccione el rango. Elija Autoformato del menú Formato. Seleccione un formato de tabla y pulse Aceptar.	
Copiar un formato de celda	Seleccione la celda o rango a copiar, pulse el botón Copiar formato de la barra de herramientas y seleccione una celda o rango para pegar el formato. *o* Seleccione la celda o rango a copiar. Pulse el botón Copiar de la barra de herramientas. Seleccione	

Para	Haga esto	Botón
	la celda o rango a pegar. Desde el menú Edición seleccione Pegado especial. En el cuadro de diálogo de esta orden, seleccione Formatos y luego pulse Aceptar.	
Cambiar formatos numéricos	Seleccione la celda y luego pulse los botones Modelo moneda, Modelo porcentual o Modelo millares o el botón Aumentar o Disminuir decimales de la barra de herramientas. *o* Desde el menú Formato, seleccione Celdas y pulse la ficha Número. Seleccione el formato de celda y escoja Aceptar.	
Cambiar fuentes	Seleccione la celda o rango y luego pulse las flechas hacia abajo junto al cuadro Nombre de fuente o al cuadro Tamaño de fuente para seleccionar un nombre o tamaño de fuente. Pulse el botón Negrita, Cursiva o Subrayar de la barra de herramientas. *o* Desde el menú Formato, seleccione Celdas y pulse la ficha Fuentes. Seleccione el nombre, tamaño o atributo y pulse Aceptar.	
Cambiar el ancho de columna y mejorar su capacidad	Pulse dos veces el borde de la cabecera de columna a la izquierda de la columna que desea cambiar.	
Cambiar el ancho de la columna o el alto de fila	Arrastre el borde de la cabecera de columna hacia la derecha o el borde de la cabecera de fila hacia abajo.	
Cambiar la alineación	Seleccione la celda o rango, y luego pulse el botón Alinear a la izquierda, Centrar en la celda, Alinear a la derecha, o Centrar en varias columnas de la barra de herramientas.	

Para	Haga esto	Botón
	o Desde el menú Formato, seleccione Celdas y pulse la ficha Alineación. Seleccione la alineación que desee y pulse Aceptar.	
Añadir bordes o colores	Seleccione la celda o rango y luego pulse las flechas junto a los botones Paleta portátil Colores, Paleta portátil Bordes o Paleta portátil Color texto que aparecen en la barra de herramientas. Seleccione un estilo de borde o color. *o* Desde el menú Formato, escoja Celdas y seleccione la ficha Bordes o Diseño. Seleccione el estilo que desea y pulse Aceptar.	

Para más información sobre	Véase *Manual del usuario de Microsoft Excel*
Formatear automáticamente un rango	El Capítulo 12, "Dar formato a una hoja de cálculo".
Copiar formatos de celda	El Capítulo 12, "Dar formato a una hoja de cálculo".
Cambiar formatos de celda	El Capítulo 12, "Dar formato a una hoja de cálculo".

Avance de las siguientes lecciones

En la Parte 2 aprenderá a crear y modificar representaciones gráficas de sus datos denominados gráficos. Aprenderá además a imprimir gráficos y hojas. En la lección siguiente, "Representación gráfica de sus datos", sabrá cómo utilizar sus datos para crear fácilmente gráficos atractivos con el Asistente para gráficos.

Revisión y práctica

En las lecciones de la Parte 1 ha aprendido las técnicas para introducir y editar datos, a escribir fórmulas y a formatear sus datos. Si desea practicar estas técnicas y comprobar su comprensión antes de seguir con las lecciones de la Parte 2, puede trabajar a lo largo de la sección Ejercicio de repaso que viene a continuación de esta lección.

Parte 1. *Ejercicio de repaso*

Antes de comenzar con la Parte 2, la cual abarca la representación gráfica y la impresión, puede practicar las técnicas aprendidas en la Parte 1 siguiendo los pasos que le proporciona esta sección Ejercicio de repaso. Abrirá un libro de trabajo, introducirá datos, completará una serie y sumará los datos. También desarrollará una fórmula que calcule las acciones de mercado de "Ventas de la Costa Oeste" para cada año y luego formateará la tabla automáticamente.

Explicación de la actividad

El departamento de contabilidad de las Ventas de la Costa Oeste está preparando una historia financiera de diez años. Se le pide que prepare una historia sobre las ventas acaecidas durante esos diez años. Debe asegurarse de que su parte de la presentación es como las otras partes que se están preparando en el departamento.

Repasará cómo:

- Abrir una hoja.

- Introducir datos.

- Rellenar una serie de datos en un rango.

- Sumar columnas de datos.

- Escribir una fórmula.

- Formatear una tabla.

Duración estimada del ejercicio: 10 minutos

Paso 1: Apertura de un archivo e introducción de datos

Acaba de recibir una lista con los datos históricos de diez años de ventas de Ventas de la Costa Oeste, pero necesita introducirlos en la hoja junto con los rótulos de año para identificar los datos. También debe poner su nombre en la hoja para que las otras personas que trabajan en este informe sepan que usted fue el último que lo actualizó.

1. Abra el archivo P1REVIS.XLS y guárdelo como REVISP1.XLS.

2. Rellene la serie 1983_1993 en la columna C, debajo del rótulo Año.

3. Introduzca los siguientes datos en las celdas de las columnas D y E:

Compañía	Industria
$59.774	$1.210.000
$66.174	$1.230.000
$86.814	$1.260.000
$113.490	$1.300.000
$125.280	$1.350.000
$145.452	$1.380.000
$178.922	$1.370.000
$200.340	$1.400.000
$262.850	$1.500.000
$299.468	$1.690.000
$350.200	$2.000.000

4. Introduzca su nombre en la celda C2.

Para más información sobre	Véase
Abrir un archivo	La Lección 1
Guardar un archivo	La Lección 1
Introducir datos	La Lección 1
Rellenar una serie de datos en un rango	La Lección 1

Paso 2: Suma de columnas y desarrollo de una fórmula

Ahora que ya ha introducido los datos, necesita sumarlos de forma que el informe incluya una visión global sobre la ejecución de la industria de la compañía durante los últimos diez años. A continuación, debe añadir una fórmula para calcular qué porcentaje de las ventas de industria proviene de las Ventas de la Costa Oeste.

1. Añada una cabecera en la fila 20 para el Total de Ventas.

2. Utilice AutoSuma para sumar las cifras de ventas de la Compañía y de la Industria.

3. Escriba una fórmula en la columna F que divida la cifra de ventas de la empresa Ventas Costa Oeste por la cifra de ventas de la industria en cada fila.

Para más información sobre	Véase
Suma de columnas	La Lección 2
Escritura de fórmulas	La Lección 2

Paso 3: Formatear números, columnas y una tabla

Ahora que tiene todos los datos en su lugar, con una pequeña mejora en la presentación tendrá un informe definitivo. Formatee las cifras como moneda y las cifras del porcentaje de ventas como porcentajes.

1. Utilice los botones de la barra de herramientas para formatear la columna D como moneda sin decimales.

2. Utilice el botón Copiar formato para copiar el formato moneda de la columna D a la columna E.

3. Utilice los botones de la barra de herramientas de Formato para formatear la columna F como un porcentaje con dos decimales.

4. Utilice la orden Autoformato para formatear toda la tabla con el formato Lista 1.

5. Cambie los anchos de columna para adaptarlos a los datos.

Su hoja ya acabada deberá ser similar a la siguiente:

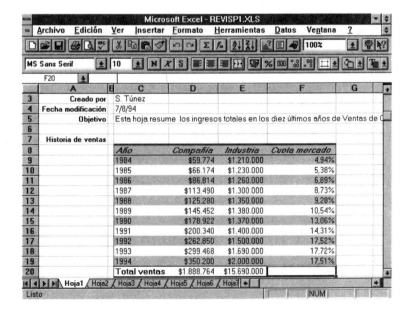

Para más información sobre	Véase
Formatear celdas	La Lección 3
Formatear automáticamente una tabla	La Lección 3
Modificar los anchos de columna	La Lección 3

Para continuar con la siguiente lección

1. Seleccione Guardar del menú Archivo.

2. Seleccione Cerrar del menú Archivo.

Para salir de Microsoft Excel

➤ Seleccione Salir del menú Archivo.

Si aparece el cuadro de diálogo de Guardar, pulse Sí.

2 Representación gráfica e impresión de sus datos

Representación gráfica e impresión de sus datos

Una hoja calcula y presenta diferencias entre números, similitudes entre números y cambios en números a lo largo del tiempo. Pero los datos en sí no pueden ilustrar estos conceptos. Cuando hace una presentación o muestra, un avance o modificación de un informe, los datos no pueden *ilustrar* sus ideas o percepciones de forma tan eficaz como lo haría una representación gráfica. Con los gráficos, puede hacer que sus datos se visualicen. Puede crear un gráfico para mostrar los cambios de sus datos en el tiempo, o cómo partes de sus datos se ajustan hasta formar un todo. Puede reorganizar sus datos, incluso después de haberlos representado en un gráfico, o añadir datos omitidos anteriormente. Con Microsoft Excel y el *Asistente para gráficos* podrá fácilmente convertir sus datos en gráficos dinámicos y utilizarlos en sus presentaciones o informes.

Aprenderá a:

- Crear gráficos con el Asistente para gráficos.

- Modificar, añadir y suprimir datos del gráfico.

Duración estimada de la lección: 30 minutos

Inicio de la lección

1. Abra el archivo 04LECCN.XLS.

2. Guarde el libro de trabajo como LECCN04.XLS.

3. Pulse el botón Maximizar de la ventana de documento, si es que ésta no ha sido aún maximizada.

Creación de gráficos

Puede crear gráficos de dos formas: en la misma hoja como sus datos o en una hoja de gráfico aparte en el mismo libro de trabajo. Cuando crea un gráfico en la misma hoja que sus datos puede ver los datos y el gráfico al mismo tiempo. Cuando crea un gráfico en una hoja de gráfico aparte en el mismo libro, aún tiene un fácil acceso al gráfico, pero puede imprimirlo por separado.

Creación de gráficos en una hoja

Para crear un gráfico en una hoja, seleccione los datos que desea utilizar en el gráfico, y luego pulse el botón Asistente para gráficos de la barra de herramientas Estándar. El tipo de gráfico que pueda crear dependerá de los datos que se seleccionen. Su selección podría incluir únicamente una serie de datos en un gráfico, o una sola fila o columna de datos o varias series, filas o columnas. Los gráficos circulares o de sectores, por ejemplo, sólo pueden utilizar una serie de datos. Esto significa que no importa cuántas filas y columnas se seleccionen ya que un gráfico Circular sólo puede visualizar la primera fila o columna de datos. En la ilustración siguiente, un gráfico circular podría visualizar una de las series seleccionadas, ya sea Total ingresos, Beneficios brutos o Gastos pero no las tres.

	Trin 1	Trim 2	Trim 3	Trim 4	Totales94	
Total ingresos	99122	100609	102118	103650	424491,4	— Serie de datos simples
Coste mercancías vendidas	58471	58997	59528	60064	243617	
Beneficios brutos	40651	41612	42590	43586	180874,4	⎤ Serie de datos múltiple
Gastos	33398	33196	33231	33266	133761,6	⎦
Ingresos de explotación	7253	8416	9359	10320	47112,85	

Sin embargo, un gráfico de barras podría mostrar las tres series de datos seleccionadas, así como lo haría un gráfico de áreas o un gráfico de columnas. La mayoría de los tipos de gráficos pueden visualizar varias series de datos, siempre que los datos sean del mismo tipo como el ejemplo citado anteriormente. Todas las series seleccionadas son datos monetarios y están contenidas en las mismas categorías. Cuando sus series de datos son similares puede ver las comparaciones en su gráfico más fácilmente.

Nota   También puede crear gráficos con series de datos diferentes. Al final de esta lección, en el ejercicio Un paso más, conocerá otros gráficos realizados con otros tipos de datos.

Después de seleccionar los datos que piensa utilizar debe especificar una posición para su gráfico. Puede seleccionar una zona tan grande o tan pequeña como desee. Como ya verá en la Lección 5, "Modificación de sus gráficos", siempre podrá tener la opción de cambiar de parecer y cambiar más tarde su tamaño.

En el ejercicio siguiente, seleccione datos para utilizarlos en un gráfico de barras y luego seleccione una área de la hoja en la que desea que aparezca el gráfico.

Selección de datos y rango para un gráfico

*Asistentes
para gráficos*

*Puntero del Asistente
para gráficos*

1. Cámbiese a la hoja denominada Resumen y seleccione C7:G11.

2. Localice y luego pulse el botón Asistente para gráficos de la barra de herramientas Estándar. Su puntero cambia a un pequeño símbolo gráfico cuando lo desplaza sobre la hoja. Utilice este puntero para seleccionar una área de su hoja en la que desee crear el gráfico.

3. Arrástrelo para seleccionar C15:I31.

    Ahora que ya ha seleccionado una área para su gráfico, el Asistente para gráficos aparece y visualiza las referencias del rango que contiene sus datos para gráfico.

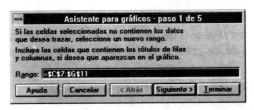

Selección de un tipo de gráfico

El Asistente para gráficos de Microsoft Excel incluye varios tipos de gráficos. Dentro de cada uno de estos tipos o categorías de gráficos puede escoger una variación del tipo básico de gráfico que podría incluir retículas o rótulos.

Dependiendo del tipo de gráfico que se escoja, podrá obtener diferentes visualizaciones de sus datos. Los gráficos de Barras y Columnas comparan series de datos, por ejemplo, cifras de ventas para diferentes regiones o para años diferentes. Los gráficos de Barras muestran la comparación entre artículos, mientras que los gráficos de Columnas pueden mostrar una comparación sobre el tiempo. Los gráficos Circulares muestran la relación de las partes con un todo. Los gráficos de Áreas son mejores para mostrar la cantidad de cambios en los valores a lo largo del tiempo. Cuando utilice diferentes tipos de gráficos conseguirá saber qué tipos de gráficos se adaptan mejor a sus datos. En el ejercicio siguiente, desarrolle un gráfico de barras.

Selección de un tipo y variaciones de un gráfico

1. En el Asistente para gráficos, pulse el botón Siguiente.

    Aparece el paso 2 del Asistente para gráficos mostrando los tipos de gráficos entre los que puede escoger.

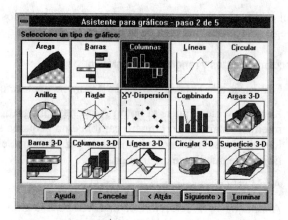

2.   Pulse el tipo de gráfico Barras de la primera fila y luego pulse el botón Siguiente.

Aparece el paso 3 del Asistente de gráficos mostrándole las distintas variaciones de los gráficos de Barras entre las que puede escoger.

3.   Asegúrese de que se ha seleccionado el sexto formato, y luego pulse el botón Siguiente.

Se visualiza el paso 4 del Asistente para gráficos.

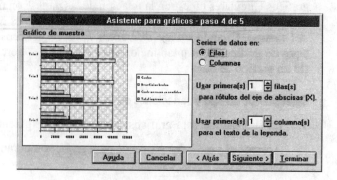

Cuando desarrolla un gráfico con el Asistente para gráficos, sus datos se clasifican automáticamente en series de datos y categorías. En concreto, para este gráfico de barras, sus filas se convierten en las series de datos, mientras que las cabeceras de columnas pasan a ser las categorías. Las categorías son los rótulos que aparecen a lo largo del eje-x, o eje horizontal. Las barras del gráfico representan las series de datos. Si desea que las columnas sean las series de datos y las cabeceras de fila pasen a ser las categorías, puede especificarlo en el Asistente para gráficos.

Puede añadir rótulos, títulos para los ejes y un título para el gráfico para especificar mejor los datos de su gráfico. La primera columna y la primera fila de sus datos se asignan, normalmente, como el texto de la leyenda y como los rótulos de categorías de eje. De lo contrario puede especificar otra fila o columna si posee más de un nivel de cabeceras, o una fila o columna que esté seleccionada sin datos ni rótulos. Puede entonces escoger entre visualizar una leyenda o añadir un título al gráfico. Para todos los gráficos, salvo para los Circulares y los de Anillos, puede añadir también títulos de categorías y valores para explicar más adelante dichas categorías y valores.

En el ejercicio siguiente, incluya rótulos y un título en su gráfico de barras.

Adición de un título al gráfico y títulos a los ejes

1. Bajo Series de datos en, asegúrese de seleccionar Filas y luego pulse el botón Siguiente.

   Se visualiza el paso 5 del Asistente para gráficos. El gráfico de muestra representa los datos por trimestres.

2. Pulse en el recuadro de texto Título de gráfico e introduzca **Datos resumen del presupuesto**.

3. En la zona de los Títulos de los ejes, pulse en el recuadro [X] e introduzca **1994**.

4. Pulse el botón Terminar.

El Asistente para gráficos se cierra y su gráfico aparece en la hoja. Observe que los gráficos de barras resaltan la comparación entre conceptos individuales, o entre una serie de conceptos, en lugar de establecer una diferencia en el tiempo, o una relación con respecto a un todo.

Nota   También puede escoger la orden Gráfico y luego seleccionar En esta hoja del menú Insertar para crear un gráfico en la misma hoja que sus datos. De cualquier forma, selecciona para el gráfico una área de la hoja, y luego utiliza el Asistente para gráficos para crear el gráfico.

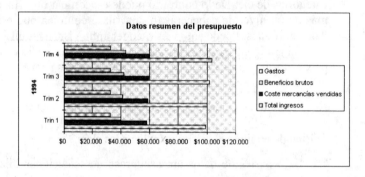

Creación de gráficos en una hoja de gráfico

Ya ha visto cómo puede utilizar el Asistente para gráficos para crear directamente un gráfico en una hoja. Para los informes, deseará probablemente conservar los datos y el gráfico juntos en la hoja. Pero ¿qué ocurre si trabaja en una presentación con varios gráficos que seguramente estarán en hojas separadas que tenga la intención de imprimir? Puede crear una nueva hoja de gráfico y un nuevo gráfico al mismo tiempo. La orden gráfico crea una nueva hoja de gráfico para conservar su gráfico y luego abre el Asistente para gráficos para que desarrolle el nuevo gráfico.

En el ejercicio siguiente, utilice las órdenes Gráfico y luego Como hoja nueva del menú Insertar. Entonces cree un gráfico circular para visualizar los datos del Coste de mercancías vendidas del primer trimestre de 1994.

Creación de un gráfico de anillo en una hoja de gráfico

1.   Cámbiese a la hoja del Prim Trim de 1994, y luego seleccione C9:F14.

Estos son los datos del Coste de mercancías vendidas para el primer trimestre de 1994.

2. Desde el menú Insertar, seleccione Gráfico y luego escoja Como hoja nueva.

Aparece el paso 1 del Asistente para gráficos y visualiza el rango que contiene los datos para el gráfico.

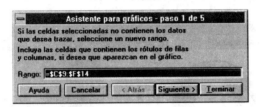

3. En el Asistente para gráficos, pulse el botón Siguiente.

Aparece el paso 2 del Asistente para gráficos y lista los tipos de gráficos entre los que puede escoger.

4. En Seleccione un tipo de gráfico, seleccione Anillos y luego pulse el botón Siguiente.

Aparece el paso 3 del Asistente para gráficos y nos muestra distintas variaciones de los gráficos de Anillos entre los que poder escoger.

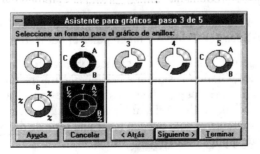

5.   Seleccione el sexto tipo y luego pulse el botón Siguiente.

Aparece en la pantalla el paso 4 del Asistente para gráficos. Se visualiza un gráfico de muestra con algunas opciones que podrá utilizar para alterar los rótulos de su serie de datos.

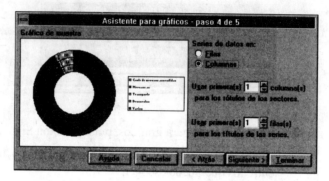

6.   En Usar primera(s) fila(s) para los títulos de las series, pulse la flecha arriba una vez para obtener 2 y luego pulse el botón Siguiente.

Aparece el paso 5 del Asistente para gráficos. Se visualiza un gráfico de muestra con las dos primeras filas como texto de la leyenda. Puede ponerle un título a su gráfico y decidir si desea una leyenda.

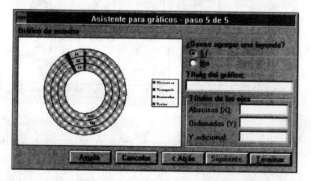

7.   Bajo ¿Desea agregar una leyenda?, asegúrese de seleccionar Sí.

8.   En el recuadro de texto Título del gráfico, introduzca **Coste de mercancías vendidas 1er Trim94** y luego pulse el botón Terminar.

Se cierra el Asistente para gráficos y su gráfico aparece en la nueva hoja de gráfico, Gráfico 1, similar a la siguiente ilustración. Observe que un gráfico de anillos representa mejor las relaciones entre las partes y un entero. Los gráficos de anillos son similares a los gráficos circulares, salvo que los gráficos circulares sólo pueden tener una serie de datos, mientras que los gráficos de anillos pueden tener varias.

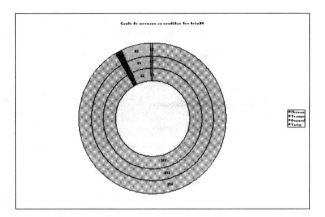

Modificación de los datos de un gráfico

Si encuentra que la información de su gráfico es demasiada, es escasa o está equivocada puede suprimir, añadir o cambiar los datos. Puede suprimir una serie del gráfico, añadir una fila de datos o cambiar el orden de las series de datos de su gráfico.

Antes de que pueda realizar cualquier cambio en un gráfico de una hoja necesita activarlo. Una vez activado, éste queda rodeado por un borde y la barra de menús cambia para que pueda modificar los datos o añadir líneas y colores, como ya verá en la Lección 5, "Modificación de su gráfico".

Para suprimir una serie de datos, seleccione la serie y pulse SUPR. Para añadir una serie de datos a un gráfico incrustado en una hoja arrastre simplemente los datos hasta el gráfico. Para añadir una serie de datos en un gráfico de una hoja de gráficos, utilice la orden Datos nuevos del menú Insertar. Para desplazar una serie hasta una nueva posición de un gráfico puede utilizar la orden Grupo de anillos del menú Formato.

En los ejercicios siguientes, suprima una serie de datos de su gráfico resumen, añádale una nueva serie y luego cambie el orden de los datos para ver cómo afecta al gráfico.

Supresión de datos

Puede suprimir fácilmente una serie de datos directamente desde un gráfico.

Cómo activar el gráfico y suprimir una serie de datos

1. Cámbiese a la hoja Resumen y luego pulse dos veces el gráfico de barras.

    Al pulsar dos veces sobre el gráfico, éste se activa. El gráfico es rodeado por un borde y está preparado para realizar cambios en él.

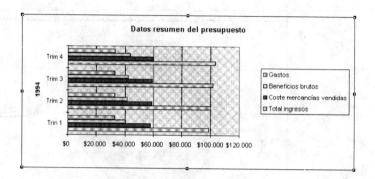

2.   Pulse una de las barras del gráfico que representa los Gastos.

Al pulsar una barra de una serie se selecciona toda la serie. La serie de datos Gastos queda seleccionada.

Nota   Si pulsa una serie y luego pulsa un elemento de la serie, sólo se seleccionará ese elemento en vez de toda la serie.

---

3.   Pulse SUPR.

Toda la serie Gastos queda suprimida de su gráfico. Su gráfico deberá ser similar al siguiente:

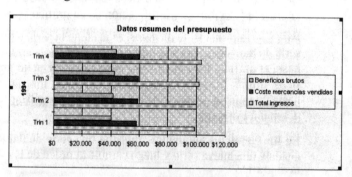

Incorporación de datos

Una serie de datos de un gráfico es en 1-2-3 como un rango de datos de un gráfico.

Si está trabajando con un gráfico de una hoja, puede añadirle datos al gráfico arrastrando los datos hasta el gráfico o bien utilizando la orden Datos nuevos del menú Insertar. Cuando trabaja con un gráfico de una hoja de gráficos, la orden Datos nuevos del menú Insertar es la forma más fácil de añadir datos. Cuando arrastre los datos hasta el gráfico de una hoja, no necesita activar primero el gráfico como ocurre cuando utiliza el menú Insertar.

En los ejercicios siguientes, utilice los métodos de arrastre y de menú para añadir nuevos datos a su gráfico.

Utilización del ratón para incorporar nuevos datos al gráfico

1.   En la hoja Resumen, seleccione el rango C12:G12.

Estos son los datos de los Ingresos de explotación de su tabla resumen. Arrastre estos datos hasta su gráfico.

Para arrastrar datos entre las celdas de Microsoft Excel, seleccione el rango, pulse sobre el borde del rango y luego arrastre los datos hasta su destino.

2.   Arrastre los datos a lo largo del gráfico y suelte el botón del ratón.

El gráfico se actualiza para mostrar los nuevos datos. Su gráfico deberá ser similar al siguiente:

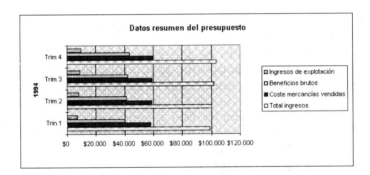

Utilizar el menú para añadir series de datos o puntos es como especificar de nuevo los rangos de /Gráfico XABCDE de 1-2-3.

Uso de los menús y del ratón para incorporar nuevos datos al gráfico

1.   Pulse dos veces el gráfico para activarlo.

2.   Seleccione Datos nuevos del menú Insertar.

Aparece el cuadro de diálogo de Datos nuevos, preparado para que introduzca el rango en el que almacenará los nuevos datos.

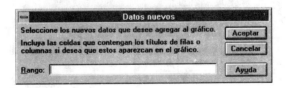

3.   En la hoja Resumen, arrastre el ratón para seleccionar C11:G11.

Tal vez necesite primero desplazar el cuadro de diálogo de Datos nuevos. Las celdas C11:G11 contienen los Gastos que suprimió en el ejercicio anterior.

4.   Escoja Aceptar del cuadro de diálogo Datos nuevos.

El cuadro de diálogo se cierra y el gráfico se actualiza. Su gráfico deberá ser similar al siguiente:

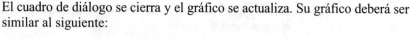

Reorganización de los datos de un gráfico

Si desea resaltar las diferencias o similitudes entre las series de datos, tal vez quiera ordenar las series de su gráfico. Por ejemplo, si desea contrastar valores altos o bajos, reorganizaría los datos de forma que los valores altos y bajos estén próximos los unos de los otros. Si desea reducir las diferencias entre los valores podría organizar los datos de forma que el paso desde el menor al mayor o desde el mayor al menor sea constante. Podría reorganizar fácilmente los datos de su gráfico para hacer esto.

En el ejercicio siguiente, cambie el orden de sus datos para resaltar las diferencias entre los Ingresos brutos y los otros conceptos.

Modificación del orden de los datos de un gráfico

1. Asegúrese de que el gráfico está aún activo y, desde el menú Formato, escoja 1 Grupo de barras.

   Aparece el cuadro de diálogo de Formato del grupo de barras preparado para realizar cambios en el gráfico.

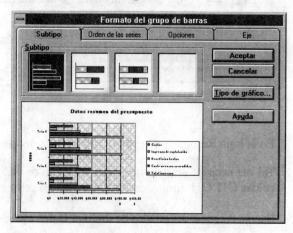

2. En el cuadro de diálogo que acabamos de citar, seleccione la ficha Orden de las series. El cuadro de diálogo visualiza las opciones del Orden de las series.

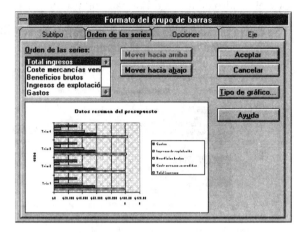

3. En la lista de Orden de las series, seleccione Ingresos corrientes y luego pulse dos veces el botón Mover hacia arriba.

La serie Ingresos corrientes aparece ahora justo encima de los Ingresos brutos de su gráfico.

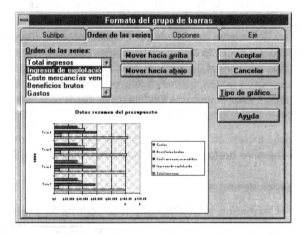

4. En la lista Orden de las series, seleccione Gastos y luego pulse dos veces el botón Mover hacia arriba.

La serie Gastos se desplaza hacia arriba de la lista. Aparece ahora en su gráfico, justo encima de los Ingresos corrientes.

5. En la lista Orden de las series, seleccione Coste de mercancías vendidas y luego pulse una vez el botón Mover hacia abajo.

La serie Coste de mercancías vendidas se desplaza hacia el final de la lista. Aparecerá ahora en la parte superior de su gráfico.

6. En el cuadro de diálogo Formato del grupo de barras, pulse Aceptar.

Se cierra el cuadro de diálogo y su gráfico se actualiza con los cambios. Su gráfico deberá ser similar al siguiente:

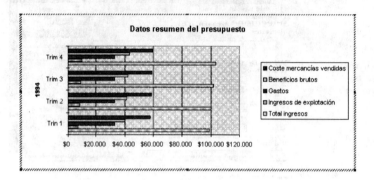

Un paso más

En esta lección, ya ha utilizado los gráficos de Barras y Anillos. La mayoría de los otros tipos de gráficos funcionan de forma similar a estos dos, con una o más series del mismo tipo de datos. Cuando necesite representar gráficamente datos distintos o necesita que estén divididos para contrastarlos puede crear un tipo de gráfico por serie. Los gráficos creados con tipos de gráficos diferentes para diferentes series tienen, normalmente, parte de barras o columnas, y parte de líneas o de área. Puede seguir dos tendencias de datos (con una o más series cada una) utilizando diferentes tipos de gráficos para series diferentes.

Pruebe a crear un gráfico con tipos de gráfico diferentes por serie para visualizar los Ingresos brutos durante el segundo trimestre de 1994.

Creación de un gráfico

1. Cámbiese a la hoja denominada Segtrim94, y luego seleccione C9:F13.

2. Desde el menú Insertar, seleccione Gráfico y luego escoja Como hoja nueva.

Se visualiza el paso 1 del Asistente para gráficos.

3. Pulse el botón Siguiente del Asistente para gráficos.

Aparece el paso 2 del Asistente para gráficos que visualiza los posibles tipos de gráfico.

4. Seleccione el gráfico Combinado y luego pulse el botón Siguiente.

Aparece el paso 3 del Asistente para gráficos donde se visualizan las posibles variaciones del gráfico.

5. Seleccione el formato número 1 y luego pulse el botón Siguiente.

El primer formato es una combinación de un gráfico de columnas y un gráfico de líneas. Aparece el paso 4 del Asistente para gráficos y visualiza el gráfico de muestra y algunas opciones sobre sus datos y rótulos.

6. Seleccione la opción Filas de Series de datos en.

7. En el recuadro Usar primera(s) fila(s) para rótulos del eje de abscisas (X), pulse la flecha hacia arriba una vez para obtener dos filas.

8. Pulse el botón Terminar.

Se cierra el Asistente para gráficos y el gráfico acabado aparece en la nueva hoja de gráfico. Su gráfico deberá ser similar al siguiente:

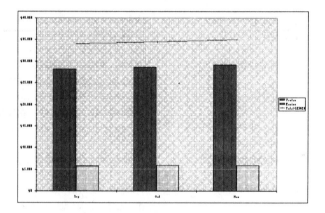

Observe que, a diferencia del gráfico de barras creado anteriormente, el gráfico combinado lista los datos por categorías en el tiempo. Además, como utilizó el segundo formato, los totales de los datos aparecen como una línea sobre un eje separado.

Para continuar con la siguiente lección

1. Seleccione Guardar del menú Archivo.

2. Seleccione Cerrar del menú Archivo.

Para salir de Microsoft Excel

➤ Seleccione Salir del menú Archivo.

Si aparece el cuadro de diálogo de Guardar, pulse Sí.

Resumen de la lección

Para	Haga esto	Botón
Crear un gráfico en una hoja	Seleccione los datos que desea representar gráficamente y luego pulse el botón Asistente para gráficos de la barra de herramientas. Seleccione un rango para el gráfico y pulse Siguiente. Seleccione un tipo de gráfico y pulse Siguiente. Seleccione un formato de gráfico. Añada un título al gráfico y títulos al eje tanto como sean necesarios y pulse Terminar.	
Crear un gráfico en una hoja	Seleccione un rango de datos. Escoja para gráficos Gráfico del menú Insertar y luego seleccione Como hoja nueva. Pulse Siguiente. Seleccione un tipo de gráfico y pulse Siguiente. Seleccione un formato de gráfico. Añada un título al gráfico, títulos a los ejes y pulse Terminar.	
Activar un gráfico	Pulse dos veces el gráfico.	
Suprimir una serie de datos	Active el gráfico, seleccione la serie de datos y pulse SUPR.	
Añadir datos a un gráfico de una hoja	Seleccione los datos, arrástrelos hasta el gráfico y suelte el botón del ratón.	
Añadir datos a un gráfico de una hoja para gráficos	Escoja Datos nuevos del menú Insertar. Seleccione el rango de datos y escoja Aceptar.	
Reordenar los datos de un gráfico	Active el gráfico. Desde el menú Formato, escoja la orden Grupo para el tipo de gráfico. En el cuadro de diálogo de Grupo, pulse la ficha Orden de las series. En la lista de Orden de las series, seleccione las series que desea desplazar y luego pulse el botón Mover hacia arriba o Mover hacia abajo. Seleccione Aceptar.	

Para más información sobre	Véase *Manual del usuario de Microsoft Excel*
Crear un gráfico	El Capítulo 15, "Creación de un gráfico".
	El Capítulo 16, "Trabajo con distintos tipos de gráfico y autoformatos".
Modificar los datos del gráfico	El Capítulo 17, "Cambio de datos de un gráfico".

Avance de la siguiente lección

En la lección siguiente, "Modificación de sus gráficos", aprenderá algo más sobre la personalización de sus gráficos para resaltar datos. Aprenderá cómo puede añadir líneas y cambiar colores, cómo puede utilizar los AutoFormatos de un gráfico y cómo crear su propio tipo de gráfico estándar.

Lección

5

Modificación de sus gráficos

Cuando representa datos en un gráfico, no siempre obtiene exactamente lo que desea la primera vez. Tal vez decida que un gráfico circular podría resultar mejor que un gráfico de barras, o que un gráfico 3-D haría que sus datos resultaran más impresionantes. Tal vez los valores no estén tan visibles como le gustaría o no llega a ver con claridad las relaciones entre una serie y los rótulos de valores.

Las prestaciones gráficas de Microsoft Excel son flexibles, así que podrá cambiar su gráfico para que coincida con lo que desea. En esta lección aprenderá a modificar su gráfico, cambiar entre tipos de gráficos, añadir líneas, color y texto y a utilizar los autoformatos de gráfico para ahorrarle los pasos de crear un conjunto de gráficos estandarizados. También aprenderá a crear su propio formato de gráfico estándar, de forma que pueda repetir automáticamente sus opciones de formateado.

Aprenderá a:

- Cambiar tipos de gráfico para estar seguro de que el gráfico se adapta a sus datos.

- Clarificar puntos con flechas, color y texto.

- Saltarse pasos de formato repetitivos utilizando el formato automático.

Duración estimada de la lección: 40 minutos

Si su pantalla no coincide con las ilustraciones de esta lección, vea el Apéndice, "Comparación de ejercicios".

Inicio de la lección

1. Abra el archivo 05LECCN.XLS.

2. Guarde el libro de trabajo como LECCN05.XLS.

3. Pulse el botón Maximizar de la ventana de documento, si es que ésta aún no ha sido maximizada.

93

Modificación de los tipos de gráfico

Podría pensar que la representación gráfica que ha realizado sería mejor con un tipo de gráfico diferente. Tal vez un gráfico de barras funcionaría mejor en 3-D, o con un tipo de gráfico diferente para una serie. La forma más rápida de cambiar de un tipo de gráfico a otro es utilizar la orden Tipo de gráfico del menú contextual. Cuando selecciona un tipo de gráfico desde el cuadro de diálogo de Tipo de gráfico, su gráfico se actualiza automáticamente con el nuevo tipo de gráfico.

Cuando cambie tipos de gráfico, dependiendo del tipo de gráfico que escoja, el gráfico resultante podría tener un formato muy diferente al original. Si realiza cambios entre tipos de gráficos similares como, por ejemplo, de un gráfico de barras a un gráfico de barras 3-D verá poca diferencia. Si realiza cambios entre tipos de gráficos diferentes como, por ejemplo, desde un gráfico de barras a otro circular, entonces notará mucha diferencia. Por ejemplo, si cambia de un gráfico de barras con retículas a uno de barras 3-D las retículas permanecerán, así como la longitud de las barras y el efecto del gráfico. Si cambia de un gráfico de barras a uno de área 3-D las retículas permanecerán pero el efecto total del gráfico será diferente.

Las siguientes ilustraciones muestran los mismos datos del resumen del presupuesto como un gráfico de barras y un gráfico de columnas 3-D.

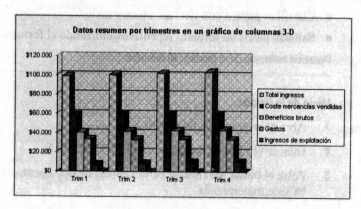

Observe que el gráfico de barras y el de columnas muestran muy claramente y de la misma forma las comparaciones entre los trimestres. Los gráficos de barras y los de columnas son muy similares y generalmente un cambio entre los dos no modifica su presentación.

En la ilustración siguiente vea lo que sucede si muestra los mismos datos de resumen con un gráfico circular.

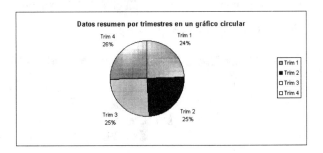

El tipo de gráfico circular no está realmente adaptado a los datos que desea mostrar. Observe que sus datos aparecen de forma muy diferente en este tipo de gráfico. El gráfico circular no resulta muy útil ya que sólo puede mostrar una serie, los Ingresos de explotación, para los cuatro trimestres. Como los gráficos circulares son unidimensionales, sólo pueden mostrar una serie o un trimestre. Si sólo hubiera utilizado los datos de un trimestre y mostrado cada categoría del presupuesto, el gráfico habría tenido más sentido.

Después de trabajar un poco con los gráficos y experimentar con diferentes tipos de gráfico comprenderá mejor cómo cambia la presentación de sus datos dependiendo del tipo de gráfico. El gráfico de barras creado en la lección anterior para los datos de resumen tendría más impacto en su audiencia con un formato de barras 3-D. Puede modificar su gráfico de resumen desde un gráfico de barras sencillo a uno de barras 3-D, con barras apiladas para resaltar los valores totales en lugar de las diferencias entre apartados de una serie. La ilustración siguiente, nos muestra lo que será su gráfico una vez que haya realizado los ejercicios siguientes.

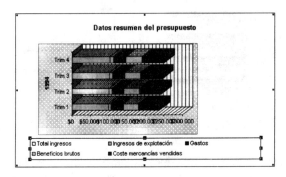

En el ejercicio siguiente, cambiará su gráfico a un gráfico de barras 3-D.

Cómo cambiar un gráfico de barras a uno de barras 3-D

1. Cámbiese a la hoja Resumen y pulse dos veces el gráfico de barras con los datos del resumen del presupuesto.

    El gráfico de barras se activa.

2. Con el puntero en una área abierta, pulse el botón derecho del ratón para visualizar el menú contextual y luego seleccione Tipo de gráfico.

    El cuadro de diálogo de Tipo de gráfico se abre.

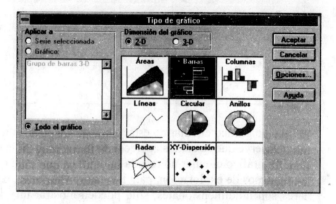

3. En el área Dimensión del gráfico, seleccione 3-D.

4. Pulse el gráfico de barras 3-D y elija Aceptar.

    Su gráfico cambia de uno de barras 2-D a un tipo de gráfico de barras 3-D. Observe que las opciones de formato que escogió anteriormente, tales como la leyenda y el texto de la leyenda permanecen vigentes. Su gráfico deberá ser similar al siguiente:

Cuando haga cambios entre tipos de gráficos distintos, tal vez no vea todos sus datos o descubra que sus datos no aparecen de la forma en que esperaba. Puede modificar el tipo de gráfico con la orden Tipo de gráfico del menú Formato. Si necesita cambiar el orden de sus series de datos, como ya hizo en la Lección 4, puede utilizar la orden Grupo del menú Formato. Esta orden cambia según el tipo de gráfico que se esté utilizando. Por ejemplo, para el gráfico de barras Resumen, la orden se denominaría Grupo de barras. Para la versión 3-D del gráfico de barras Resumen, esta orden se denominaría Grupo de barras 3-D.

En el ejercicio siguiente, cambiará el gráfico Resumen a un gráfico de barras apiladas 3-D.

Cómo cambiar las opciones de un gráfico

1. Con el gráfico de barras 3-D activado, escoja (1 Grupo de barras 3-D) del menú Formato.

    Se abre el cuadro de diálogo de Formato del grupo de barras 3-D.

2. Pulse el botón Subtipo, si aún no ha sido seleccionado.

    Las opciones Subtipo del gráfico aparecen en el cuadro de diálogo.

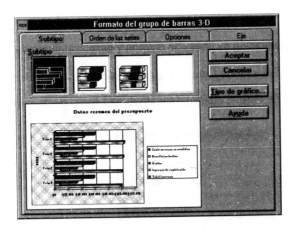

3. Pulse el segundo subtipo de gráfico y luego escoja Aceptar.

    El cuadro de diálogo se cierra y su gráfico se actualiza con los cambios.

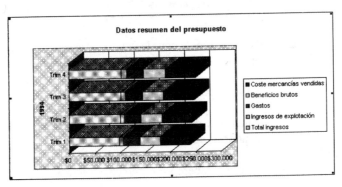

Incorporación o supresión de líneas de división horizontales y leyendas

La orden Líneas de división es equivalente a /Gráfico Opciones Retícula de 1-2-3.

La orden Leyenda es equivalente a /Gráfico Opciones Leyenda de 1-2-3.

Algunos formatos de gráfico incluyen leyendas y líneas de división horizontales y otros no. Si desea un formato que normalmente no tiene líneas de división horizontales o una leyenda, pero desea estas prestaciones puede añadirlas fácilmente. Cuando añada en su gráfico las líneas de división horizontales hará que el gráfico resulte más fácil de ver y de evaluar sus datos. Las leyendas ayudan a explicar sus datos y hacen que el gráfico sea más legible. Si no las desea, también se puede suprimir de un gráfico estas líneas o la leyenda.

Añada o suprima líneas de división horizontales utilizando la orden Líneas de división del menú Insertar o el botón Líneas de división de la barra de herramientas de Gráfico. Suprima o añada una leyenda utilizando la orden Leyenda del menú Insertar o bien utilizando el botón Leyenda de la barra de herramientas de Gráfico. En el ejercicio siguiente, añadirá nuevas retículas a su gráfico, suprimirá y añadirá una leyenda y luego desplazará la leyenda a la parte inferior del gráfico.

Incorporación de líneas de división y desplazamiento de la leyenda

1. Seleccione Líneas de división del menú Insertar.

    Se abre el cuadro de diálogo de Líneas de división.

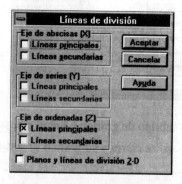

2. En el área Eje de coordenadas (Z), asegúrese de que está seleccionada la opción Líneas principales y luego seleccione Líneas secundarias.

3. Elija Aceptar.

    El cuadro de diálogo se cierra y las líneas de división verticales principales y secundarias aparecen en su gráfico.

    Su gráfico deberá ser como el siguiente:

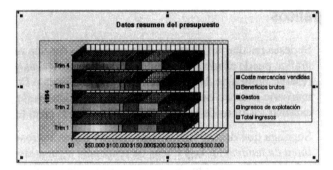

4. Seleccione la leyenda y pulse SUPR.

   La leyenda es eliminada de su gráfico.

Leyenda

5. Pulse el botón Leyenda de la barra de herramientas de Gráfico.

   Aparece en su gráfico una nueva leyenda.

6. En el gráfico, pulse dos veces la leyenda de la parte derecha.

   Se abre el cuadro de diálogo de Formato de la leyenda.

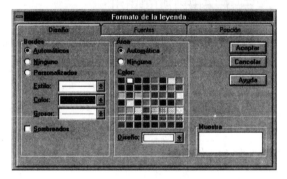

7. En el cuadro de diálogo, seleccione la ficha Posición.

8. En el cuadro Tipo, seleccione Inferior y luego escoja Aceptar.

   El cuadro de diálogo se cierra y la leyenda se desplaza y se rehace para adaptarse en la parte inferior del gráfico. Su gráfico deberá ser como el siguiente:

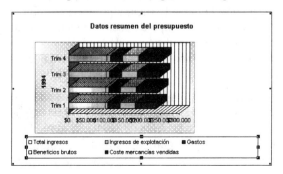

Mejora de los gráficos

Si desea resaltar un punto de dato concreto o dar una presentación particular a su gráfico puede añadirle elementos como líneas, flechas y colores diferentes. Puede resaltar puntos de datos específicos con una línea o flecha o cambiar el color de una serie entera o de un punto de dato. También puede añadir cuadros de texto o cambiar los tipos de letra o atributos utilizados en el texto de su gráfico.

Suponga que desea indicar la evolución de los Ingresos de explotación con una *línea de tendencia*. Las líneas de tendencia siguen las tendencias de sus datos y señalan gráficamente los cambios producidos en ellos. También desea mostrar el valor más bajo de su gráfico indicándolo con una flecha y poniéndole un rótulo. Cuando tenga estos elementos en su lugar puede depurarlos formateando el texto del rótulo o ajustando las líneas y colores de sus series de datos hasta que su gráfico sea similar al siguiente:

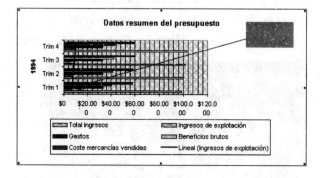

Muestra de tendencias

En algunos tipos de gráficos necesitamos resaltar el progreso o cambio en una serie de datos concreta. Ya ha visto como cambiar a un tipo de gráfico específico, como un gráfico de columnas en lugar de un gráfico de barras, puede ayudarle a señalar un progreso en sus datos. Pero si lo que desea es señalar cómo se está comportando o progresando una serie específica de sus datos puede añadir una línea de tendencia para clarificar algo más el cambio. Por ejemplo, si necesita indicar el progreso de un tipo de acciones en un gráfico que posee varios tipos de acciones puede añadir una línea de tendencia a una serie de datos que mostrará claramente los cambios de esa serie en relación con las otras que aparecen en el gráfico.

Puede añadir líneas de tendencia a los gráficos de barras, columnas, áreas, líneas y xy (dispersión). No se pueden añadir líneas de tendencia a los gráficos circulares, de anillo, a los 3-D o a los de radar. Añadirá líneas de tendencia a una serie concreta, no a todo el gráfico, así que necesitará seleccionar la serie antes de poder añadirla. Si elimina una serie con una línea de tendencia o cambia la serie a un tipo de gráfico circular, de anillo, 3-D o radar, la línea de tendencia quedará definitivamente suprimida.

Para más información sobre tipos de línea de tendencias abra la Ayuda, pulse el botón Buscar, y busque, "Líneas de tendencia".

Puede escoger entre varios tipos de líneas de tendencia dependiendo del tipo de tendencia que esté describiendo. Por ejemplo, si fuera a mostrar el cambio del precio de las acciones sobre un periodo de tiempo utilizaría una línea de tendencia *lineal*. Si tuviera que mostrar un cambio exponencial de un valor utilizaría una línea de tendencia *exponencial*.

Como su gráfico de barras está actualmente en 3-D necesitará cambiarlo de nuevo al gráfico de barras 2-D antes de poder añadir una línea de tendencia. En los ejercicios siguientes cambie de nuevo su gráfico de barras resumen a uno de barras 2-D de forma que pueda añadirle una línea de tendencia. Luego, añada una simple línea de tendencia lineal a la serie Ingresos operativos.

Cómo cambiar de nuevo su gráfico a un gráfico de barras 2-D

1. Pulse dos veces el gráfico de barras para activarlo, si es que aún no lo está.

2. Seleccione Tipo de gráfico del menú Formato.

   Se abre el cuadro de diálogo de Tipo de gráfico.

3. Seleccione 2-D en el cuadro Dimensión del gráfico.

4. Entre los ejemplos mostrados, seleccione el gráfico de Barras y luego escoja Aceptar.

   Su gráfico cambia de nuevo a barras 2-D. Observe que el gráfico ya no está apilado, pero es similar al gráfico original con las retículas adicionales.

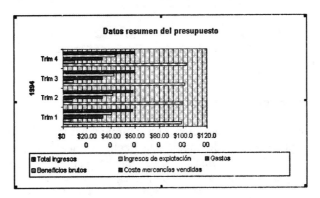

Descripción de una tendencia para los datos de su gráfico

1. Pulse una vez una barra de la serie Ingresos de explotación.

   La serie de datos Ingresos de explotación queda seleccionada.

2. Seleccione Líneas de tendencia del menú Insertar.

   Se abre el cuadro de diálogo de Línea de tendencia.

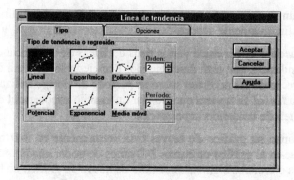

3. Pulse el botón Tipo si éste aún no ha sido seleccionado.

   El cuadro de diálogo de Línea de tendencia muestra ahora los distintos tipos de líneas de tendencia entre los que puede escoger.

4. Asegúrese de que está seleccionado el tipo Lineal y luego escoja Aceptar.

   El cuadro de diálogo se cierra y se incorpora una línea de tendencia lineal a la serie Ingresos operativos. Su gráfico deberá ser como el siguiente:

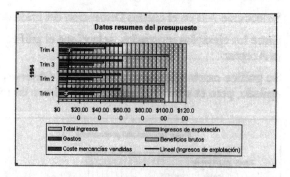

Indicación de datos específicos

Si crea una presentación o un informe y necesita resaltar o señalar algunos datos específicos puede añadir una flecha o línea utilizando el botón Dibujo de la barra de herramientas. Una vez que haya colocado las líneas donde desea puede, si quiere, cambiar el tipo de flecha.

Nota   Cuando dibuje una flecha, asegúrese de que la traza hacia el objeto que desea señalar, en lugar de hacerlo lejos de su objetivo. Por ejemplo, si traza una flecha dirigida a un objeto del fondo del gráfico comience trazando la flecha en el ángulo superior derecho o en el superior izquierdo del gráfico y detenga el trazado una vez que alcance el objeto. La flecha señalará automáticamente el lugar donde detuvo el trazado.

En el ejercicio siguiente, cree una flecha que indique el valor más pequeño de su gráfico.

Indicación del valor más pequeño

Dibujo

Flecha

1. Active el gráfico de Barras 2-D que está en su hoja, si éste aún no ha sido activado.

2. Pulse el botón Dibujo para visualizar la barra de herramientas de Dibujo.

3. Pulse el botón Flecha de la barra de herramientas Dibujo.

   Su puntero, preparado para dibujar una flecha, cambia a una cruz.

4. Pulse cerca del ángulo superior derecho del gráfico, arrastre la flecha hasta la parte de barra del 1º Trimestre de los Ingresos de explotación y suéltela.

   Aparecerá una flecha en su gráfico indicando el valor más pequeño. Su gráfico deberá ser como el siguiente:

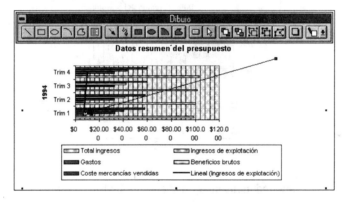

5. Pulse el cuadro de cierre de la barra de herramientas de Dibujo para cerrarlo.

Explicación del gráfico con cuadros de texto

Ahora que ha añadido una flecha desea que otras personas comprendan rápidamente lo que indica la flecha. Puede incluir en su hoja una nota explicativa o puede añadir un cuadro de texto directamente en el gráfico. Puede incorporar cuadros de texto para explicar o rotular cualquier parte de su gráfico. En los ejercicios siguientes añada un cuadro de texto para explicar los datos, y luego adapte el cuadro de texto para visualizar todo su texto.

Incorporación de un cuadro de texto para explicar los datos

Cuadro de texto

1. Pulse el botón Cuadro de texto de la barra de herramientas Estándar.

   Su puntero, preparado para añadir un cuadro de texto, cambia a una cruz.

2.   Arrastre el ratón para crear un pequeño rectángulo de 3 centímetros de ancho por 1,5 de alto, cerca del principio de su flecha.

Se añade un cuadro de texto en su gráfico.

Nota   Si su cuadro de texto no está exactamente en el lugar correcto, siempre puede desplazarlo posteriormente arrastrándolo hasta la posición correcta.

---

3.   Introduzca **Valor mínimo**.

4.   Pulse fuera del cuadro de texto.

No se preocupe si puede ver otros objetos a través del cuadro de texto. Más tarde, en esta lección, hará que el cuadro de texto sea opaco. Su cuadro de texto debe ser similar al siguiente:

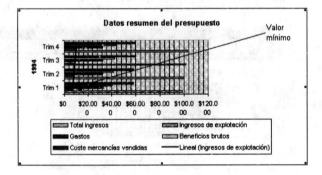

Cómo redimensionar un cuadro de texto

1.   Pulse el cuadro de texto una vez para seleccionarlo.

2.   Desplace su puntero hasta el ángulo inferior derecho del cuadro de texto.

3.   Arrastre el ratón hacia abajo y hacia la derecha hasta que pueda ver todo el texto que aparece en el cuadro de texto, con un pequeño espacio en blanco extra en el cuadro.

Modificación del texto y de los formatos del cuadro de texto

Si no le gustan la fuente, el color, la alineación ni otros atributos del texto de su gráfico o de sus cuadros de texto tiene la posibilidad de cambiarlos. Formatee el texto tal como puede formatear cualquier otro texto de una hoja, seleccionándolo y utilizando el botón de herramienta adecuado u orden de menú. Si desea cambiar varios aspectos de su texto al mismo tiempo puede utilizar la orden Formato del objeto del menú contextual.

En los ejercicios siguientes, cambie la fuente y el color de su rótulo Valor mínimo, póngalo en negrita y luego cambie el color de fondo del cuadro de texto.

Cambio de fuentes, colores y atributos de un cuadro de texto

1. Pulse el texto que hay dentro del cuadro de texto (Valor mínimo) para visualizar un borde de selección.

2. Pulse el botón derecho del ratón.

    Asegúrese de que no desplaza el ratón antes de pulsar. Se abre el menú contextual.

3. Seleccione Formato del objeto del menú contextual.

    Aparece el cuadro de diálogo de Formato del objeto.

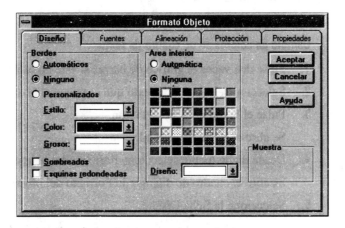

4. Pulse el botón Fuentes, si es que aún no ha sido seleccionado y luego, de la lista de Fuente, seleccione MS Serif.

5. Seleccione Negrita de la lista de Estilo de fuente.

6. De la lista Tamaño, seleccione 12.

7. Pulse la flecha hacia abajo junto a la lista Color para abrir una lista de colores y a continuación seleccione el color azul oscuro sólido.

8. Pulse Aceptar.

    El texto de su cuadro de texto cambia a 12 puntos, negrita, azul oscuro, MS Serif.

9. Pulse ESC para visualizar sus cambios.

    Su texto deberá ser como el siguiente:

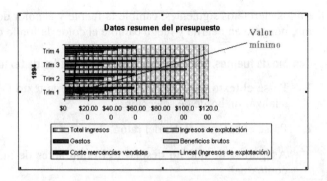

Nota Si su cuadro de texto es demasiado pequeño para visualizar todo su texto seleccione el cuadro y arrastre el ángulo inferior derecho del cuadro hacia abajo hasta que pueda ver todo el texto.

Cambio de colores en un cuadro de texto

1. Pulse dos veces el gráfico de barras si éste no está activado.

2. Seleccione el cuadro de texto que contiene el texto "Valor mínimo".

3. Pulse el botón derecho del ratón.

Se abre el menú contextual.

4. Desde dicho menú, seleccione Formato del objeto.

Se abre el cuadro de diálogo de Formato del objeto.

5. Seleccione la ficha Diseño.

Las opciones de Diseño aparecen en el cuadro de diálogo.

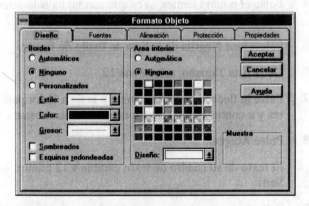

6. En el área de Area interior, seleccione el cuadrado gris claro y luego pulse Aceptar.

Cómo resaltar datos con colores

Si no le gustan los colores utilizados en su gráfico, o si desea cierta consistencia con otra combinación de colores utilizada en su presentación o informe, puede cambiar fácilmente los colores. Puede modificar el color de cualquier objeto de su gráfico: líneas de división, leyenda, fondo o texto, bordes, series de datos, líneas o incluso el texto como ya vio anteriormente en esta lección. Para cambiar un color seleccione el objeto y luego utilice la orden Formato del objeto del menú contextual.

Nota   La orden Formato del objeto es como la orden Grupo (cambia dependiendo de lo que se seleccione). Si desea modificar el color de un cuadro de texto o de una flecha la orden se denomina Formato del objeto. Sin embargo, si desea cambiar el color de una serie de datos o de sus retículas las órdenes se denominan Formato de la serie y Formato de líneas de división respectivamente.

En el ejercicio siguiente, cambie la serie de datos Beneficio bruto a un color azul claro.

Cambio de color en una serie de datos

1. Pulse dos veces el gráfico de barras si es que no está activado.

2. Señale cualquier barra de la serie de datos Beneficio bruto y pulse el botón derecho del ratón.

   Se abre el menú contextual.

3. Seleccione Formato de la serie de este menú.

   Se abre el cuadro de diálogo de Formato de la serie de datos.

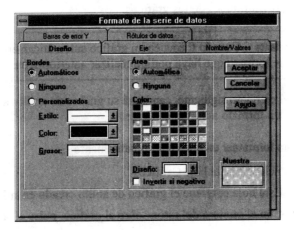

4. Asegúrese de que se selecciona el botón Diseño.

5. Bajo Area, seleccione el cuadrado sólido azul claro.

6. Pulse Aceptar.

    La serie de datos Beneficio bruto cambia a Azul Claro. Su gráfico deberá ser como el siguiente:

Formateado automático de los gráficos

Cuando cree una serie de gráficos para una representación o informe deseará que tengan propiedades similares. Tal vez tenga varios gráficos que muestran datos parecidos como las cifras anuales de diferentes categorías de presupuesto o cifras de crecimiento de varias oficinas. Cuando necesite crear varios gráficos similares puede utilizar un autoformato de gráfico o un formato de gráfico predefinido.

Puede utilizar la orden Autoformato del menú Formato para crear un gráfico estandarizado. Puede aplicar este formato de gráfico a varios gráficos de forma que sus series sean parecidas con las diferencias de los valores reales resaltados por las similitudes de los gráficos.

Importante   Cuando formatea un gráfico automáticamente pierde cualquier cambio de formato que haya podido realizar anteriormente.

En el ejercicio siguiente, cambiará su gráfico de anillos a uno de área 3-D y aplicará un formato automáticamente.

Cómo formatear un gráfico automáticamente

1. Seleccione la hoja Gráfico1.

    Esta hoja contiene el gráfico de anillo creado en la Lección 4.

2. Con el puntero del ratón sobre el gráfico, pulse el botón derecho del ratón.

3. Seleccione Autoformato del menú contextual.

Se abre el cuadro de diálogo de Autoformato.

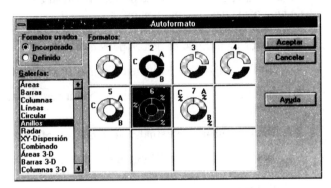

4. En la lista Galerías, seleccione Superficie 3-D.

Tal vez tenga que desplazarse a lo largo de la lista para encontrarlo.

5. En Formatos, asegúrese de que se selecciona el subtipo 1 del gráfico.

6. Pulse Aceptar.

Su gráfico cambia a un gráfico de Superficie 3-D. Su gráfico deberá ser como el siguiente:

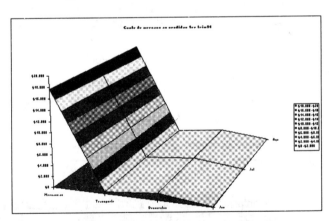

Creación de su propio formato de gráfico personalizado

Si su compañía o sección ya tiene una presentación para gráficos estándar, o si prefiere un formato de gráfico diferente de aquellos disponibles con la orden Autoformato puede crear su propio formato estándar. Para crear un autoformato de gráfico personalizado utilice la orden Autoformato del menú Formato. Puede realizar cambios en su gráfico de muestra y también editar el autoformato, o puede suprimir un antiguo autoformato que ya no necesite. En el ejercicio siguiente utilice su gráfico de barras 3-D con una línea de tendencia para crear un autoformato personalizado que pueda almacenar de forma permanente y utilizarlo de nuevo en cualquier momento.

Creación de un formato de gráfico personalizado

1. Cámbiese a la hoja Resumen y active el gráfico de barras.

2. Indique una área abierta y pulse el botón derecho del ratón para abrir el menú contextual.

3. Desde el menú contextual, seleccione Autoformato.

    Se abre el cuadro de diálogo de Autoformato.

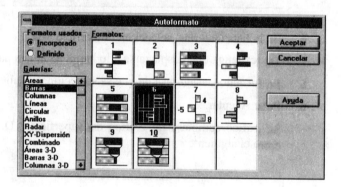

4. En el área Formatos usados, seleccione Definido.

    El cuadro de diálogo de Autoformato cambia para mostrar el formato de gráfico de Microsoft Excel 4.0 y cualquier otro formato que ya haya designado.

5. Pulse el botón Personalizar.

    Se abre el cuadro de diálogo de Personalizar autoformatos definidos por el usuario.

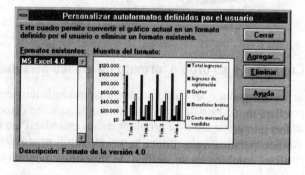

6. Pulse el botón Agregar.

Se abre el cuadro de diálogo de Agregar autoformato personalizado.

7. Introduzca **barras 2-D tendencia** en el cuadro Nombre.

8. Introduzca **gráfico de barras 2-D con línea de tendencia** en el cuadro Descripción y luego pulse Aceptar.

Su formato queda añadido a la galería de formatos definidos por el usuario. Ahora puede utilizar este formato escogiendo la orden Autoformato.

9. En el cuadro de diálogo de Personalizar autoformatos definidos por el usuario, pulse Cerrar.

Se cierra el cuadro de diálogo de Personalizar autoformatos definidos por el usuario.

Un paso más

Puede modificar la mayoría de los aspectos de sus gráficos utilizando las órdenes de los menús contextuales o de Formato. Ya ha visto cómo añadir líneas de división, cambiar tipos de gráfico y formatear sus gráficos de otras maneras. Si está trabajando con gráficos 3-D puede incluso cambiar más opciones de las que podría con los gráficos 2-D. Puede modificar el enfoque 3-D de su gráfico para cambiar la perspectiva, elevación o rotación de su gráfico. Puede hacer que su gráfico tenga una perspectiva más cerrada (cambiando más rápidamente de cerca a lejos), o puede cambiar la elevación para mirar desde arriba hacia abajo del gráfico o desde abajo mirar hacia arriba. Puede cambiar la rotación de forma que las líneas de división aparezcan en uno u otro lado. Puede incluso modificar la rotación de forma que se vea la parte de atrás del gráfico en lugar de la de delante.

Cambiar la perspectiva, elevación o rotación puede proporcionar a sus gráficos 3-D más énfasis y hacer que destaquen en una presentación. Pruebe a cambiar el enfoque 3-D de su gráfico de área para mostrar una presentación más impactante de los datos.

Cambio del formato de enfoque 3-D para su gráfico de área

1. Cámbiese a la hoja del Gráfico1.

2. Pulse el botón derecho del ratón para abrir el menú contextual y luego escoja Presentación tridimensional.

Se abre el cuadro de diálogo de Presentación tridimensional.

3. En el cuadro Elevación, utilice las flechas anchas que están encima del cuadro para cambiar la elevación a 35.

   La flecha hacia arriba aumenta la elevación. La flecha hacia abajo la reduce.

4. Pulse en el cuadro Giro y utilice las flechas de rotación que aparecen a la derecha del cuadro para cambiar la rotación a 140.

   La flecha de rotación a la izquierda incrementa el grado de rotación. La flecha de rotación a la derecha disminuye el grado de rotación.

5. Pulse Aceptar.

   El cuadro de diálogo se cierra y sus cambios se hacen vigentes. Su gráfico deberá ser similar al siguiente:

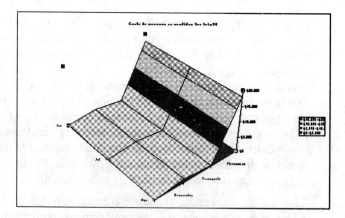

Para continuar con la siguiente lección

1. Pulse dos veces el cuadro del menú de control de la barra de herramientas Dibujo para cerrarlo, si es que está abierto.

2. Seleccione Guardar en el menú Archivo.

3. Seleccione Cerrar en el menú Archivo.

Para salir de Microsoft Excel

➤ Seleccione Salir del menú Archivo.

Si aparece el cuadro de diálogo de Guardar, pulse Sí.

Resumen de la lección

Para	Haga esto	Botón
Cambiar tipos de gráficos	Active el gráfico y pulse el botón derecho del ratón para visualizar el menú abreviado. Seleccione Tipo de Gráfico. En el cuadro de diálogo de Tipo de Gráfico, seleccione el tipo que desee y pulse Aceptar.	
Añadir líneas de división	Active el gráfico. Elija Líneas de división del menú Insertar. Seleccione las líneas de división que desea y luego pulse Aceptar. *o* Abra la barra de herramientas de Gráfico y pulse el botón Líneas de división.	
Añadir una leyenda	Active el gráfico. Escoja Leyenda del menú Insertar. *o* Abra la barra de herramientas de Gráfico y pulse el botón Leyenda.	
Situar una leyenda	Pulse dos veces la leyenda del gráfico. Haga sus selecciones en el cuadro de diálogo Formato de la leyenda y pulse Aceptar.	
Añadir una línea de tendencia	Pulse una barra de la serie que desea trazar. Escoja Líneas de tendencia del menú Insertar. Seleccione el tipo que desea y luego pulse Aceptar.	
Añadir una flecha	Active el gráfico. Visualice la barra de herramientas de Dibujo y pulse el botón Flecha. Arrástrela hacia el objeto destino de la flecha y luego suelte el botón del ratón.	

Para	Haga esto	Botón
Añadir un cuadro de texto	En la barra de herramientas Estándar, pulse el botón Cuadro de texto. Arrástrelo para crear el cuadro de texto y luego introduzca su texto.	
Cambiar los formatos de texto	Seleccione el texto que desee cambiar. Seleccione Formato del objeto del menú contextual o del menú Formato. Haga sus selecciones y luego pulse Aceptar. o Seleccione el texto y utilice los botones de la barra de herramientas de Formato para cambiar los formatos de texto.	
Cambiar los colores del gráfico	Active el gráfico y seleccione el objeto o serie que desea modificar. Desde el menú abreviado o el menú Formato, seleccione Formato del objeto o Formato de la serie. Pulse el botón Diseño y seleccione el color que desea. Pulse Aceptar.	
Formatear un gráfico automáticamente	Active el gráfico y desde el menú Formato o el menú contextual, seleccione Autoformato. Seleccione el tipo de gráfico y formato que desea y luego pulse Aceptar.	
Crear un formato de gráfico personalizado	Active el gráfico y, desde el menú Formato o el menú contextual, escoja Autoformato. En el área Formatos usados seleccione Definido. Pulse el botón Personalizar y luego pulse Agregar. Introduzca un nombre y una descripción, pulse Aceptar y luego pulse Cerrar.	

Para más información sobre	Véase *Manual del usuario de Microsoft Excel*
Cambiar tipos de gráficos	El Capítulo 16, "Trabajo con distintos tipos de gráficos y autoformatos".

Para más información sobre	Véase *Manual del usuario de Microsoft Excel*
Mejorar gráficos	El Capítulo 18, "Dar formato a un gráfico".
Formatear gráficos automáticamente	El Capítulo 16, "Trabajo con distintos tipos de gráficos y autoformatos".
Añadir una flecha	El Capítulo 18, "Dar formato a un gráfico".

Avance de la siguiente lección

En la lección siguiente, "Impresión de hojas y gráficos", presentará sus datos antes de imprimirlos. Aprenderá a ajustar sus hojas, informes o presentaciones a imprimir y aprenderá a imprimir las hojas de gráficos.

Impresión de hojas y gráficos

Hasta ahora, en este libro ha aprendido a introducir datos y a crear fórmulas, a formatear texto y a crear gráficos. Ahora que desea presentar los datos o gráficos a alguna otra persona quiere que su informe o presentación se imprima limpiamente, con saltos de página en los lugares correctos. También desea una cabecera o pie de página que muestre una fecha, un número de página o el nombre del libro de trabajo. En esta lección aprenderá a establecer en sus páginas títulos a imprimir, márgenes, cabeceras y pies de página y a visualizar las páginas antes de enviarlas a la impresora. Aprenderá además a imprimir gráficos sin separar ninguna área ni ocupar demasiado espacio.

Aprenderá a:

- Visualizar previamente sus hojas.

- Ajustar páginas para su impresión.

- Imprimir una hoja de gráfico.

Duración estimada de la lección: 35 minutos

Si su pantalla no coincide con las ilustraciones de esta lección, vea el Apéndice, "Comparación de ejercicios".

Inicio de la lección

1. Abra el archivo 06LECCN.XLS.

2. Guarde el libro de trabajo como LECCN06.XLS.

3. Pulse el botón Maximizar de la ventana de documento, si es que ésta no ha sido aún maximizada.

Visualización previa de su hoja

Desea que sus páginas se impriman con claridad, pero probablemente no querrá desperdiciar un montón de papel probando para ver si aparecen en la hoja las filas y columnas necesarias, si los márgenes están ajustados en el tamaño correcto o si los datos caben en las columnas. Realizar un avance de su trabajo le mostrará lo que debe cambiar antes de imprimir. En el ejercicio siguiente, visualizaremos la disposición de la página y luego imprimiremos la hoja del Presupuesto de caja.

Visualización preliminar de la hoja del Presupuesto de caja

Presentación preliminar

También puede utilizar la orden Presentación preliminar del menú Archivo.

1.   Asegúrese de que la hoja activa es la hoja Presupuesto de caja.

2.   Pulse el botón Presentación preliminar de la barra de herramientas.

Su hoja aparece en la ventana de Presentación preliminar. Observe que la sentencia Objetivo no entra en la hoja de la ventana de presentación preliminar. Debe corregir esto antes de imprimir la hoja. Su hoja de Presupuesto deberá ser como la siguiente:

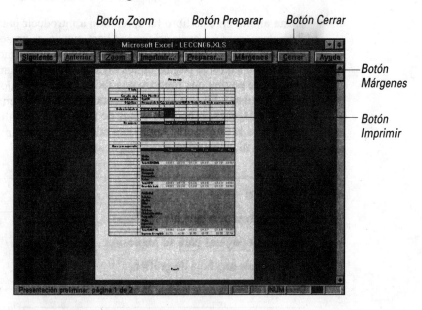

3.   Sitúe el puntero sobre la hoja.

El puntero cambia a una pequeña lupa.

También puede utilizar el botón (Zoom) para ampliar y reducir la ventana de presentación preliminar.

4.   Pulse cerca de la mitad de la hoja de Presupuesto.

La hoja se amplía de forma que puede ver los datos del presupuesto. Algunas de las celdas del presupuesto podrían contener signos de número en lugar de cifras reales, indicando así que necesita ensanchar las columnas antes de imprimir.

5.   Pulse de nuevo para alejarse y luego pulse el botón Cerrar (Close).

Se cierra la ventana de presentación preliminar.

Configuración de páginas

Cuando trabaja con hojas más grandes raramente se pueden imprimir todos los datos en una página. Además, tal vez desee añadir información en la parte superior o inferior de la hoja para identificar la fecha en que se imprimió la hoja o tal vez su nombre de archivo. Si sus datos requieren más de una página necesitará ajustar saltos de página. Puede modificar sus hojas para imprimirlas en la forma que desea, con los saltos de página en lugares concretos, los márgenes ajustados, los títulos repetidos en cada página y con cabeceras y pies de página.

Adaptación de los datos en un espacio de impresión limitado

La orden Preparar página equivale a las órdenes /Imprimir Impresora Opciones, /Imprimir Impresora Opciones Cabecera, /Imprimir Impresora Opciones Pie e /Imprimir Impresora Opciones Márgenes de 1-2-3.

A veces sólo se necesita imprimir parte de una hoja. Podría necesitar únicamente una sección de una base de datos o sólo parte de la información de su presupuesto. Puede imprimir tanto o tan poco de una hoja como desee. En otras ocasiones, podría ocurrir que tiene demasiada información para imprimirla en una página. Con la orden Preparar página del menú Archivo, puede definir el área que se imprime y la escala con la que se imprime. En los ejercicios siguientes, utilice la orden Imprimir del menú Archivo para imprimir sólo parte de los datos, y luego cambie las definiciones del cuadro de diálogo de Preparar página para hacer que toda la información de su presupuesto aparezca en una y luego en dos páginas.

Nota   En los ejercicios restantes de esta lección, su computadora necesitará estar conectada a una impresora activa antes de poder imprimir. Si no dispone de una impresora, pulse Cancelar en lugar de Aceptar en el cuadro de diálogo de Imprimir.

Impresión de parte de una hoja

1.   En la hoja de Presupuesto, seleccione A7:H16.

Este rango incluye los datos iniciales de su presupuesto más la tabla del presupuesto resumen.

2.   Seleccione Imprimir en el menú Archivo.

Se abre el cuadro de diálogo de Imprimir.

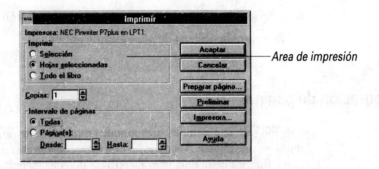

Area de impresión

3. En el área Imprimir, pulse la opción Selección y luego escoja Aceptar.

Se abre un cuadro de diálogo diciéndole que su selección se está imprimiendo.

Cómo ajustar en una página la hoja del presupuesto de caja

1. Pulse la celda A1.

2. Seleccione Preparar página en el menú Archivo.

Se abre el cuadro de diálogo de Preparar página.

3. En el cuadro de diálogo de Preparar página, pulse la ficha Página.

Las opciones de Página aparecen en el cuadro de diálogo.

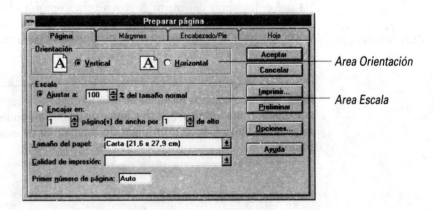

Area Orientación

Area Escala

4. En el área Orientación, seleccione Horizontal.

La selección de Horizontal cambia su página a una orientación apaisada. Como los datos de su presupuesto abarcan varias columnas puede adaptar más información sobre una página orientada a lo ancho que sobre una orientada a lo largo.

5. En el área Escala, seleccione la opción Encajar en 1 página(s) de ancho por 1 de alto.

Esto reduce proporcionalmente su hoja para adaptarse en sólo una hoja. Puede cambiar el número de páginas a lo que necesite.

6. Pulse el botón Preliminar.

Se abre la ventana de Presentación preliminar y visualiza en una hoja todo su presupuesto. Su presupuesto deberá ser como el siguiente:

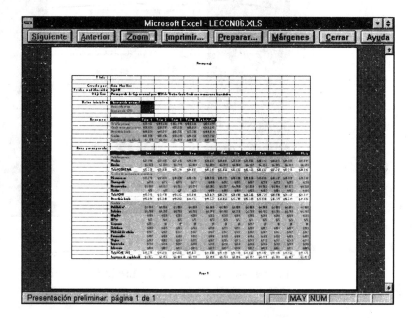

Cómo ajustar la hoja del presupuesto de caja en dos páginas

1. En la ventana de Presentación preliminar, pulse el botón Preparar.

Se abre el cuadro de diálogo de Preparar página.

2. En el cuadro de diálogo, seleccione la ficha Página.

Las opciones de Página aparecen en el cuadro de diálogo.

3. En el área de Orientación, seleccione Vertical.

La selección de Vertical cambia su página desde una orientación a lo ancho a una orientación a lo largo.

4. En el área Escala, seleccione la opción Encajar en 1 página(s) de ancho por 1 de alto y cámbielo a Encajar 2 página(s) de ancho por 1 de alto.

Esto ajusta su hoja para adaptarla en dos páginas. Puede cambiar el primer número de página a lo que desee.

5. Pulse Aceptar.

La Ventana Presentación preliminar se abre y visualiza la primera página de su presupuesto de dos páginas. Su presupuesto deberá ser como el que mostramos a continuación:

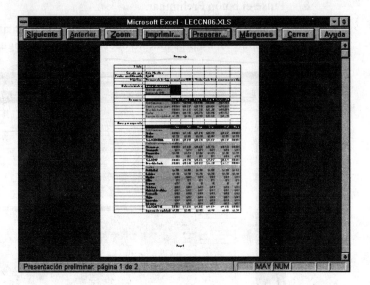

6. Pulse el botón Imprimir.

La ventana de Presentación preliminar se cierra y se abre el cuadro de diálogo de Imprimir.

7. Pulse Aceptar.

Se abre un cuadro de diálogo indicándole que su documento se está imprimiendo.

Incorporación de títulos de impresión

La opción Títulos a imprimir es equivalente a /Imprimir Impresora Opciones Bordes de 1-2-3.

Una hoja formateada correctamente tiene cabeceras de fila y columna en la parte izquierda o superior de cada página. Puede añadir *títulos de impresión* para repetir las cabeceras e identificar claramente los datos en las demás páginas. En el ejercicio siguiente, añada títulos de impresión a su hoja para listar las categorías de presupuesto a lo largo de la parte izquierda de sus páginas.

Cómo añadir títulos de impresión a sus páginas

1. Desde el menú Archivo, seleccione Preparar página.

Se abre el cuadro de diálogo de Preparar página.

2.   En el cuadro de diálogo, seleccione la ficha Hoja.

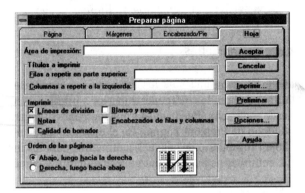

3.   En el área Títulos a imprimir, pulse en el cuadro de texto de Columnas a repetir a la izquierda.

4.   En su hoja de presupuesto, pulse el botón de cabecera de columna para la columna C.

Tal vez necesite primero mover el cuadro de diálogo.

5.   Pulse el botón Preliminar del cuadro de diálogo.

La ventana de Presentación preliminar se abre y visualiza su hoja.

6.   Pulse el botón Siguiente.

Observe que las categorías del presupuesto se repiten en la parte izquierda de la página. Su hoja deberá ser similar a la siguiente:

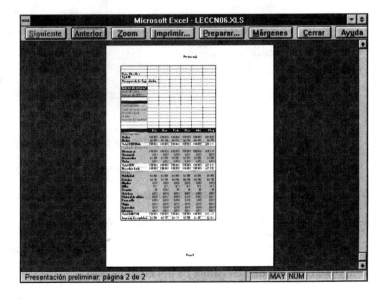

7. Pulse el botón Cerrar.

La ventana de Presentación preliminar se cierra.

Ajuste de márgenes

Cuando imprime una hoja los márgenes se establecen automáticamente en 2,5 centímetros para los márgenes superior e inferior, y en 1,9 para los márgenes izquierdo y derecho. Puede ajustar los márgenes al tamaño que desee con el cuadro de diálogo de Preparar página. En el ejercicio siguiente, cambie los márgenes de su hoja Presupuesto de caja a 3 centímetros para los márgenes superior e inferior, y a 2 centímetros para los márgenes izquierdo y derecho.

Cambio de márgenes

1. En el menú Archivo, seleccione Preparar página.

Se abre el cuadro de diálogo de Preparar página.

2. Seleccione la ficha Márgenes del cuadro de diálogo de Preparar página.

Visualizará las opciones de Márgenes.

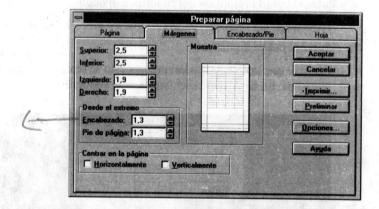

3. En el cuadro Superior, pulse una vez la flecha hacia arriba.

El margen cambia a 3 centímetros.

4. En el cuadro Inferior, pulse una vez la flecha hacia arriba.

El margen cambia a 3 centímetros.

5. En el cuadro Izquierdo, pulse una vez la flecha hacia arriba.

El margen cambia a 2,4 centímetros.

6. En el cuadro Derecho, pulse una vez la flecha hacia arriba.

El margen cambia a 2,4 centímetros.

7. Pulse el botón Preliminar.

Se abre la ventana de Presentación preliminar, visualizando el presupuesto de caja con sus cambios.

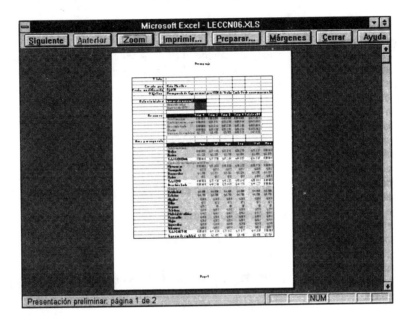

8. Pulse el botón Cerrar.

La ventana de Presentación preliminar se cierra.

División de la hoja en páginas

Cuando se imprime un gran documento las divisiones de páginas se insertan automáticamente en la celda más cercana al margen. Sin embargo, tal vez no siempre le guste donde están situados los saltos de página, ya que al insertarse automáticamente, no siempre siguen el diseño de su hoja electrónica. Si desea insertar sus propios saltos de página en filas específicas, seleccione una fila y utilice la orden Salto de página del menú Insertar. La división de página se inserta por encima de la fila seleccionada. Para eliminar una división de página añadida manualmente, seleccione la fila que hay por debajo de la división de página y utilice la orden Anular salto de página del menú Insertar.

Podría también descubrir que sus páginas no se están imprimiendo en el orden que desea. Si su documento ocupa más que el ancho de una hoja las páginas se imprimirán automáticamente hacia abajo en su hoja y luego a lo ancho. Puede cambiar el orden de la impresión utilizando el botón Hoja del cuadro de diálogo de Preparar página.

En el ejercicio siguiente, añada una división de página y luego altere el orden de impresión para imprimir a lo ancho y luego hacia abajo.

Inserción de una división de página y cambio del orden de impresión

En este ejercicio, cree una división de página horizontal seleccionando una fila antes de insertar el salto de página. También puede crear una división de página vertical seleccionando una columna y el salto de página aparece a la izquierda de la columna seleccionada. Si selecciona una sola celda, se insertarán una división de página horizontal y otra vertical.

1. Pulse en la hoja del Presupuesto de caja la cabecera de fila de la fila 18.

   Esta fila contiene el título Area del modelo de presupuesto y es un buen lugar para una división de página, si desea conservar las dos tablas intactas.

2. En el menú Insertar, seleccione Salto de página.

   Aparece una línea de puntos por encima de la fila 18, mostrando la división de página que ha insertado.

3. En el menú Archivo, seleccione Preparar página.

   Se abre el cuadro de diálogo de Preparar página.

4. En el cuadro de diálogo, seleccione la ficha Hoja.

   Aparecen las opciones de Hoja.

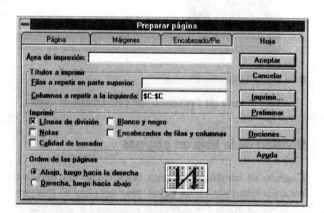

5. En el área Orden de páginas, seleccione Derecha y luego hacia abajo.

   Esto modifica el orden de página para ir a lo ancho y luego hacia abajo.

6. Pulse el botón Preliminar del cuadro de diálogo.

   Se abre la ventana de Presentación preliminar. Su pantalla deberá ser como la siguiente:

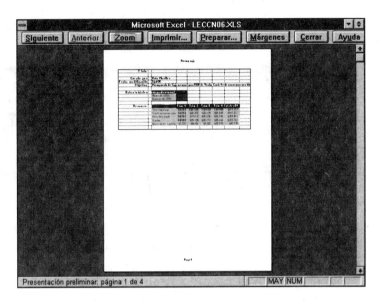

7. Pulse el botón Cerrar.

Incorporación de cabeceras y pies de página

Microsoft Excel añade automáticamente el nombre de su archivo en el área de cabecera y el número de página en el área de pie de página de cualquier cosa que imprima. Si desea que un título o la fecha aparezcan en la parte superior o inferior de sus páginas puede cambiar la cabecera o pie de su documento. También puede suprimir la cabecera o pie.

Utilización de cabeceras y pies de página estándar

Microsoft Excel proporciona opciones de cabecera y pie de página estándar que puede seleccionar del cuadro de diálogo de Preparar página. Con estos formatos disponibles puede añadir el nombre de la compañía, el nombre de archivo con o sin extensión, la fecha, el número de página o su propio nombre. También puede marcar documentos como confidenciales o añadir un título al documento. En el ejercicio siguiente eliminará toda la información de la cabecera e introducirá el número de página y el nombre de archivo como pie de página.

Modificación de una cabecera y un pie de página

1. Del menú Archivo, seleccione Preparar página.

   Se abre el cuadro de diálogo de Preparar página.

2. Seleccione la ficha Encabezado/Pie del cuadro de diálogo.

Recuadro de lista para Cabecera de página

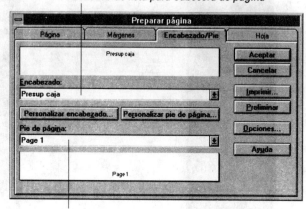

Recuadro de lista de Pie de página

3. Pulse hacia abajo la flecha que está junto al cuadro de lista de Encabezado.

4. De la lista de Encabezado, desplácese hacia arriba y seleccione ninguno.

La selección de ninguno elimina la cabecera.

5. Pulse la flecha hacia abajo junto al cuadro de lista de Pie de página.

6. Desplácese por la lista de Pie de página, y seleccione LECCN06.XLS Página 1.

Esta opción coloca el nombre de archivo y el número de página al final de la página. Sus opciones de cabecera y pie deberán ser como las siguientes:

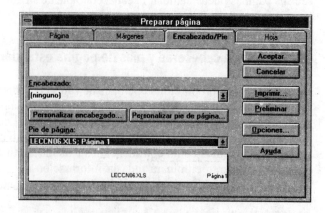

7. Pulse el botón Preliminar del cuadro de diálogo.

Se abre la ventana de Presentación preliminar y visualiza su documento con el nuevo pie de página. Su documento deberá ser como el siguiente:

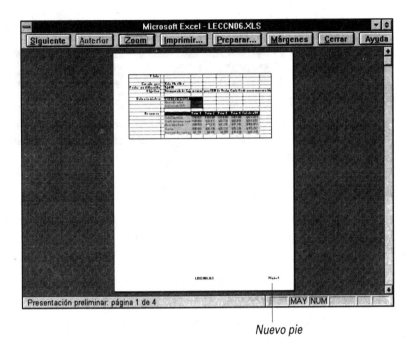

Nuevo pie

8.   Pulse el botón Cerrar.

La ventana de Presentación preliminar se cierra.

Creación de cabeceras y pies de página personalizados

Puede crear sus propias cabeceras y pies utilizando los botones Personalizar encabezado y Personalizar pie de página que aparecen en el cuadro de diálogo de Preparar página. Puede añadir el número de página, la fecha, la hora, el nombre de archivo o el nombre de la hoja más cualquier otro texto que desee incluir. En el ejercicio siguiente, utilice el botón Personalizar encabezado para añadir como cabecera el título del documento, la fecha y su nombre.

Incorporación de una cabecera personalizada

Si ya ha trabajado con Microsoft Excel 4.0 con cabeceras y pies de página deberán serle familiares los cuadros de diálogo de Encabezado y Pie ya que son los mismos que los de la versión 4.0 de Microsoft Excel.

1.   Desde el menú Archivo, seleccione Preparar página.

Se abre el cuadro de diálogo de Preparar página.

2.   Seleccione la ficha Encabezado/Pie del cuadro de diálogo.

Se visualizan las opciones de Encabezado/Pie.

3.   Pulse el botón Personalizar Encabezado.

Se abre el cuadro de diálogo de Encabezado.

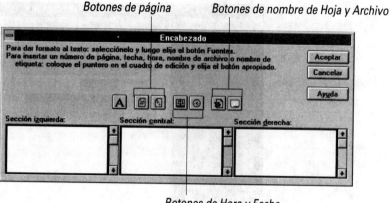

Botones de página *Botones de nombre de Hoja y Archivo*

Botones de Hora y Fecha

4. Pulse en el cuadro Sección izquierda y luego introduzca su nombre.

Cuaquier cosa que coloque en este cuadro aparece en el margen izquierdo de la cabecera.

5. Pulse en el cuadro Sección central y luego introduzca **Presupuesto de caja 1994**.

Cualquier cosa que coloque en este cuadro aparece en el centro de la cabecera.

Fecha

6. Pulse en el cuadro Sección derecha y luego pulse el botón Fecha.

Cualquier cosa que introduzca en este cuadro aparece en el margen derecho de la cabecera. Su cuadro de diálogo deberá ser como el siguiente:

Botón de Fuentes

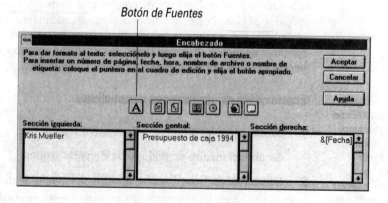

7. Seleccione el texto del cuadro Sección central y luego pulse el botón Fuente.

Aparece el cuadro de diálogo de Fuentes.

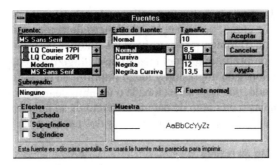

8. En la lista Estilo de fuente seleccione Negrita. En la lista Tamaño, seleccione 12 y luego pulse Aceptar.

   Se cierra el cuadro de diálogo de Fuentes.

9. En el cuadro de diálogo de Encabezado pulse Aceptar.

   El cuadro de diálogo se cierra y el cuadro de diálogo de Preparar página cambia para reflejar la nueva cabecera. Su cuadro de diálogo deberá ser como el siguiente:

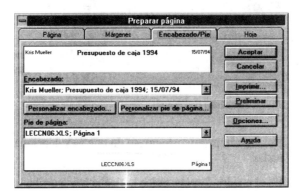

10. Pulse Aceptar.

    Se cierra el cuadro de diálogo de Preparar página.

Impresión de una hoja

La orden Imprimir es equivalente a /Imprimir Impresora Imprimir de 1-2-3.

Ahora que ya ha configurado sus páginas puede imprimirlas. Para imprimir su hoja puede utilizar el botón Imprimir de la barra de herramientas Estándar o la orden Imprimir del menú Archivo. Cuando utilice el botón Imprimir su hoja se imprimirá inmediatamente con la impresora por omisión, utilizando las opciones de impresión actuales.

Cuando utilice la orden Imprimir puede seleccionar opciones adicionales antes de imprimir como, por ejemplo, el número de copias o de páginas seleccionadas a imprimir. También puede utilizar los botones de Imprimir de la ventana de Presentación preliminar o del cuadro de diálogo de Preparar página para visualizar sus opciones de impresión y luego imprimir su hoja. Puede imprimir un rango seleccionado, una hoja seleccionada o un libro de trabajo entero. Puede imprimir varias copias o un rango de página concreto de su hoja. En el ejercicio siguiente, utilice la orden Imprimir para imprimir dos copias de la hoja seleccionada.

Impresión de la hoja

1. Desde el menú Archivo, seleccione Imprimir.

   Se abre el cuadro de diálogo de Imprimir.

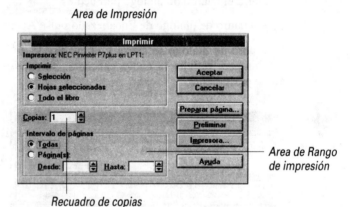

Area de Impresión

Area de Rango de impresión

Recuadro de copias

2. Del área Imprimir, asegúrese de que se selecciona la opción Hojas seleccionadas.

3. En el cuadro Copias, pulse la flecha hacia arriba una vez para cambiar el número a 2.

4. Pulse Aceptar.

   Se cierra el cuadro de diálogo y se abre otro informándole de que se están imprimiendo en su impresora dos copias de su hoja.

Impresión de una hoja de gráfico

Cuando crea un gráfico en una hoja separada puede imprimir esa hoja separadamente y tomar decisiones sobre la disposición de página de sólo esa hoja. Con una hoja de gráficos, también puede decidir cómo quiere ajustar el gráfico cuando lo imprima y si prefiere imprimirlo en color o en blanco y negro. Puede reducir un gráfico para que se adapte al tamaño de la página o agrandarlo para que ocupe toda la página. También puede dimensionar el gráfico de la pantalla para crear un tamaño de gráfico personalizado. En el ejercicio siguiente, ajuste su gráfico de barras para adaptarlo a su página y luego imprímalo en blanco y negro.

Impresión de una hoja de gráfico

1. Seleccione la hoja de Gráfico1.

2. En el menú Archivo, seleccione Preparar página.

   Se abre el cuadro de diálogo de Preparar página.

3. En el cuadro de diálogo, seleccione la ficha Gráfico.

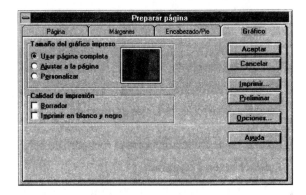

4. En el área Tamaño del gráfico impreso seleccione Ajustar la página, si es que aún no ha sido seleccionado.

5. En el área Calidad de impresión, seleccione Imprimir en blanco y negro, si es que aún no ha sido seleccionado, y luego pulse el botón Imprimir del cuadro de diálogo.

   Se abre el cuadro de diálogo de Imprimir.

6. Pulse Aceptar.

   Se abre un cuadro de diálogo indicándole que su gráfico se está imprimiendo.

Un paso más

Las líneas de división de una hoja electrónica pueden a veces quitar datos. Si está creando un informe o presentación, tal vez no desee tener en sus hojas líneas de columna o fila cuando las imprima. Puede desactivar las líneas de división en el cuadro de diálogo de Preparar página para que no aparezcan cuando imprima.

Pruebe a desactivar las retículas de su hoja Resumen; así los datos y el gráfico aparecerán sobre un fondo blanco y plano.

Desactivación de líneas de división

1. Cámbiese a la hoja Resumen.

2. Del menú Archivo, seleccione Preparar página.

   Se abre el cuadro de diálogo de Preparar página.

3. Seleccione la ficha Hoja.

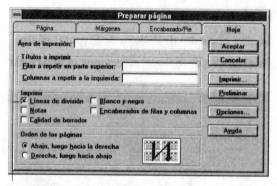

Recuadro de selección de Líneas de división

4. En el área de Imprimir, borre el recuadro de selección de Líneas de división.

5. Pulse el botón Preliminar.

   La ventana de Presentación preliminar se abre con la hoja Resumen abierta. Observe que sus datos y gráfico están ahora sobre un fondo blanco y sin líneas de división.

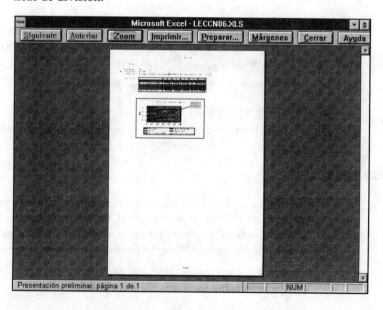

6. Pulse el botón Imprimir.

Se visualiza el cuadro de diálogo de Imprimir.

7. En el cuadro de diálogo de Imprimir, pulse Aceptar.

Para continuar con la siguiente lección

1. Seleccione Guardar en el menú Archivo.

2. Seleccione Cerrar en el menú Archivo.

Para salir de Microsoft Excel

➤ Seleccione Salir en el menú Archivo.

Si aparece el cuadro de diálogo de Guardar, pulse Sí.

Resumen de la lección

Para	Haga esto	Botón
Hacer una presentación preliminar de su hoja	Pulse el botón Presentación preliminar de la barra de herramientas Estándar. *o* En el menú Archivo, seleccione Presentación preliminar.	
Imprimir parte de una hoja	Seleccione el rango que desea imprimir. En el menú Archivo, escoja Imprimir. En el área Imprimir, pulse la opción Selección y luego escoja Aceptar.	
Ajustar su hoja en páginas concretas	Desde el menú Archivo, seleccione Preparar página. Pulse el botón Página y en el área Escala, introduzca el número del ancho de las páginas por el número del largo de las páginas. Pulse Aceptar.	
Añadir títulos de impresión	Desde el menú Archivo, seleccione Preparar página. Pulse el botón Hoja. En el área Títulos a imprimir, seleccione Columnas o Filas. Seleccione el rango que incluye los títulos de la hoja y luego escoja Aceptar.	

Para	Haga esto	Botón
Cambiar márgenes	Desde el menú Archivo, seleccione Preparar página. Pulse el botón Márgenes. En los cuadros de margen (Superior, Inferior, Izquierdo y Derecho) introduzca los márgenes que desea. Pulse Aceptar.	
Añadir un salto de página	Seleccione la fila por debajo o la columna a la derecha de donde desea tener el salto de página. Desde el menú Insertar seleccione Salto de página.	
Cambiar el orden de impresión de las páginas	Del menú Archivo, seleccione Preparar Página. Pulse el botón Hoja y, en el cuadro Orden de las páginas, seleccione una orden de impresión. Pulse Aceptar.	
Añadir o suprimir una cabecera o pie estándar	Seleccione Preparar página del menú Archivo. Pulse el botón Encabezado/Pie. Del cuadro de lista de Encabezado o Pie de página seleccione el estilo que desea o pulse Ninguno para eliminar la cabecera o pie de página. Pulse Aceptar.	
Añadir una cabecera o un pie personalizado	Seleccione Preparar página del menú Archivo. Pulse el botón Encabezado/Pie. Pulse el botón Personalizar encabezado o Personalizar pie e introduzca la información que desea. Pulse Aceptar y luego pulse de nuevo Aceptar.	
Imprimir una hoja	Seleccione Imprimir del menú Archivo. Seleccione las opciones que desea y pulse Aceptar. *o* Pulse el botón Imprimir de la barra de herramientas Estándar.	
Imprimir una hoja de gráficos	Seleccione Preparar página del menú Archivo. Pulse el botón Gráfico y, si es necesario, cambie la escala. Pulse el botón Imprimir del cuadro de diálogo. Pulse Aceptar. *o* Pulse el botón Imprimir.	

Para más información sobre	Véase *Manual del usuario de Microsoft Excel*
Imprimir	El Capítulo 14, "Impresión".
Imprimir una hoja de gráfico	El Capítulo 18, "Formato de un gráfico".

Avance de las siguientes lecciones

En la Parte 3, aprenderá a gestionar sus datos, seleccionándolos y filtrándolos para encontrar la información específica. Creará informes que harán que sus datos sean claros para otros y enlazará datos entre diferentes archivos para ahorrarle tiempo y esfuerzo al utilizar los mismos datos para distintos propósitos. En la lección siguiente "Organización de sus libros de trabajo", aprenderá a copiar y a desplazar hojas dentro y entre sus libros de trabajo, a añadir notas de celdas y cuadros de texto en sus hojas, a sumar información resumen de sus archivos y a encontrar rápidamente archivos con Microsoft Excel.

Revisión y práctica

En las leciones de la Parte 2, aprenderá las técnicas que le van a ayudar a representar gráficamente sus datos, a modificar sus gráficos, y a imprimir sus datos y gráficos. Si desea practicar estas técnicas y comprobar su comprensión antes de seguir con las lecciones de la Parte 3, puede trabajar en la sección Ejercicio de repaso que sigue a esta lección.

Parte 2.   Ejercicio de repaso

Antes de seguir con la Parte 3, la cual abarca la clasificación, la organización y enlace de sus datos y la creación de informes puede practicar las técnicas aprendidas en la Parte 2 realizando los pasos de esta sección Ejercicio de repaso. Creará un gráfico de columnas 3-D en una hoja de gráficos separada, añadirá retículas y un bloque de texto para explicar los datos y luego imprimirá la hoja y el gráfico.

Explicación de la actividad

Como parte del décimo año de historia financiera de las Ventas de la Costa Oeste, necesita crear un gráfico que muestre cómo la distribución del mercado de VCO se ha incrementado durante esa década. Ya conoce las técnicas que le permitirán crear un gráfico que muestre los cambios, así como las técnicas para asegurarse de que la información es clara y está bien presentada. Cuando haya acabado, necesitará imprimir los datos y el gráfico, así que dos de sus colaboradores podrán revisarlos y hacer sugerencias.

Repasará cómo:

■ Crear un gráfico en una hoja de gráficos separada.

■ Añadir retículas y texto a un gráfico.

■ Añadir una cabecera y un pie de página a un gráfico.

■ Visualizar e imprimir una hoja de trabajo y una hoja de gráficos.

Duración estimada del ejercicio: 15 minutos

Paso 1:   Creación de un gráfico en una hoja de gráficos separada

Utilice los datos de Año, Compañía e Industria que aparecen en la hoja de la historia de ventas durante 10 años para crear en una hoja separada un nuevo gráfico de columnas 3-D.

1.   Abra el archivo P2REVIS.XLS y guárdelo como REVISP2.XLS.

2.   Utilice la orden Gráfico y el Asistente para gráficos para crear un gráfico de columnas 3-D en una hoja separada.

  No incluya en los datos de su gráfico la fila de totales o la columna cuota de mercado.

3.   Utilice la primera columna de sus datos (la columna de año) para los rótulos del eje de categoría.

Para más información sobre	**Véase**
Crear un gráfico en una hoja para gráficos separada	La Lección 4.

Paso 2:   Modificación de su gráfico

Modifique su gráfico de columnas 3-D ya completo, añadiendo y reordenando algunos elementos del gráfico para crear un aspecto más limpio.

1. Active el gráfico y cambie el subtipo de gráfico al cuarto subtipo, el que tiene una serie enfrente de otra.

2. Añada líneas de división a todos los ejes mayores del gráfico.

3. Desplace la leyenda hasta el fondo de su gráfico.

4. Añada un cuadro de texto en la parte superior de su gráfico, inserte la descripción siguiente y centre el texto.

    Este gráfico compara el incremento de ventas VCO con la industria durante los últimos 10 años.

Para más información sobre	**Véase**
Modificar un gráfico	La Lección 5.

Paso 3:   Visualización preliminar del documento y añadir una cabecera y un pie

Añada una cabecera y un pie personalizados, y luego seleccione ambas hojas y haga una presentación preliminar antes de imprimirlas.

1. Utilice el cuadro de diálogo de Preparar página y los botones Personalizar encabezado y Personalizar pie de página para añadir la siguiente información de cabecera y pie.

    Cabecera: Ventas de la Costa Oeste; fecha; Confidencial.

    Pie: Página X; nombre de la hoja; nombre de archivo.

2. Utilice el botón Preliminar para visualizar su hoja y también la hoja para gráficos.

    Su hoja para gráficos deberá ser similar a la siguiente:

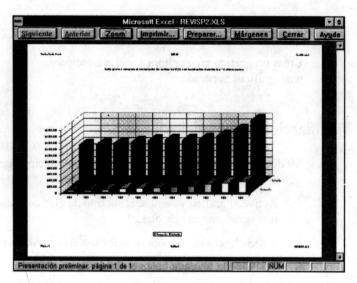

Para más información sobre   **Véase**

Añadir cabeceras y pies   La Lección 6.

Visualización previa   La Lección 6.
de su documento

Paso 4:   Impresión de una hoja

Imprima dos copias de su hoja para revisar.

➤ Cambie el número de copias a dos e imprima su documento.

Para más información sobre   **Véase**

Impresión de hojas   La Lección 6.

Para continuar con la siguiente lección

1.   Seleccione Guardar en el menú Archivo.

2.   Seleccione Cerrar en el menú Archivo.

Para salir de Microsoft Excel

➤ Seleccione Salir del menú Archivo.

Si aparece el cuadro de diálogo de Guardar, pulse Sí.

Organización
de los libros de trabajo

Cuando organice sus libros de trabajo de forma lógica, otras personas podrán comprenderlos y utilizarlos mucho mejor. Incluso si no comparte sus libros de trabajo, tiene sentido organizarlos bien por propia conveniencia. La copia o desplazamiento de hojas dentro de posiciones lógicas es uno de los aspectos de la organización de sus libros de trabajo.

La documentación de sus libros de trabajo es otro de los aspectos de su organización. Puede añadir notas de celda y cuadros de texto para comentar sus hojas y explicar fórmulas o valores concretos. También puede completar información resumen para sus archivos, y hacer que posteriormente puedan ser más fáciles de localizar y de identificar.

En esta lección, aprenderá a gestionar sus libros de trabajo copiando y desplazando hojas, a documentar su trabajo con cuadros de texto y notas de celdas y a buscar archivos.

Aprenderá a:

- Copiar y desplazar hojas para hacer que sus libros de trabajo sean más manejables.

- Documentar su trabajo con notas de celdas y cuadros de texto de información resumen.

- Encontrar archivos rápidamente, buscando información resumen.

Duración estimada de la lección: 35 minutos

Si su pantalla no coincide con las ilustraciones de esta lección, vea el Apéndice "Comparación de ejercicios".

Inicio de la lección

1. Abra el archivo 07LECCN.XLS.

2. Guarde el libro de trabajo como LECCN07.XLS.

3. Pulse el botón Maximizar de la ventana de documento, si es que ésta aún no ha sido maximizada.

Gestión de los libros de trabajo

Mientras crea un libro de trabajo, tal vez sepa qué información desea incluir, pero seguramente no conozca la mejor forma de organizarla. Por ejemplo, si está construyendo un libro que contiene varias hojas con detalles y una hoja resumen, tal vez quiera primero la hoja resumen si trabaja principalmente con el resumen o tal vez la quiera al final, si trabaja principalmente con los detalles. Con Microsoft Excel, puede comenzar fácilmente su libro de trabajo sin que la primera vez las hojas tengan que estar ordenadas. Siempre puede añadir o eliminar hojas o copiar o desplazarlas alrededor de su libro de trabajo. Por ejemplo, si ha establecido una hoja para cada uno de los distritos o zonas de su compañía, puede añadir una hoja si se abre un nuevo distrito. En la Lección 1, ya ha aprendido cómo se añaden y suprimen hojas. Ahora aprenderá a copiar y a desplazar hojas para colocarlas lo más ordenadamente posible para su trabajo.

Copia de hojas

Si tiene una hoja de un libro de trabajo que también necesita utilizar en otro, se le presentan dos opciones: Una de ellas, enlazar la hoja con el otro libro de trabajo, la aprenderá en la Lección 12, "Enlace de sus datos"; la otra sería poner una copia de la hoja en el otro libro de trabajo. También puede copiar una hoja dentro del mismo libro de trabajo, si, por ejemplo, se está construyendo un libro de trabajo con varias hojas parecidas. Si necesita actualizar con frecuencia la información de la hoja original, el enlace con la hoja le garantizará que la informacion de su hoja sea actual. Si no necesita mantener la misma información en cada hoja, bastará con copiar la hoja.

En el ejercicio siguiente, abrirá el archivo 07LECA.XLS y copiará la hoja Inventario de Fax en su archivo de práctica LECCN07.XLS.

Copia de una hoja en otro archivo

1. Abra el archivo 07LECCNA.XLS y guárdelo como LECCN07A.XLS.

2. En el archivo LECCN07A.XLS, asegúrese de que la hoja Inventario Fax es la hoja activa.

3. Seleccione <u>M</u>over o copiar hoja del menú <u>E</u>dición.

   Se abre el cuadro de diálogo de Mover o Copiar.

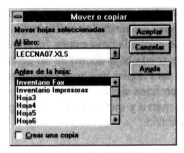

4. Pulse la flecha hacia abajo junto al cuadro Al libro, y luego seleccione LECCN07.XLS.

5. En la lista Antes de la hoja, seleccione Hoja2.

    Esto coloca la copia delante de la Hoja 2 de su libro de trabajo.

6. Seleccione la casilla de selección Crear una copia.

    Si esta casilla no fuera seleccionada, la hoja sería desplazada en lugar de copiada, con lo cual se eliminaría del libro de trabajo original.

7. Seleccione Aceptar.

    La hoja Inventario de Fax se copia en su archivo de prácticas, LECCN07.XLS, justo detrás de la hoja Inventario de Copiadoras y delante de la Hoja2. Microsoft Excel visualiza automáticamente la nueva hoja. Su libro de trabajo deberá ser similar al siguiente:

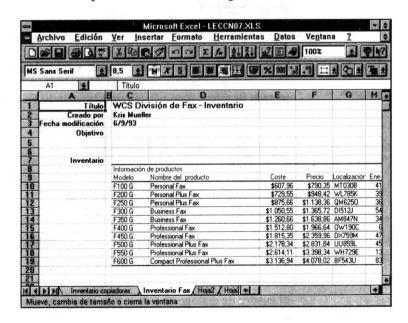

Si necesita construir otra hoja con varias características similares a una hoja existente, no necesita copiar los apartados individuales de una hoja y pegarlos en otra. Simplemente, puede copiar la hoja entera y a continuación realizar los cambios que desee. Para copiar una hoja dentro de un libro de trabajo, puede utilizar la misma orden que usó para copiar una hoja entre libros de trabajo, o puede utilizar su ratón. En los ejercicios siguientes, copiará la hoja Inventario de Fax, y luego la denominará de nuevo y modificará la copia para que ésta sea una hoja con totales para su inventario.

Copia de una hoja dentro de un libro de trabajo

1. Señale la etiqueta de la hoja Inventario de Fax, y mantenga presionada CON-TROL mientras pulsa el botón del ratón.

   Su puntero del ratón cambia a una pequeña hoja con un signo + en ella, como en el dibujo siguiente:

2. Arrastre el puntero hasta que aparezca inmediatamente delante de la hoja Inventario de copiadoras.

   El puntero tiene un pequeño triángulo que muestra dónde se copiará la hoja. Su puntero deberá estar inmediatamente delante de la hoja Inventario de copiadoras como en el dibujo siguiente:

3. Suelte el botón del ratón.

   La hoja Inventario de Fax es copiada, y a continuación se coloca en su sitio justo delante de la hoja Inventario de copiadoras. Observe que ésta es denominada de nuevo automáticamente Inventario Fax (2) como vemos a continuación:

Nueva denominación y modificación de una hoja

1. Pulse dos veces la etiqueta de hoja Inventario Fax(2).

   Se abre el cuadro de diálogo de Cambiar nombre de la hoja.

2. En el cuadro Nombre, introduzca **Inventario general**, y luego escoja Aceptar.

   El cuadro de diálogo se cierra, y su hoja tiene ahora un nuevo nombre.

3. En la celda C1, borre el texto división de Fax y luego introduzca general al final, y pulse INTRO.

4. Seleccione el rango C10:U19, y luego pulse SUPR.

Todos los contenidos de las celdas C10:U19 desaparecen de estas celdas, dejando únicamente las categorías y cabeceras de los datos de su inventario.

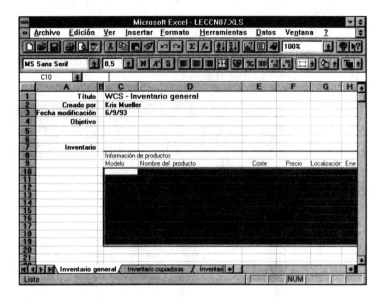

Desplazamiento de hojas

Así como se pueden copiar hojas dentro o entre libros de trabajo, también se pueden desplazar. La diferencia es que el proceso de copia deja intacta la hoja original, mientras que en el desplazamiento sólo queda una hoja en la nueva posición. Si tiene una hoja en un libro de trabajo que pertenece a otro, puede desplazarla con la orden Mover o copiar hoja. En el ejercicio siguiente, desplazará una hoja de inventario del archivo LEC07A.XLS hasta su archivo LECCN07.XLS.

Cómo desplazar una hoja entre archivos y cerrar un archivo

1. Desde el menú Ventana, seleccione LECCN07A.XLS.

El libro de trabajo de LECCN07A.XLS está ahora activo.

2. Pulse la etiqueta de la hoja Inventario de impresoras.

3. Desde el menú Edición, seleccione Mover o copiar hoja.

Se abre el cuadro de diálogo de Mover o copiar.

4. Pulse la flecha hacia abajo cerca del cuadro Al libro, y luego seleccione LECCN07.XLS.

5. Seleccione Inventario copiadoras de la lista Antes de la hoja.

Esto coloca la hoja Inventario de impresoras delante de la hoja Inventario de copiadoras en su libro de trabajo.

6. Asegúrese de que no hay ninguna X en la casilla de selección Crear una copia. Si hay una X, pulse en la casilla para eliminarla.

7. Pulse Aceptar.

La hoja Inventario de impresoras se desplaza hasta su archivo de práctica, justo delante de la hoja Inventario de copiadoras. Su libro de trabajo deberá ser similar al siguiente:

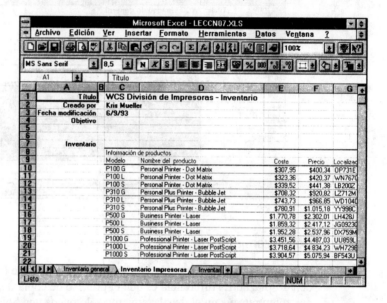

8. Desde el menú Ventana, seleccione LECCN07A.XLS.

9. Desde el menú Archivo, seleccione Cerrar.

10. En el cuadro de diálogo de Guardar modificaciones, pulse Sí.

Si sólo necesita desplazar hojas dentro de un libro de trabajo, puede arrastrarlas simplemente con el ratón. Una vez hecho esto, su puntero visualiza un pequeño símbolo de hoja cerca de él. Este puntero es similar al que vio cuando copiaba una hoja. Como ya vio en la última sección, un signo más en el símbolo de hoja indica que puede copiar una hoja dentro de su libro de trabajo. El puntero, sin el signo más, indica que puede desplazar la hoja hasta cualquier posición de su libro de trabajo.

En el ejercicio siguiente, ordenará las hojas del inventario por orden alfabético, desplazando la hoja Inventario de impresoras de forma que aparezca detrás de la hoja del Inventario de Fax.

Desplazamiento de hojas dentro de un libro de trabajo

1. Señale la etiqueta de la hoja para la hoja Inventario de impresoras, y mantenga presionado el botón del ratón.

    Su puntero deberá ser similar al siguiente:

2. Arrastre la hoja hacia la derecha de la hoja Inventario de Fax hasta que la pequeña flecha indique dónde deberá insertarse la hoja, como en la siguiente ilustración:

    Tal vez necesite desplazarse a través de los botones de hoja para ver el botón de la hoja Inventario de Fax.

3. Suelte el botón del ratón.

    La hoja Inventario de impresoras ocupa su lugar detrás de la hoja Inventario de Fax como en la ilustración siguiente:

    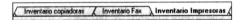

Documentación de libros de trabajo

Aunque es importante ordenar las hojas lo mejor posible, aun es más importante poder identificar inmediatamente la información de una hoja. Ya ha visto como se utilizan nombres para clarificar fórmulas, y cómo se añaden títulos y texto para explicar gráficos, pero ¿qué ocurre con las hojas en sí? Necesita asegurarse de que cualquiera que utilice sus libros de trabajo, podrá comprender cómo preparó sus fórmulas y qué datos utilizó para generar un gráfico o informe. Con las *notas de celda* y los *cuadros de texto*, puede dejar pistas de información a otra persona que los vaya a utilizar. Con el cuadro de diálogo de la *información resumen*, puede estar seguro de que esas personas sabrán lo que contiene el libro de trabajo, incluso antes de abrirlo.

Incorporación de notas de celda

A veces, una celda contiene una referencia a otra hoja o una fórmula que señala datos de otra posición. O tal vez un valor que utilice representa un número o porcentaje que se usa como dato inicial en toda una hoja. Por ejemplo, en la hoja de Presupuesto creada anteriormente, las cifras del Aumento de Ventas y del Incremento del coste de mercancías vendidas son datos iniciales, valores de los que depende el resto de la hoja. Los valores de los apartados del presupuesto Ventas y Gastos se incrementan durante el año según los porcentajes del Incremento de ventas y del Incremento del coste de mercancías vendidas. Si deja tales apartados sin documentar, otro usuario podría confundirse o incluso suprimirlos por error. Si desea estar seguro de que otro usuario sabe qué apartado en concreto está en su hoja, deberá añadir una nota en la celda adecuada, explicando para qué son los datos o qué datos utiliza la fórmula.

Puede añadir notas de celdas con la orden Notas del menú Insertar. Se pueden añadir varias notas al mismo tiempo. En el ejercicio siguiente, añadirá notas de celda a las cabeceras Precio, Totales y Valores de la hoja Inventario general para explicar cómo se construyen estas fórmulas.

Documentación de las fórmulas de precio, de totales y de valores

1. Pulse la etiqueta de la hoja Inventario general.

   Tal vez tenga que desplazarse hacia delante a través de las etiquetas de hoja para encontrarla. Añadirá primero las notas en la hoja de los totales.

2. Seleccione la celda F9, la celda que contiene la cabecera Precio.

3. En el menú Insertar, seleccione Notas.

   Se abre el cuadro de diálogo de Notas.

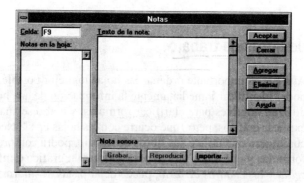

4. En el cuadro Texto de la nota, introduzca **Precio igual a Coste * 130%**, y luego pulse el botón Agregar.

5. Pulse dos veces el cuadro Celda, y luego pulse la celda T9 de la hoja.

   Esta celda contiene la cabecera Totales.

6. Seleccione y borre el texto del cuadro Texto de la nota, y luego introduzca **Este número representa todo el inventario al cabo del año, con las previsiones de septiembre a diciembre.**

7. Pulse el botón Agregar.

8. Pulse dos veces el cuadro Celda, y luego pulse la celda U9 de la hoja.

Esta celda contiene la cabecera Valores.

9. En el cuadro Texto de la nota, seleccione y borre el texto, y luego introduzca **Valores es igual a Precio * Totales**, y luego pulse el botón Agregar.

10. Seleccione Aceptar.

El cuadro de diálogo de Notas se cierra y los indicadores de nota (puntos rojos en la esquina superior derecha de cada celda) se añaden a las celdas F9, T9 y U9. Su hoja deberá ser como la siguiente:

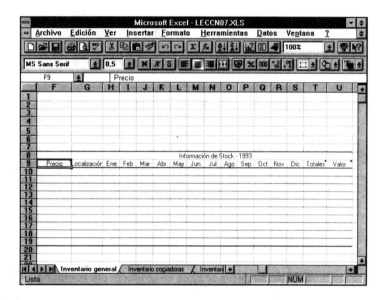

Si tiene varias hojas con los mismos datos y desea estar seguro que las notas de celda que añadió en una hoja aparecen en las otras, copie simplemente las celdas que contienen las notas en las otras hojas. En el ejercicio siguiente, copiará en las hojas Inventario de impresoras, Inventario de Fax, Inventario de copiadoras, toda la fila de cabecera de la hoja Inventario general.

Copia de las notas de celda en las otras hojas

Copiar

1. En la hoja Inventario general, seleccione C9:U9, y luego pulse el botón Copiar de la barra de herramientas.

2. Pulse la etiqueta de la hoja Inventario de copiadoras, y seleccione la celda C9.

3. Del menú Edición, seleccione Pegado especial.

Se abre el cuadro de diálogo de Pegado especial.

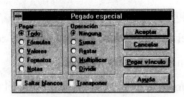

4. En el cuadro de diálogo de Pegado especial, debajo de Pegar, seleccione Notas, y luego pulse Aceptar.

   El cuadro de diálogo se cierra, y las notas se añaden a las celdas C9:U9.

5. Repita los pasos del 2 al 4 para las hojas Inventario de Fax e Inventario de impresora.

   Las notas de celda de la hoja Inventario general se copian en las hojas Inventario de Fax e Inventario de impresoras.

Incorporación de notas con cuadros de texto

Cuando haya acabado de crear una nueva hoja, podría querer añadir algún texto que explique para qué es la hoja o qué representan las distintas secciones de la hoja. Aunque puede introducir el texto en una celda de la hoja, éste podría no estar visible todo el tiempo si el texto es muy extenso. La cantidad de texto visible está determinado por el ancho de columna, y tal vez no quiera ensanchar la columna. En lugar de introducir su texto en una celda, puede añadir un cuadro de texto. Con ello, puede introducir todo el texto que quiera y manipular el tamaño del cuadro de texto, sin afectar al resto de la hoja.

En los ejercicios siguientes, añadirá un cuadro de texto para explicar los códigos de producto de la hoja Inventario de copiadoras, y luego copiará el cuadro de texto y lo modificará en las otras hojas de inventarios.

Explicación de los códigos de producto del inventario

1. Pulse la etiqueta de la hoja Inventario de copiadoras.

2. Pulse el botón Cuadro de texto de la barra de herramientas Estándar.

   Su puntero cambia a una pequeña cruz cuando se encuentra en el área de la hoja.

Cuadro de texto

3. Arrástrelo para crear un cuadro que abarque aproximadamente las celdas D27:I31.

   Aparece un cuadro de texto, preparado para introducir texto.

4. En el cuadro de texto, introduzca lo siguiente:

   X00 BARRA ESPACIADORA BARRA ESPACIADORA **Copiadora básica** INTRO.

   X10 BARRA ESPACIADORA BARRA ESPACIADORA **Copiadora básica más bandejas extra** INTRO.

   X20 BARRA ESPACIADORA BARRA ESPACIADORA **Copiadora básica más bandejas extra, Alimentador automático, Clasificador.**

5. Pulse donde quiera fuera del cuadro de texto.

Copia del cuadro de texto en las otras hojas del inventario

Copiar

1. Pulse una vez el cuadro de texto para seleccionarlo, y luego pulse el botón Copiar de la barra de herramientas.

2. Pulse la etiqueta de la hoja Inventario de Fax, y luego pulse el botón Pegar de la barra de herramientas.

Pegar

   El cuadro de texto se pega a la hoja Inventario de Fax. La posición no es importante en este momento; más tarde podrá colocarlo en su lugar y modificar el texto.

3. Pulse la etiqueta de la hoja Inventario de impresoras, y luego pulse de nuevo el botón Pegar de la barra de herramientas.

   El cuadro de texto se pega también en la hoja Inventario de impresoras. A continuación, ajustará la posición del cuadro de texto y actualizará el texto para que coincida con los códigos de impresora.

Desplazamiento y modificación del cuadro de texto

1. Arrastre el cuadro de texto por su borde hacia abajo hasta el rango D27:G31.

2. Pulse dos veces dentro del cuadro de texto para activar el punto de inserción.

3. Seleccione todo el texto del cuadro e introduzca lo siguiente:

   G BARRA ESPACIADORA BARRA ESPACIADORA **Modelo básico de impresora** INTRO.

   L BARRA ESPACIADORA BARRA ESPACIADORA **Modelo básico de impresora más bandejas extra** INTRO.

   S BARRA ESPACIADORA BARRA ESPACIADORA **Modelo básico de impresora más bandejas extra y contrato ampliado de mantenimiento.**

   Su hoja deberá ser similar a la siguiente:

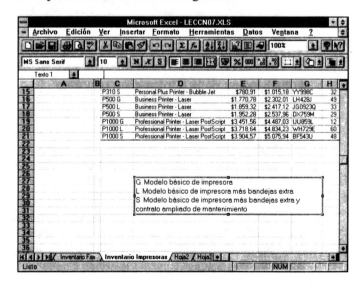

4.   Pulse la etiqueta de la hoja Inventario de Fax.

5.   Arrastre el cuadro de texto por su borde hacia abajo, sobre el rango D27:H31.

6.   Pulse el cuadro de texto para activar el punto de inserción.

7.   Seleccione todo el texto del cuadro de texto e introduzca lo siguiente:

X00 BARRA ESPACIADORA BARRA ESPACIADORA **Fax básico** INTRO.

X50 BARRA ESPACIADORA BARRA ESPACIADORA **Fax básico más repetición de llamada automática, alimentación de memoria.**

Su hoja deberá ser similar a la siguiente:

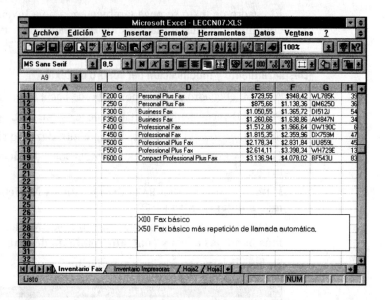

8.   Pulse fuera del cuadro de texto para prepararse para el ejercicio siguiente.

Actualización de la información resumen

Ahora que ha colocado sus páginas en el orden correcto y ha documentado su información para futuros usuarios ¿cómo puede estar seguro de que el archivo en sí será identificable? Si posee archivos con nombres similares o datos parecidos en las hojas, es difícil con frecuencia determinar qué archivo necesita. Si se toma el tiempo de rellenar y actualizar la información resumen de un archivo, hará que esto le resulte más fácil a usted y a otros.

Puede actualizar la información resumen al guardar por primera vez el archivo o cuando utilice la orden Resumen del menú Archivo. En el cuadro de diálogo de Resumen, puede especificar un título para su hoja, un asunto, un autor, algunas palabras claves y algunos comentarios sobre el archivo. En la sección Comentarios, puede añadir información como por ejemplo, la última persona que actualizó el archivo. En el ejercicio siguiente, actualizará la información resumen para que su archivo incorpore una descripción más detallada y cualquier otra información.

Incorporación de una descripción y palabras clave en su archivo

1. Desde el menú Archivo, seleccione Resumen.

    Se abre el cuadro de diálogo de Resumen.

2. En el cuadro Titulo, introduzca **Inventario de VCO para 1994-Todas las divisiones.**

3. En el cuadro Asunto, introduzca **Inventarios de Copiadoras, Fax e Impresora.**

4. En el cuadro Autor, introduzca su nombre.

5. En el cuadro Palabras clave, introduzca **Inventario.**

6. En el cuadro Comentario, introduzca **Incluye previsiones desde septiembre hasta diciembre de 1994.**

7. Pulse Aceptar.

    El cuadro de diálogo de Resumen se cierra y guarda su nueva información resumen.

Búsqueda de archivos

La organización no aporta nada bueno si aún no es capaz de localizar su archivo cuando lo necesita. Puede buscar a través de listas de nombres de archivo, pero tal vez tenga algún problema a la hora de identificar el archivo que desea. Sin embargo, con la orden Buscar archivo del menú Arhivo, puede especificar un nombre de archivo y un directorio. Con el botón Búsqueda avanzada puede especificar un título, un asunto, un nombre de autor, algunas palabras claves u otra información de su archivo que le ayude a encontrarlo.

En el ejercicio siguiente, utilice la orden Buscar archivo para localizar un archivo de inventario de Microsoft Excel y luego visualizarlo previamente.

Nota   Si ya ha utilizado la orden Buscar archivo para buscar un archivo, Microsoft Excel buscará de nuevo automáticamente ese archivo cuando seleccione dicha orden. Si aparece un cuadro de diálogo que le dice que está buscando a través de sus directorios, espere un momento. El cuadro de diálogo extendido de Buscar archivo se abrirá con los resultados de la búsqueda. En ese momento, pulse el botón Buscar y continúe con el paso 2.

Búsqueda y apertura de un archivo

1. Desde el menú Archivo, seleccione Buscar archivo.

    Se abre el cuadro de diálogo.

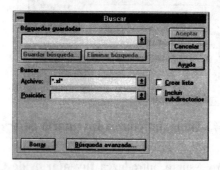

2. En el cuadro Archivo, introduzca ***.XLS**.

    Esto buscará cualquier archivo que tenga la extensión XLS.

3. En el cuadro Posición, introduzca **c:\excel\practica**.

    Este es el directorio que contiene sus archivos de ejercicios. Si éstos están en otro directorio, introduzca ese directorio.

4. Pulse Aceptar.

    Se abre un cuadro de diálogo, mostrando el estado de la búsqueda. El cuadro de diálogo de Buscar archivo se extiende para visualizar la lista de archivos encontrados y una ventana de visualización previa.

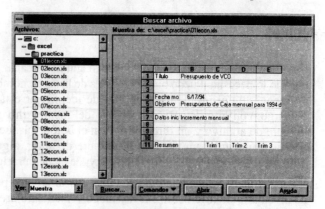

5. En el cuadro Ver, seleccione Info. archivo.

En lugar de una muestra, el cuadro de diálogo de Buscar archivo visualiza información sobre los archivos.

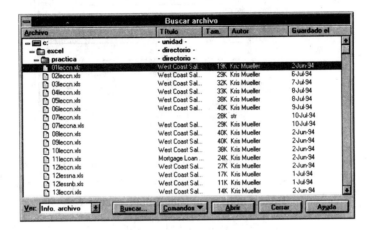

Búsqueda de un archivo según su tema

1. En el cuadro de diálogo de Buscar archivo, pulse el botón Buscar.

Se abre el cuadro de diálogo de Buscar.

2. En el cuadro de diálogo, pulse el botón Búsqueda avanzada.

Se abre el cuadro de diálogo de Búsqueda avanzada.

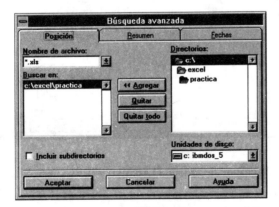

3. En el cuadro de diálogo, seleccione el botón Resumen.

Las opciones de Resumen aparecen en el cuadro de diálogo de Búsqueda avanzada como en la siguiente ilustración:

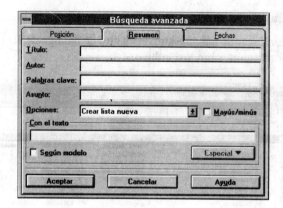

4. En el cuadro Con el texto, introduzca **inventario**.

5. Pulse la flecha hacia abajo junto al cuadro de lista Opciones y seleccione Buscar sólo en la lista. Luego escoja Aceptar.

6. En el cuadro de diálogo de Buscar, seleccione Aceptar.

   Se abre de nuevo el cuadro de diálogo de Buscar archivo y aparecen los resultados de su búsqueda.

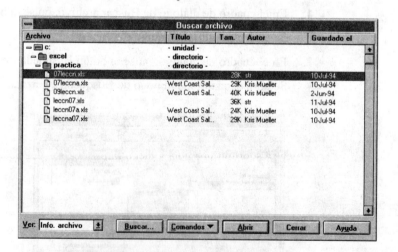

7. Seleccione de la lista el archivo 07LECCNA.XLS.

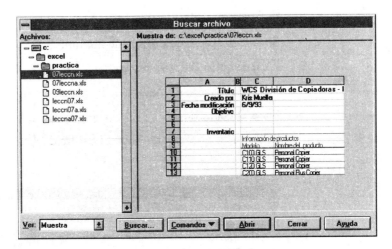

8. Pulse la flecha hacia abajo cerca del cuadro de lista Ver y a continuación seleccione Muestra.

    Aparece una muestra del archivo 07LECCNA.XLS.

9. En el cuadro de diálogo de Buscar archivo, pulse el botón Cerrar.

    Esto cierra el cuadro de diálogo de Buscar archivo.

Un paso más

Si piensa que no necesita una nota en concreto, puede suprimirla fácilmente, dejando las otras intactas. Si desea conservar un registro de papel con sus notas de celda, tendrá que imprimirlas por separado. Las notas de celda no se imprimen cuando imprime el resto de la hoja.

Pruebe a suprimir una nota y luego imprima todas sus notas de celda para la hoja.

Cómo suprimir una nota de celda e imprimir el resto

1. Cámbiese a la hoja Inventario de copiadoras y, desde el menú Insertar, seleccione Notas.

    Se abre el cuadro de diálogo de Notas.

2. En la lista Notas en la hoja, seleccione F9, y luego pulse el botón Eliminar. Pulse Aceptar para confirmar la supresión.

    La nota queda eliminada de la lista.

3. Seleccione Aceptar para cerrar el cuadro de diálogo.

    La marca de nota queda eliminada de la celda F9 de su hoja.

4. En el menú Archivo, seleccione Imprimir.

   Se abre el cuadro de diálogo de Imprimir.

5. Pulse el botón Preparar página.

   Se abre el cuadro de diálogo de Preparar página.

6. Pulse el botón Hoja.

   Se abren las opciones de Hoja. El cuadro de diálogo deberá ser similar al siguiente:

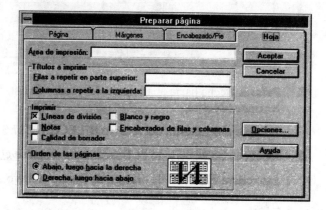

7. En el área de Imprimir, pulse el recuadro de comprobación de Notas para poner una X en el cuadro.

8. Seleccione Aceptar, y luego escoja de nuevo Aceptar en el cuadro de diálogo de Imprimir.

   Los cuadros de diálogo de Preparar página e Imprimir se cierran y sus notas se imprimen.

Para continuar con la siguiente lección

1. Seleccione Guardar del menú Archivo.

2. Mantenga presionada DESPL, y luego desde el menú Archivo, seleccione Cerrar todo.

Para salir de Microsoft Excel

➤ Seleccione Salir del menú Archivo.

Si aparece el cuadro de diálogo de Guardar, pulse Sí.

Resumen de la lección

Para	Haga esto	Botón
Copiar una hoja en otro archivo	Seleccione la hoja a copiar. Desde el menú Edición, seleccione Mover o copiar hoja. En el cuadro de diálogo de Mover o copiar hoja, seleccione un nombre de archivo de destino, y seleccione dónde desea añadir la nueva hoja. Seleccione el cuadro de comprobación Crear una copia, y luego pulse Aceptar.	
Copiar una hoja dentro de un libro de trabajo	Mantenga presionado CONTROL y arrastre el botón de hoja hasta otra posición de su libro de trabajo.	
Renombrar una hoja	Pulse dos veces el botón de hoja. En el cuadro Cambiar nombre, introduzca el nuevo nombre y pulse Aceptar.	
Desplazar una hoja hasta o desde otro libro de trabajo	Seleccione la hoja que desea desplazar. Desde el menú Edición seleccione Mover o copiar hoja. En el cuadro de diálogo de Mover o copiar seleccione un nombre de archivo de destino y seleccione el lugar en que desea añadir la nueva hoja. Borre el recuadro de comprobación de Crear una copia y pulse Aceptar.	
Desplazar una hoja dentro de un libro de trabajo	Arrastre el botón de hoja a otra posición de su libro de trabajo.	
Añadir una nota de celda	Seleccione una celda, y luego desde el menú Insertar, seleccione Notas. Introduzca su nota en el cuadro Texto de la nota, y luego pulse Agregar. Seleccione Aceptar.	
Añadir un cuadro de texto	Pulse el botón Cuadro de texto de la barra de herramientas Estándar, y arrástrelo para crear el cuadro de texto. Introduzca su texto, y luego pulse fuera de dicho cuadro.	🗎
Actualizar la información resumen	Desde el menú Archivo, seleccione Resumen. Introduzca la información que desea y luego pulse Aceptar.	

Para	Haga esto	Botón
Buscar un archivo	Desde el menú Archivo, seleccione Buscar archivo. En el cuadro de diálogo, pulse el botón Buscar. En el cuadro de diálogo de Buscar, introduzca la información que desea buscar, y luego pulse Buscar.	

Para más información sobre	Véase *Manual del usuario de Microsoft Excel*
Copiar y desplazar hojas	El Capítulo 7, "Utilización de libros de trabajo".
Añadir notas de celdas	El Capítulo 38, "Solución de problemas e introducción de notas en una hoja de cálculo".
Añadir cuadros de texto	El Capítulo 13, "Creación de objetos gráficos en hojas de cálculo y en gráficos".
Actualizar la información resumen	El Capítulo 6, "Administración de los archivos de libros de trabajo".
Buscar un archivo	El Capítulo 6, "Administración de los archivos de libros de trabajo".

Avance de la siguiente lección

En la siguiente lección, "Ordenación y gestión de listas", aprenderá a ordenar sus datos según criterios diferentes y a filtrar sus datos para que muestren únicamente la información que necesita. Entonces creará subtotales en unos cuantos pasos rápidos.

Ordenación y gestión de listas

Una de las cosas que probablemente hará con frecuencia en Microsoft Excel es ordenar y gestionar listas de datos. Los datos de la siguiente ilustración están organizados dentro de una lista, con cabeceras de columna que definen *campos* y filas que contienen *registros*. Un campo es un elemento específico de información de su lista de datos como por ejemplo, el Num Emp del empleado, Apellido, Nombre y Empleo. Un registro contiene toda la información sobre un apartado concreto de su lista. En la ilustración, un registro contiene toda la información personal de una persona, incluyendo el número del empleado, apellido, nombre, empleo, departamento, sección, salario, fecha de comienzo y fecha de nacimiento. Se denomina *base de datos* a una lista completa de datos organizada en campos y registros como por ejemplo, la lista de empleados de la ilustración siguiente:

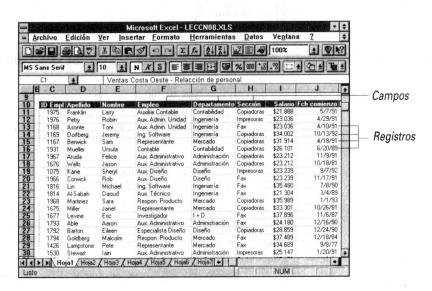

Siempre que tenga una base de datos con personas, lugares o productos, necesita una forma de filtrarlo todo y quedarse con la información específica que necesita en cada momento. También necesita poder ordenar los datos según criterios concretos. Por ejemplo, si fuera a preparar un informe sobre los empleados que trabajan en el departamento administrativo, tendría que poder visualizar en su lista únicamente dicho departamento. Microsoft Excel proporciona dos herramientas útiles para localizar la información específica de una lista: el *filtrado* y la *ordenación.* Con estas herramientas, podrá ordenar y filtrar fácilmente los datos de su hoja.

En esta lección, aprenderá a filtrar sus datos con Filtrado automático para sacar únicamente los datos que necesita. También aprenderá a ordenar los datos fácilmente con varios niveles de ordenación.

Aprenderá a:

- Utilizar el filtrado automático para visualizar sólo los datos que necesita.

- Ordenar los datos según criterios específicos.

Duración estimada de la lección: 20 minutos

Si su pantalla no coincide con las ilustraciones de esta lección, vea el Apéndice "Comparación de ejercicios".

Inicio de la lección

1. Abra el archivo 08LECCN.XLS.

2. Guarde el libro de trabajo como LECCN08.XLS.

3. Pulse el botón Maximizar de la ventana de documento, si es que ésta aún no ha sido maximizada.

Filtración de listas para mostrar únicamente los datos que necesita

Cuando trabaja con una base de datos, necesita poder encontrar rápidamente la información. Tal vez tenga una lista con números de teléfono de clientes o códigos de productos y descripciones. Si necesita encontrar todos los números de teléfono en un código de área o todos los códigos de producto que representan impresoras, probablemente no querrá examinar toda la lista y escoger los nombres manualmente. Puede utilizar los nombres de campo de su base de datos para filtrar sus datos automáticamente y mostrar únicamente los registros que necesita.

Para hacer esto, seleccione cualquier celda de su lista, y luego utilice la orden Filtro automático para conectar el filtrado automático. Cuando filtra una lista automáticamente, puede seleccionar cualquier celda y toda la lista alrededor de la celda quedará seleccionada, tal como ocurre cuando utiliza el botón AutoSuma para totalizar un rango automáticamente. Luego filtre los datos, utilizando los nombres de campo para mostrar únicamente los registros que necesita. Cuando haya acabado de filtrar los datos, desconecte el filtrado automático. En los ejercicios siguientes, utilice la orden Filtro automático para preparar el filtrado de sus datos, y a continuación seleccione los criterios que desea utilizar para filtrar sus datos.

Preparación de los datos para su filtrado

1. Seleccione la celda C10.

Puede seleccionar cualquier celda de su lista para seleccionar el rango completo.

2. Desde el menú Datos, seleccione Filtros, y luego escoja Filtro automático.

El rango adyacente a su celda seleccionada es tomado como la base de datos que desea filtrar. Los botones de flecha de filtro aparecen junto a los rótulos de sus columnas, similares a los de la siguiente ilustración:

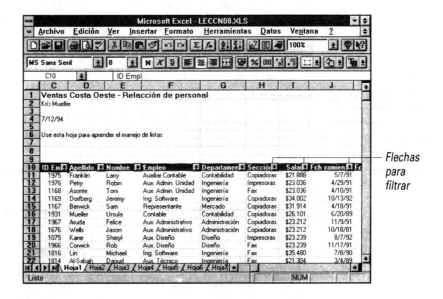

— Flechas para filtrar

Nota Tal vez vea un cuadro de diálogo preguntándole si desea utilizar la fila superior como su cabecera. Pulse Aceptar para seguir.

---

3. Pulse la flecha para filtrar de la celda H10, donde se encuentra el rótulo de columna, Sección.

Seleccione el rótulo sección de la columna de forma que pueda filtrarlo todo salvo una sección de la lista. Se despliega una lista de criterios, mostrando las opciones entre las que puede escoger.

Existen cuatro opciones que siempre aparecen en su lista de criterios. Las opciones Todas, Personalizadas, Vacías y NoVacías le permiten mostrar todos los registros, únicamente los registros que satisfacen criterios personalizados, todos los registros en blanco o todos los registros que contienen información. Además de estas cuatro opciones, cualquier otra palabra, código o número que aparezca en la columna que seleccione para filtrar aparecerá una vez en la lista de criterios. Puede seleccionar cualquiera de las opciones estándar o las opciones de su lista de datos para que sea el criterio que filtre sus datos.

Cuando seleccione un elemento de la lista de criterios, todos los otros datos se sacan de su hoja. En los ejercicios siguientes, sacará todos los empleados salvo aquellos que aparecen en la sección Copiadoras, y luego todos excepto los empleados de contabilidad de la sección Copiadoras.

Cómo filtrarlo todo salvo la sección de Copiadoras

➤ Seleccione Copiadoras de la lista.

Se elimina y filtra cada fila de su base de datos excepto los registros de la sección Copiadoras. Los otros registros aún existen, pero por el momento están ocultos. Observe que los números visibles de fila desde el 11 al 124 ya no son continuos, y que la flecha de filtrado de la columna Sección aparece sobre su hoja en color azul, mientras que las otras aún están en negro. Su hoja deberá ser como la siguiente:

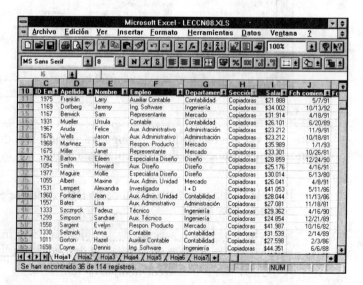

Cómo filtrarlo todo excepto el departamento de contabilidad de la sección Copiadoras

➤ Pulse la flecha de filtrar de la celda G10, y luego seleccione Contabilidad de la lista.

La hoja mostrará el personal de contabilidad de la sección Copiadoras.

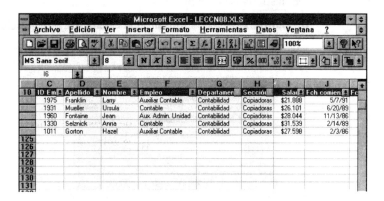

Seleccionando Todas, puede visualizar de nuevo sus datos en las columnas que tengan criterios filtrados. O puede utilizar la orden Filtros del menú Datos y luego seleccionar Mostrar todo. En el ejercicio siguiente, restablezca sus datos para incluir todos los departamentos y todas las secciones, y luego extraer de la lista, únicamente el grupo de auxiliares administrativos.

Restablecimiento de los datos y extracción de todo el grupo de auxiliares administrativos

1. Desde el menú Datos, seleccione Filtros y luego escoja Mostrar todo.

    Todos los departamentos y secciones aparecen de nuevo en la hoja.

2. Pulse la flecha de filtrar en la celda F10, y luego seleccione Aux. Admin. Unidad de la lista.

    Sólo aparecerá en la hoja los auxiliares administrativos de unidad.

Utilización de filtros personalizados para buscar datos

Aunque normalmente puede encontrar la información que necesita seleccionando un solo elemento de una lista a filtrar, a veces necesita buscar registros que coincidan con un conjunto de criterios personalizado. Si, por ejemplo, necesita buscar cada persona de su lista que empezó desde el 9 de noviembre de 1991, puede seleccionar Personalizadas de la lista a filtrar en Fecha de comienzo, y luego colocar ">= 9/11/91" en el cuadro de diálogo de Filtros personalizados. Utilice operadores como un signo igual (=), el signo mayor que (>) y el signo menor que (<) para determinar sus criterios personalizados. En el ejercicio siguiente, busque en sus datos todos los empleados que tengan el título "Aux. Administrativo" o "Aux. Admin. Unidad."

Búsqueda de todos los auxiliares administrativos y de los auxiliares administrativos de grupo

1. Pulse la flecha de filtrar de la celda F10, y luego seleccione Personalizadas.

Se abre el cuadro de diálogo de Filtros personalizados.

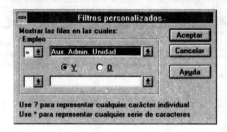

2. En el área Posición, asegúrese de que selecciona "=" en el cuadro superior del operador.

3. Pulse la flecha hacia abajo junto al recuadro de criterios, y luego seleccione Aux. Administrativo.

4. Pulse el botón de opción O.

5. Pulse la flecha hacia abajo junto al recuadro de operador inferior, y luego seleccione "=".

6. Pulse la flecha hacia abajo junto al recuadro inferior de lista de criterios, y luego seleccione Aux. Admin. Unidad.

El cuadro de diálogo de Filtros personalizados deberá ser similar a este:

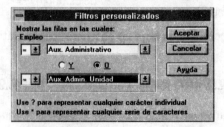

7. Pulse Aceptar.

Sus datos son filtrados para mostrar únicamente los auxiliares administrativos y los auxiliares administrativos de unidad.

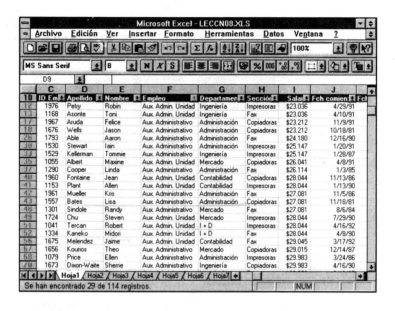

Para desactivar el filtro

1. Seleccione Filtros del menú Datos, y luego escoja Mostrar todo.

2. Seleccione Filtros del menú Datos, y luego escoja Filtro automático.

Las flechas de filtrar, que aparecen con los rótulos de columna, desaparecen.

Ordenación de datos

Cuando quiere visualizar o imprimir su lista de registros en un orden concreto, necesita ordenar sus datos. La ordenación funciona en cierto modo como el filtrado (se selecciona el rango que se desea ordenar, y luego se usan nombres para definir cómo desea ordenar sus datos). Puede ordenar los datos por cualquier nombre de campo de la base de datos. El nombre de campo o criterio que utilice para ordenar se denomina *clave de ordenación.* Para ordenar un rango, puede seleccionar cualquier celda dentro del rango, y luego utilizar la orden Ordenar. Cuando escoja dicha orden, se seleccionará para su ordenación el rango que rodea la celda activa.

En el ejercicio siguiente, ordene su lista de personal por sección, de forma que primero vea todos los empleados de la sección Copiadoras, luego los de la sección Fax, y luego los de la sección Impresoras.

Ordenación de la lista de personal por secciones

1. Seleccione la celda C10, si es que aún no ha sido seleccionada.

Para seleccionar toda la base de datos para su ordenación, puede seleccionar cualquier celda de la base de datos.

2. Desde el menú <u>D</u>atos, seleccione <u>O</u>rdenar.

Se abre el cuadro de diálogo de Ordenar.

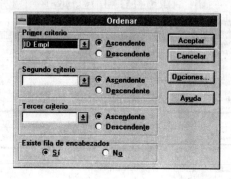

3. En el área Primer criterio, pulse la flecha hacia abajo, y luego seleccione Sección de la lista.

Como desea que todos los otros campos sean ordenados según el campo Sección, utilice Sección como la clave principal de ordenación.

4. Asegúrese de que los recuadros Segundo criterio y Tercer criterio están en blanco, y luego escoja Aceptar.

Su lista se ordena alfabéticamente por secciones, comenzando primero por la sección Copiadoras, siguiendo con la sección Fax y terminando por la sección Impresoras.

Nota A diferencia del filtrado, la ordenación de la base de datos desplaza las filas a una nueva posición. Si no desea reordenar sus datos, utilice la orden Deshacer Ordenar del menú Edición para restablecer la base de datos a su ordenación original.

A veces, deseará utilizar más de un criterio de ordenación o clave de ordenación. Sus datos están ordenados por secciones, pero ¿qué orden tienen dentro de la sección? Puede utilizar varias claves de ordenación para estar seguro de que sus datos se visualizan en el orden correcto. También puede cambiar el tipo de ordenación para ordenarlos en orden *descendente*, de la Z a la A, en lugar de hacerlo en orden *ascendente*, de la A a la Z. En el ejercicio siguiente, ordene de nuevo sus datos, pero esta vez en un orden ascendente por sección, y en orden descendente por salarios.

Ordenación de la lista de personal por secciones y luego por salarios

1. Desde el menú de <u>D</u>atos, seleccione <u>O</u>rdenar.

Se abre el cuadro de diálogo de Ordenar.

2. Asegúrese de que Sección está aún en el recuadro Primer criterio.

3. Pulse la flecha hacia abajo junto al recuadro Segundo criterio, seleccione Salario y luego seleccione la opción Descendente.

4. Escoja Aceptar.

Sus datos están ordenados primero alfabéticamente por secciones, y luego por salarios desde el salario más alto al más bajo dentro de cada sección. Su hoja deberá ser como la siguiente:

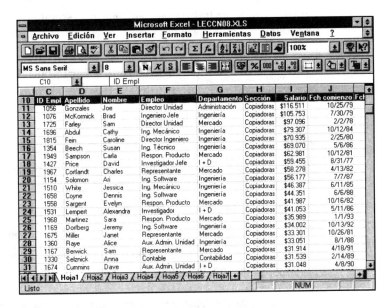

Un paso más

Aunque el cuadro de diálogo de Ordenar le permite ordenar con sólo tres claves, tal vez desee ordenar una lista larga o compleja con más de tres claves de ordenación. Si necesita más claves de ordenación para ordenar su lista adecuadamente, puede ordenar sus datos más de una vez. Para realizar con éxito una ordenación que tenga más de tres claves, necesita ordenar primero por categorías más pequeñas y luego por categorías más grandes.

En la lista de personal con la que ha estado trabajando en esta lección, tiene columnas para el Apellido, Empleo, Sección y Departamento. Para ordenar los registros en el orden Sección, Departamento, Empleo, y Apellido, tendría que realizar dos ordenaciones. Para la primera, tendría que utilizar las categorías más pequeñas: Departamento, Empleo y Apellido. Luego, para la segunda ordenación, tendría que utilizar la categoría más grande: Sección.

Con dos ordenaciones, puede ordenar con los cuatro criterios, siempre que realice las ordenaciones en el orden correcto. En otras palabras, si desea que su información esté ordenada por departamentos dentro de cada sección, por el empleo dentro de cada departamento y por apellido dentro de cada empleo, tendrá que poner la primera vez que ordene, Departamento en el cuadro Primer criterio, luego Empleo en el cuadro Segundo criterio y apellido en el cuadro Tercer criterio; y para la segunda ordenación, coloque Sección en el cuadro Primer criterio. Cualquier cosa que ordene en la segunda ordenación tendrá prioridad sobre lo que se ordene en la primera ordenación.

Pruebe a ordenar la lista del personal por Sección, Departamento, Empleo, y Apellido.

Ordenación por Sección, Departamento, Empleo y Apellido

1. Seleccione la celda C10, y luego desde el menú Datos, seleccione Ordenar.

    Se abre el cuadro de diálogo de Ordenar.

2. En el área Primer criterio, seleccione Departamento.

3. En el cuadro Segundo criterio, seleccione Empleo, y seleccione el botón de opción Ascendente.

4. En el cuadro Tercer criterio, seleccione Apellido.

5. Pulse Aceptar.

    Sus datos se ordenan alfabéticamente por Departamento, luego por Empleo y, por último, por Apellido. Su lista deberá ser similar a la siguiente:

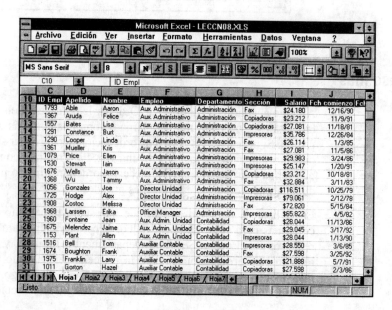

6. Desde el menú Datos, seleccione de nuevo Ordenar.

Se abre el cuadro de diálogo de Ordenar.

7. En el área Primer criterio, seleccione Sección.

8. Seleccione (ninguno) del recuadro Segundo criterio.

9. En el cuadro Tercer criterio, seleccione (ninguno), y luego escoja Aceptar.

Sus datos se ordenan por Sección, con las categorías Departamento, Empleo y Apellido previamente ordenadas, aún en orden bajo la nueva clasificación. Su lista deberá ser similar a la siguiente:

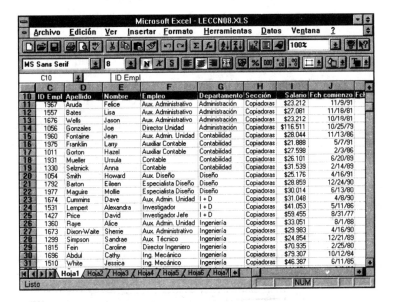

Para continuar con la siguiente lección

1. Seleccione Guardar en el menú Archivo.

2. Seleccione Cerrar en el menú Archivo.

Para salir de Microsoft Excel

➤ Seleccione Salir en el menú Archivo.

Si aparece el recuadro de diálogo de Guardar, pulse Sí.

Resumen de la lección

Para	Haga esto
Filtrar datos	Seleccione cualquier celda de su base de datos. Desde el menú Datos, seleccione Filtros, y luego escoja Filtro automático. Utilice las flechas de filtrar para elegir sus criterios.
Utilizar varios criterios para filtrar datos	Desde el menú Datos, seleccione Filtros y luego escoja Filtro automático. Pulse la flecha de filtrar y seleccione Personalizados. En el cuadro de diálogo de Filtros personalizados, seleccione los operadores y criterios que desee y a continuación escoja Aceptar.
Mostrar todos los datos	Desde el menú Datos, escoja Filtros, y luego séleccione Mostrar todo.
Desactivar Filtro automático	Desde el menú Datos, escoja Filtros y luego seleccione Filtro automático.
Ordenar datos	Seleccione cualquier celda de la base de datos, y luego desde el menú Datos, escoja Ordenar. En el cuadro de diálogo de Ordenar, seleccione los criterios que desee y a continuación pulse Aceptar.

Para más información sobre	Véase *Manual del usuario de Microsoft Excel*
Filtrar listas y ordenar datos	El Capítulo 21, "Ordenar y Filtrar datos en una lista".

Avance de la siguiente lección

En la lección siguiente, "Creación de informes", aprenderá a resumir su hoja para ver diferentes niveles de detalle y a consolidar sus datos para presentar una panorámica, en lugar de la información detallada en un informe.

Creación de informes

Si utiliza Microsoft Excel en un marco de organización o empresa, necesitará compartir la información de sus libros de trabajo con otras personas. Normalmente, la presentación de sus datos a otros implica el uso de un informe. Microsoft Excel hace que le resulte fácil producir informes lógicos y claros al proporcionarle formas para que resuma o consolide sus datos. Los informes raramente constan de todos los detalles; en vez de ello, los informes muestran una panorámica, una tendencia o una sinopsis con datos de apoyo en el segundo plano. En esta lección, aprenderá a crear subtotales para hallar la información que necesita cuando la necesite, a modificar las lineas generales de su hoja para resumir la información que desea, y a consolidar sus datos para producir un cuadro conciso pero preciso de éstos.

Aprenderá a:

- Crear resúmenes rápidos de informes.

- Resumir sus datos para mostrar el nivel de detalle que necesita.

- Crear informes consolidando varias hojas con datos similares.

Duración estimada de la lección: 25 minutos

Si su pantalla no coincide con las ilustraciones de esta lección, vea el Apéndice, "Comparación de ejercicios".

Inicio de la lección

1. Abra el archivo 09LECCN.XLS.

2. Guarde el libro de trabajo como LECCN09.XLS.

3. Pulse el botón Maximizar de la ventana de documento, si es que ésta aún no ha sido maximizada.

Creación de informes resumen

Cuando prepara un informe u organiza sus datos, necesita con frecuencia resumir la información. Sin que importe si se trata de una cuestión de cuántas copiadoras se vendieron, de cuánto totalizaron las ventas o de cuántos productos se han fabricado en una sección concreta, necesitará añadir espacio en su hoja para los totales y luego crear una fórmula que resuma su información. Con Microsoft Excel 5, puede sumar subtotales automáticamente, sin tener que añadir manualmente espacio para ellos o introducir una fórmula.

También necesita una forma de mostrar únicamente la información que necesite en su informe. En lugar de mostrar todos los detalles de su hoja, puede determinar el nivel de detalle que aparecerá en su informe cuando utilice subtotales y un resumen de hoja. Puede mostrar toda la información, mostrar únicamente los subtotales y los totales generales o mostrar únicamente los totales generales, dependiendo del objetivo de su informe.

Inserción de subtotales en una lista de datos

Con Microsoft Excel, puede crear subtotales de sus datos automáticamente. En lugar de insertar manualmente filas y fórmulas, puede utilizar la orden Subtotales para insertar las filas y fórmulas que necesite.

Puede crear varios tipos de subtotales. Puede contar el número de elementos de una lista, sumar las cantidades, buscar la media de las cantidades o número de elementos, hallar los números máximos y mínimos de su lista, o ejecutar funciones estadísticas más complejas como, por ejemplo, la desviación estándar. En su lista de inventario, por ejemplo, podría averiguar cuál es el coste medio de una copiadora o cuántas copiadoras diferentes se producen en la sección Copiadora.

Antes de utilizar la orden Subtotales, necesitará normalmente ordenar sus datos para estar seguro de que suma los subtotales en puntos lógicos de su hoja. Como su lista de inventario ya está ordenada por nombre del producto, no tendrá que ordenar sus datos para este ejercicio. En el siguiente ejercicio, cree subtotales en la hoja Inventario de Copiadoras para ver el coste total de cada tipo de copiadoras.

Muestra del coste total de cada tipo de copiadora

1. Pulse la etiqueta de hoja del Inventario de Copiadoras y luego seleccione la celda C9.

   Puede seleccionar cualquier celda de su base de datos, tal como cuando ordena o filtra sus datos.

2. Desde el menú Datos, seleccione Subtotales.

   Se abre el cuadro de diálogo de Subtotales.

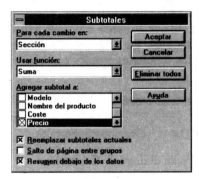

3. Pulse la flecha hacia abajo junto al recuadro Para cada cambio en, y seleccione Nombre del producto.

   Esto proporciona un subtotal para cada tipo de copiadora.

4. En el recuadro Usar función, asegúrese de que se selecciona Suma.

5. En el recuadro Agregar Subtotal a, elimine cualquier marca de selección de cualquiera de las casillas de categoría, y coloque una marca de selección en la casilla de selección Coste.

   Necesitará desplazarse a través de la lista para ver cada apartado.

6. Pulse Aceptar.

   Los subtotales se añaden en su hoja debajo de la cabecera Coste de la columna F, mostrando el coste total de cada una de las categorías de copiadora. Su hoja deberá ser similar a la siguiente:

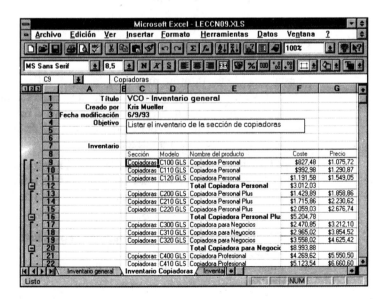

Si acaba de crear un conjunto de subtotales, y decide que después de todo ya no los necesita, puede utilizar el botón Eliminar todos del cuadro de diálogo de Subtotales para eliminarlos. En el ejercicio siguiente, utilice el botón Eliminar todos para eliminar los subtotales creados en su inventario de copiadoras.

Supresión de los subtotales creados

1. Desde el menú Datos, seleccione Subtotales.

    Se abre el cuadro de diálogo de Subtotales.

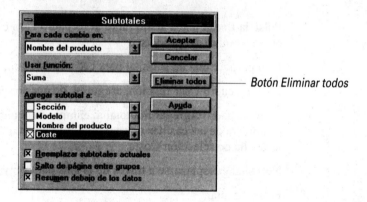

Botón Eliminar todos

2. En el cuadro de diálogo de Subtotales, pulse el botón Eliminar todos.

    Los subtotales quedan eliminados. Su hoja deberá estar como antes de la incorporación de los subtotales.

Creación de subtotales anidados

Si está creando un informe más complejo que utilice mucha información de su lista de inventario, puede crear varios subtotales, o subtotales *anidados* para suministrar esa información. Siempre que desactive el recuadro de selección de Reemplazar subtotales actuales del cuadro de diálogo de Subtotales, podrá crear tantos subtotales anidados como desee.

En los ejercicios siguientes, ordene la base de datos por secciones, y luego por nombre de productos, y luego use los subtotales de la hoja Inventario general para hallar la media del coste y precio de cada producto de cada sección.

Ordenación por sección y luego por nombre de producto

1. Pulse la etiqueta de hoja de Inventario general, y luego seleccione la celda C9.

2. Desde el menú Datos, seleccione Ordenar.

Se abre el cuadro de diálogo de Ordenar.

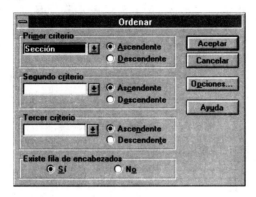

3. En el área Primer criterio, asegúrese de que se ha seleccionado Sección y Ascendente.

4. En el área Segundo criterio, seleccione Nombre del producto, y asegúrese de que se selecciona Ascendente.

5. Pulse Aceptar.

Se cierra el cuadro de diálogo de Ordenar y sus datos se ordenan por Sección y luego por Nombre del producto.

Promedio del coste y precio de cada producto

1. Desde el menú Datos, seleccione Subtotales.

Se abre el cuadro de diálogo de Subtotales.

2. En el recuadro Para cada cambio en, seleccione Nombre del producto.

3. En el recuadro Usar función, seleccione Promedio.

4. En el recuadro Agregar subtotal a, asegúrese de que no hay nada seleccionado, y luego pulse las casillas de selección Coste y Precio.

5. Pulse Aceptar.

Se suman los subtotales para hallar la media del coste y precio de cada producto. Su hoja deberá ser similar a la siguiente:

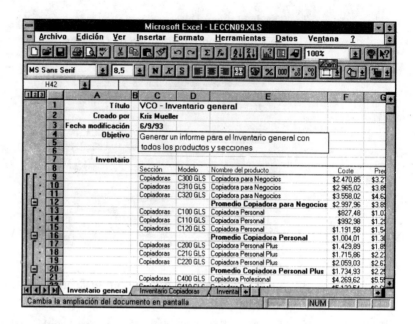

Observe que los subtotales aparecen en cualquiera de las columnas que selecciona en el cuadro Agregar subtotal a. Cuando selecciona uno o más apartados de este cuadro, le está diciendo a Microsoft Excel que subtotalice la información de esas columnas y que también coloque los resultados en las columnas.

Promedio del coste y precio de todos los productos por sección

1. Seleccione la celda C9, y luego desde el menú <u>D</u>atos seleccione <u>S</u>ubtotales.

    Se abre el cuadro de diálogo de Subtotales.

2. En el recuadro <u>P</u>ara cada cambio en, seleccione Sección.

3. En el recuadro Usar <u>f</u>unción, asegúrese de que se selecciona Promedio.

4. En el recuadro <u>A</u>gregar subtotal a, asegúrese de que sólo se seleccionan los recuadros de selección de Coste y Precio.

5. Elimine la casilla de selección de <u>R</u>eemplazar subtotales actuales, y luego escoja Aceptar.

    Se incorporan subtotales para ver la media del coste y precio de los productos de cada sección. Su hoja deberá ser similar a la siguiente:

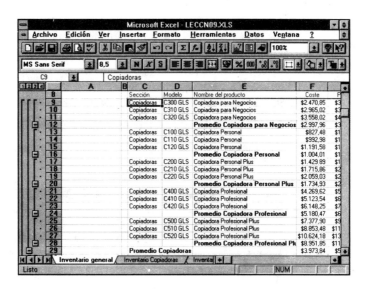

Manejo de esquemas de un informe resumen

Cuando crea un informe, tal vez no necesita utilizar todos los detalles registrados en su hoja, o incluso en sus subtotales. Con frecuencia, necesita más de una visión global o de resumen de sus datos. Puede visualizar de forma general la información, sin detalles de poca importancia, creando un esquema de la hoja.

Cuando creó los subtotales, Microsoft Excel *esquematizó* su hoja automáticamente. Cada sección y sus productos fueron agrupados juntos, y cada nombre de producto y su coste y precio fueron agrupados, como en el dibujo anterior.

Las líneas que ve en el margen a la izquierda y los números por encima de las líneas son símbolos de esquema que le permiten controlar cuántos detalles ve en su informe. En la hoja Inventario general, tiene ahora cuatro niveles de esquema. Puede crear hasta ocho niveles de esquema horizontales y ocho niveles verticales por hoja. El primer nivel es el nivel más alto, que consta únicamente de la gran cuenta total de productos por sección y de la gran suma total de productos en stock durante todo el año. El segundo nivel los desglosa un poco más, dentro de las cuentas del subtotal y de la total general. El tercer nivel suma los subtotales para la suma de acciones, y el cuarto nivel muestra todos los detalles de su hoja.

Puede plegar su esquema, pulsando los símbolos del nivel de fila, los botones numerados de la parte superior del área de esquema. Los símbolos del nivel de fila están numerados 1, 2, 3 y 4, para corresponder con los niveles de detalle de su hoja. Si desea ver únicamente los grandes totales, pulse el primer botón del nivel de fila. Si lo que desea ver son todos los detalles, pulse el cuarto botón del nivel de fila.

En el ejercicio siguiente, pliegue su esquema para mostrar únicamente los promedios del Coste y del Precio para cada Sección, y luego restablézcalo parcialmente para mostrar los promedios del Coste y Precio de cada producto, pero no los detalles de cada producto por separado.

Cómo plegar y luego restablecer el esquema para mostrar algunos detalles

Esquema nivel 2

1. Localice y pulse el botón de esquema del nivel 2.

   Su hoja cambia para mostrar únicamente los promedios del Coste y Precio de cada Sección.

2. Pulse el botón de esquema del nivel 3.

   Su hoja cambia para mostrar los promedios del Coste y Precio para cada Nombre de producto. Su hoja deberá ser similar a la siguiente:

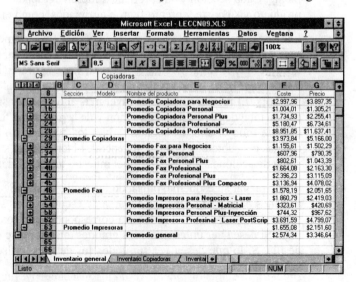

En el ejercicio anterior, trabajó con todos los niveles de su esquema. También puede mostrar u ocultar partes de un nivel. Por ejemplo, debajo de la sección Copiadoras, tiene cinco totales de copiadoras. Puede mostrar todos los detalles de cualquiera de estos totales o de todos ellos utilizando el símbolo de mostrar detalles. En el ejercicio siguiente, muestre y luego oculte todos los detalles de la Copiadora Personal Plus.

Muestra y ocultación de todos los detalles de la Copiadora Personal Plus

1. Localice y luego pulse el símbolo de mostrar detalles para la Copiadora Personal Plus de su hoja (el signo más del área de esquema a la izquierda de Copiadora Personal Plus).

    Se visualizan los detalles de la Copiadora Personal Plus. Las otras copiadoras aparecen aún como subtotales. Su hoja deberá ser como la siguiente:

Símbolo mostrar detalles

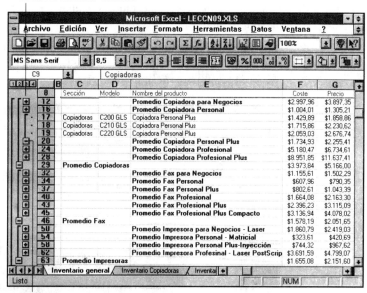

Símbolo de ocultar detalles

2. Pulse el símbolo de ocultar detalles para la Copiadora Personal Plus.

    La información de la Copiadora Personal Plus se oculta de nuevo. Su hoja deberá mostrar ahora sólo los subtotales, sin ninguna información detallada.

Esquema de una hoja sin subtotales

Si necesita crear un informe que muestre una información resumen sin los detalles, pero tiene una hoja que ya fué resumida manualmente, aún puede esquematizar su hoja con la orden Esquema automático. Para esquematizar sus datos, debe tener fórmulas que totalicen sus datos, ya sea debajo o a la derecha de sus datos. Estas fórmulas determinan cuántos niveles tendrá su esquema y donde se harán las divisiones. También puede determinar la orientación de su esquema. Cuando anteriormente creó subtotales, éstos estaban debajo de sus datos, así que su esquema estaba orientado verticalmente. Si las fórmulas de sus datos están a la derecha de sus datos, el esquema estará en posición horizontal. En los ejercicios siguientes, utilice el esquema automático para convertir su hoja Inventario de Fax en un informe resumen, y ocultar a continuación algunos de los datos.

Cambio de los datos de su inventario de fax en un informe resumen

1. Cámbiese a la hoja Inventario de Fax.

2. Seleccione las celdas C9:G21.

   Estas celdas contienen la información de coste y precio de cada uno de los productos de la sección Fax.

3. Desde el menú Datos, seleccione Agrupar y Esquema y luego escoja Esquema automático.

   Sus datos son resumidos en tres niveles. Puede manipular esta hoja para mostrar tantos datos como necesite, como en la hoja Inventario general. Su hoja deberá ser similar a la siguiente:

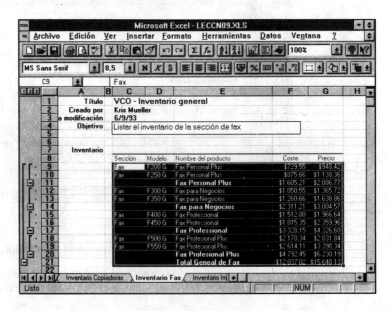

Ocultación de datos del resumen Inventario de Fax

1. Pulse el botón de ocultar detalles que se encuentra justo a la izquierda de la fila Total General de Fax.

Todos los datos de productos individuales se ocultan. Sólo se visualizan los Total General de Fax como podemos ver en la siguiente ilustración:

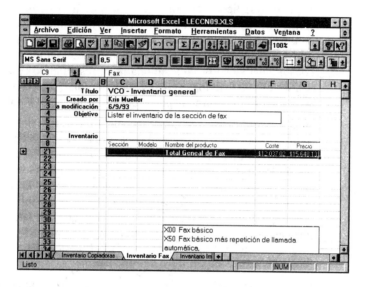

2.   Pulse el botón de mostrar detalles que está cerca de la fila Total General de Fax.

Microsoft Excel visualiza de nuevo todos los detalles.

Eliminación del resumen de la hoja

Si decide no utilizar el resumen aplicado a una hoja existente o cambia de parecer sobre el resumen que ha creado, puede eliminarlo. Para hacer esto, seleccione una celda dentro del rango que ha sido resumido, y luego utilice la orden Borrar esquema para eliminar el resumen. También puede utilizar esta orden para eliminar el resumen de una lista subtotalizada. Una vez eliminado el resumen, sólo desaparecen los símbolos de esquema, pues los subtotales permanecen.

En el ejercicio siguiente, utilice la orden Borrar esquema para eliminar su resumen de la hoja Inventario de Fax.

Eliminación del resumen de la hoja Inventario de Fax

1.   Seleccione la celda G9.

Puede seleccionar cualquier celda dentro del rango resumido para eliminar el resumen.

2.   Desde el menú Datos, seleccione Agrupar y Esquema, y luego escoja Borrar esquema.

El resumen y todos los símbolos de resumen desaparecen. Su hoja Inventario de Fax deberá estar como antes de ser resumida.

Creación de informes consolidados

Suponga que tiene tres hojas con datos de inventario y necesita producir un informe que resuma las tres hojas. Ya ha visto como puede colocar todos los datos en una hoja y luego utilizar subtotales y resúmenes para crear un informe en el que pueda mostrar u ocultar niveles de detalles. Otra forma de crear un informe es *consolidar* todos los datos en una hoja, resumiendo como vamos a ver. La consolidación reune todos los detalles de las hojas separadas o rangos separados, resume la información y luego coloca el resumen en la hoja que especifique.

Al consolidar datos, necesita seleccionar un destino para el resumen, una función (como Suma) para utilizar en la consolidación de datos, y los detalles que desea consolidar. El destino puede ser otra hoja u otro libro. La función que utilice depende del tipo de datos y del tipo de informe que se esté creando. Para los datos del inventario, tendría que utilizar Suma para resumir los totales del inventario. Puede consolidar los datos de otras hojas y de otro libro. Sin embargo, cuando consolide datos, necesitará estar seguro de que los datos de cada hoja tienen las mismas cabeceras de columna y/o fila. De otra manera, finalizará con una lista de detalles, en lugar del resumen que desea. En este caso, tomará los datos de las tres hojas de secciones del libro del inventario.

En los tres ejercicios siguientes, seleccionará un destino para su inventario consolidado y seleccionará una función para su consolidación, los datos que desea consolidar, y luego añadirá rótulos y terminará de consolidar todos los datos de su inventario en una hoja.

Selección de un destino y de una función para consolidar

1. Cámbiese a la hoja Informe del Inventario.

    Esta hoja está prácticamente en blanco, preparada para añadirle los datos consolidados de la hoja Impresora.

2. Seleccione la celda C8, y luego desde el menú Datos, escoja Consolidar.

    Se abre el recuadro de diálogo de Consolidar.

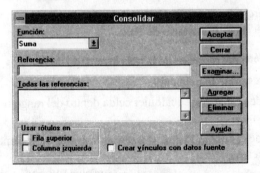

3. En el recuadro Función, asegúrese de que se selecciona Suma.

Selección de la información a consolidar

1. Pulse en el recuadro de texto Referencia, y luego pulse la etiqueta de la hoja Inventario de Impresoras.

2. Desplace el cuadro de diálogo Consolidar, y luego arrastre para seleccionar las celdas E8:G20.

   El nombre de hoja es colocado en el recuadro de texto Referencia. Las celdas E8:G20 contienen todos los datos del inventario de impresoras y la fila de cabeceras.

3. Pulse el botón Agregar.

4. Pulse la etiqueta de la hoja Inventario de Fax.

5. Sobre la hoja Inventario de Fax, arrastre el ratón para seleccionar las celdas E8:G21.

6. Pulse el botón Agregar.

7. Pulse la etiqueta de la hoja Inventario de Copiadoras.

8. En la hoja citada, arrastre el ratón para seleccionar las celdas E8:G23.

   Estas celdas contienen todos los datos del Inventario de Copiadoras y la fila de cabeceras.

9. Pulse el botón Agregar.

   Los tres rangos de consolidación aparecen en el cuadro de diálogo. Su cuadro de diálogo deberá ser similar al siguiente:

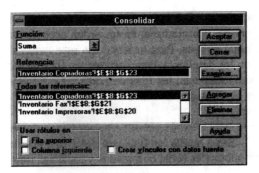

Incorporación de rótulos y final de la consolidación de los datos del inventario

1. En el área Usar rótulos en, marque ambas casillas de selección.

   Desea utilizar los rótulos de la fila superior y de la columna a la izquierda de sus datos.

2. Pulse Aceptar.

El cuadro de diálogo de Consolidar se cierra, y los datos de impresoras, copiadoras y fax se consolidan en su hoja. Tal vez necesite ajustar los anchos de columna antes de poder ver todos sus datos. Su hoja Informe de Inventario deberá ser similar a la siguiente:

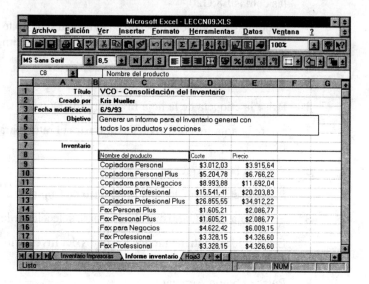

Un paso más

Si descubre que preferiría mostrar los apartados de una lista subtotalizada en un orden diferente, por ejemplo, en un orden ascendente en lugar de descendente, puede ordenar su lista. Para ordenar una lista subtotalizada, oculte simplemente las filas con los detalles, y luego ordene las filas de subtotales. Una vez ordenada una lista subtotalizada, las filas con detalles ocultas se desplazarán automáticamente con las filas de subtotales.

Importante   Si no oculta las filas con detalles antes de ordenar una lista subtotalizada, sus subtotales serán eliminados y todas las filas de su lista serán ordenadas de nuevo.

Pruebe a ordenar por Sección, y en orden descendente, los datos subtotalizados de su hoja Inventario general.

Ordenación de una lista subtotalizada

1. Cámbiese a la hoja Inventario general, y seleccione la celda C8.

2. Pulse el símbolo de esquema del nivel 2 del área de resumen para ocultar todas las filas excepto las de los subtotales de Sección.

3. Desde el menú Datos, seleccione Ordenar.

    Se abre el cuadro de diálogo de Ordenar.

4. En el recuadro Primer criterio, seleccione Sección, y luego seleccione Descendente.

5. Pulse Aceptar.

Para continuar con la siguiente lección

1. Seleccione Guardar del menú Archivo.

2. Seleccione Cerrar del menú Archivo.

Para salir de Microsoft Excel

➤ Seleccione Salir del menú Archivo.

   Si aparece el recuadro de diálogo de Guardar, pulse Sí.

Resumen de la lección

Para	Haga esto
Añadir subtotales	Pulse en cualquier celda de su base de datos. Seleccione Subtotales del menú Datos. En el recuadro Para cada cambio en, seleccione la categoría que desea subtotalizar. En el recuadro Usar función, seleccione una fórmula. En el recuadro Agregar Subtotal a, seleccione la columna en la que desea que aparezcan los subtotales, y luego escoja Aceptar.
Eliminar todos los subtotales	Desde el menú Datos, seleccione Subtotales. En el cuadro de diálogo de Subtotales, pulse el botón Eliminar todos.
Añadir un subtotal anidado	Pulse en cualquier celda de su base de datos. Desde el menú Datos, seleccione Subtotales. En el recuadro Para cada cambio en, seleccione la categoría que desea subtotalizar. En el recuadro Usar función, seleccione una fórmula. En el recuadro Agregar subtotal a, seleccione la columna en la que desea que aparezcan los subtotales. Asegúrese de que no hay ninguna X en la casilla de selección Reemplazar subtotales actuales y luego pulse Aceptar.

Para	Haga esto
Plegar un resumen	Pulse el símbolo de ocultar detalle para el nivel que desee plegar.
Ampliar un resumen	Pulse el símbolo de mostrar detalle para el nivel que desee ampliar.
Resumir una hoja	Seleccione el rango que desea resumir. Desde el menú Datos, seleccione Agrupar y Esquema, y luego escoja Esquema automático.
Eliminar un resumen	Seleccione cualquier celda del rango resumido. Desde el menú Datos escoja Agrupar y Esquema y luego seleccione Borrar esquema.
Consolidar datos de varias hojas	Seleccione una hoja de destino. Desde el menú Datos, escoja Consolidar. En el recuadro Función, seleccione una función. Pulse en el cuadro de texto Referencia y luego arrástrelo para seleccionar el primer rango que desea consolidar. Pulse el botón Agregar y siga seleccionando y añadiendo rangos hasta que haya seleccionado todos los rangos. Pulse Aceptar.

Para más información sobre	Véase *Manual del usuario de Microsoft Excel*
Crear subtotales	El Capítulo 22, "Resumen de los datos en una lista".
Resumen de una hoja	El Capítulo 33, "Esquematización de una hoja de cálculo".
Consolidar datos	El Capítulo 26, "Consolidación de datos".

Avance de la siguiente lección

En la lección siguiente, "Creación de informes personalizados con tablas dinámicas", aprenderá a modificar un tipo especial de tabla resumen, denominada tabla dinámica, para crear un informe analítico detallado.

Creación de informes personalizados con tablas dinámicas

Las tablas dinámicas han sustituido a las tablas sinópticas en la versión 5 de Microsoft Excel.

Cuando crea un informe, a menudo necesita con frecuencia visualizar sus datos de formas diferentes. Tal vez tenga una lista de ventas por persona, y necesita listar las ventas por región. O tal vez tenga una simple lista de personal y necesita ver los totales por departamento o sección. En lugar de crear un informe con subtotales, puede utilizar una *tabla dinámica* que agregue los datos de su lista y muestre únicamente las categorías que se escojan. Luego, puede decidir para cuáles categorías desea mostrar resúmenes, y qué funciones utilizará en los resúmenes. En lugar de la lista, puede crear un informe en el que pueda añadir, suprimir o sustituir campos fácilmente, sin afectar sus datos originales.

En esta lección, cree una simple tabla dinámica y ajuste los datos que aparecen en la tabla. Luego, cambie cuando sus datos sean resumidos. También aprenderá la forma de formatear celdas de una tabla y a formatear automáticamente toda la tabla.

Aprenderá a:

■ Resumir sus datos con una tabla dinámica.

■ Cambiar la organización de sus datos sin necesidad de reestructurar la hoja.

■ Formatear sus datos para que presenten un aspecto profesional.

Duración estimada de la lección: 55 minutos

Si su pantalla no coincide con las ilustraciones de esta lección, vea el Apéndice, "Comparación de ejercicios".

Inicio de la lección

1. Abra el archivo 10LECCN.XLS.

2. Guarde el libro de trabajo como LECION10.XLS.

3. Pulse el botón Maximizar de la ventana de documento, si es que ésta no ha sido aún maximizada.

Creación de una tabla dinámica

Su lista de personal, tal como aparece ahora, tiene ocho campos de base de datos, representados por rótulos a lo largo de la parte superior de la lista (Apellido, Empleo y así sucesivamente), y contiene varios registros. Si desea informar únicamente de los subtotales, puede utilizar los subtotales o las órdenes de resumen para crear un informe resumen. Pero, si lo que desea es crear un informe que combine todos los datos y que muestre un conjunto de sólo ciertos subconjuntos de los datos, sería mucho más fácil utilizar en su lugar una tabla dinámica.

Con una tabla dinámica, puede coger una lista completa de datos y mostrar resúmenes de partes de los datos, y en la orientación que desee. Con su lista de personal, podría crear una tabla dinámica que muestre todos los departamentos de cada sección y que calcule la media del número de empleados. O su tabla dinámica podría mostrar los salarios máximos o mínimos de cada sección, departamento y empleo. Las posibilidades de una tabla dinámica sólo están limitadas por el tipo de datos con el que esté trabajando.

También puede ocultar fácilmente ciertos empleos, departamentos o secciones dentro de la lista. Cuando desarrolle una tabla dinámica, incluirá *campos de tabla dinámica*, campos que actúan como cualificadores mostrando únicamente un resumen de los datos que se adapten a sus criterios y no todo el contenido del campo de la base de datos. Así, puede modificar simplemente el campo Departamento para que contenga únicamente el departamento de Contabilidad o que los tenga todos menos el departamento de Arte.

Para crear una tabla dinámica, seleccione simplemente la base de datos que desea utilizar, y luego use la orden Tabla dinámica del menú Datos. Una vez que ha decidido qué campos va a incluir, puede decidir en qué lugar de su libro de trabajo colocará la tabla dinámica. Normalmente, es mejor crear sus tablas dinámicas en una hoja separada del libro de trabajo. Tendrá entonces bastante espacio para trabajar con su tabla sin superponer otra información de la hoja.

En el ejercicio siguiente, utilice los datos de su lista de personal para crear una tabla dinámica que muestre los totales de los salarios según el empleo en cada departamento.

Utilización de la lista de personal para crear una tabla dinámica

1. Asegúrese de que la hoja Lista de personal es la hoja activa, y seleccione la celda C10.

   Puede seleccionar cualquier celda de su base de datos para utilizar toda la base de datos en su tabla dinámica.

2. Seleccione Tablas dinámicas del menú Datos.

   Se abre el Asistente para tablas dinámicas.

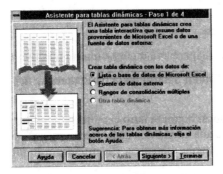

3. Pulse el botón Siguiente.

Aparece el paso 2 del Asistente para tablas dinámicas, con su base de datos ya introducida en el cuadro Rango.

4. Escoja el botón Siguiente.

Aparece el paso 3 del Asistente para tablas dinámicas, preparado para que diseñe su tabla.

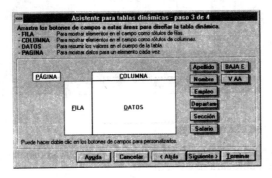

5. Arrastre el botón Empleo de la parte derecha del cuadro de diálogo hasta el área Fila.

El desplazamiento del botón Empleo dentro del área Fila significa que cada empleo aparecerá en una fila individual de su tabla dinámica.

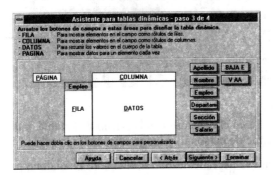

6. Arrastre el botón Sección de la parte derecha del cuadro de diálogo hasta el área Columna.

Cada sección aparecerá en una columna individual de su tabla dinámica.

7. Arrastre el botón Salario de la parte derecha del cuadro de diálogo hasta el área Datos.

Observe que el botón Salario cambia para indicar "Suma de salario". Los salarios para cada empleo de cada departamento serán resumidos en el área de datos de su tabla dinámica. Su prototipo de tabla deberá ser como el siguiente:

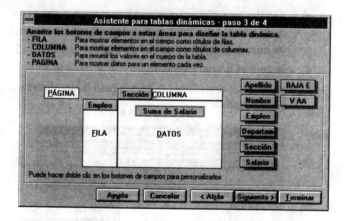

8. Pulse el botón Siguiente.

Aparece el paso 4 del Asistente para tablas dinámicas.

9. Pulse en el recuadro Celda inicial de la tabla, pulse la etiqueta de la hoja Informe de personal, y luego seleccione la celda C8.

Tal vez necesite desplazar el cuadro de diálogo para seleccionar la celda C8.

10. En el área Opciones de la tabla dinámica, asegúrese de que todas las opciones, incluyendo las opciones Sumas totales de las columnas, Sumar totales de las filas están seleccionadas, y luego pulse el botón Terminar.

La tabla dinámica aparece en su hoja Informe de personal, comenzando en la celda C8. Observe que la barra de herramientas de Query y tabla dinámica se abre de forma que pueda realizar cambios en su tabla. Su hoja deberá ser similar a la siguiente:

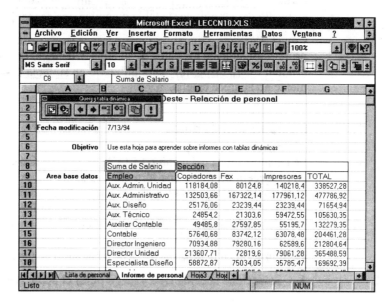

Modificación de una tabla dinámica

La primera vez que desarrolle una tabla dinámica para un informe, puede no estar seguro de qué datos necesitará. Las tablas dinámicas hacen que resulte fácil modificar los datos que ha incluido. Si fuera a crear una hoja a mano, tendría que realizar una mayor reestructuración y posiblemente una mayor entrada de datos a reordenar, añadir, o eliminar datos. La barra de herramientas de Query y tabla dinámica incluye herramientas que puede utilizar para modificar su tabla dinámica sin usar ninguna orden de menú.

Asistente para
tablas dinámicas   Mostrar páginas

—— Renovar datos

Modificar campo de tabla dinámica

Con los botones Asistente para tablas dinámicas y Modificar campo de tabla dinámica, puede modificar toda su tabla o sólo un campo específico. Con el botón Mostrar páginas, puede separar sus datos en páginas diferentes de acuerdo con el campo que seleccione. Puede utilizar el botón Renovar datos para actualizar su tabla dinámica si los *datos originales*, los datos de su lista original, cambian. También puede utilizar el menú contextual para modificar la tabla dinámica, añadir datos o actualizar los datos de su tabla dinámica. Utilizará los botones de la barra de herramientas Query y tabla dinámica y el menú contextual de la sección siguiente para modificar la tabla dinámica que acaba de crear.

Con el Asistente para tablas dinámicas y el menú contextual, puede añadir o suprimir rápidamente los datos de su tabla. Cualquier dato que aparezca en su hoja original estará disponible para utilizarlo en su tabla dinámica, incluso si actualmente no aparece en ella.

Incorporación de datos

La tabla dinámica del archivo LECCN10.XLS ya tiene una cabecera de columna, una cabecera de fila y una fórmula que suma los salarios para cada empleo de cada departamento. En el ejercicio siguiente, añadirá en su tabla dinámica otro campo de datos para resumir cuántas bajas por enfermedad tienen todas las personas en cada empleo de cada departamento.

Incorporación en la tabla dinámica de resúmenes de permiso por enfermedad

1. Seleccione la celda D10 y luego pulse el botón derecho del ratón.

    Como desea añadir en su tabla un nuevo campo de datos, necesita seleccionar una celda del área de datos. Aparece el menú contextual.

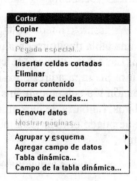

2. En el menú contextual, escoja Agregar campo de datos, y a continuación escoja BAJA E.

    BAJA E significa permiso por enfermedad del año actual. El campo de datos Suma de BAJA E queda añadido a su tabla dinámica.

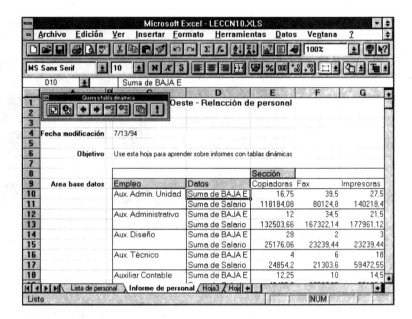

Nota   También puede añadir datos de otras aplicaciones de base de datos utilizando la herramienta Query de Microsoft. Para más información sobre el uso de datos de otra aplicación de base de datos en una tabla dinámica, consulte *Búsqueda en base de datos con Microsoft Excel*.

Puede añadir fácilmente datos en su tabla o reordenarla. Si tiene más de una cabecera de columna o fila, puede arrastrarla a otra posición de su hoja sin utilizar el Asistente para tablas dinámicas. Desde luego, siempre puede utilizar el Asistente para tablas dinámicas para desplazar sus datos por la hoja. Si tiene una tabla grande y necesita dividirla en segmentos, puede utilizar la orientación de Página del Asistente para tablas dinámicas. Cuando modifica un campo con la orientación de Página, separa cada apartado de ese campo en diferentes páginas de su informe. Estas páginas no son hojas separadas de su libro de trabajo, sino vistas separadas de su tabla dinámica. En los ejercicios siguientes, añadirá el campo Departamento en el área Página de su tabla. Visualizará los distintos departamentos, y luego desplazará el campo Departamento hacia una orientación de fila.

Colocación de los departamentos en páginas individuales

Asistente para tablas dinámicas

1.   Seleccione la celda C8, y luego pulse el botón Asistente para tablas dinámicas de la barra de herramientas Query y tabla dinámica.

Podría utilizar también la orden Tabla dinámica del menú contextual. El Asistente para tablas dinámicas se abre, preparado para que haga cambios en la organización de su tabla.

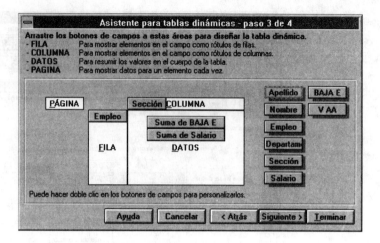

2. Arrastre el botón del campo Departamento hacia el área Página del Asistente para tablas dinámicas.

El botón del campo Departamento aparece en el área Página. Cuando cambie algo a una orientación de Página, la tabla dinámica sólo visualizará en su tabla una categoría de ese campo cada vez. Puede visualizar los otros apartados del campo seleccionándolos en una lista, pero no los verá todos al mismo tiempo. El cuadro de diálogo deberá ser similar a la siguiente ilustración:

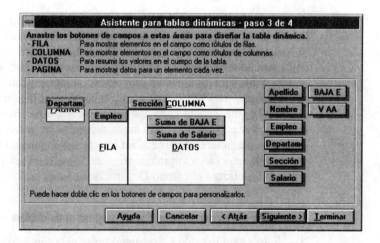

3. En el Asistente para tablas dinámicas, pulse el botón Terminar.

El Asistente para tablas dinámicas se cierra y el campo Departamento aparece en su tabla con una orientación de Página.

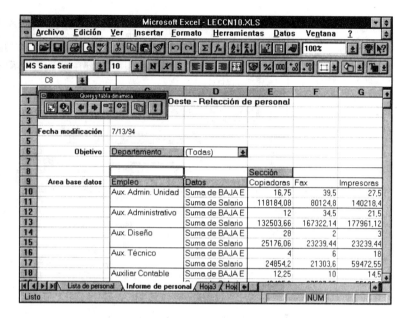

Visualización de diferentes departamentos

1. Pulse la flecha abajo junto al nombre Departamento.

La lista de Departamento se abre.

2. En la lista, seleccione Ingeniería.

La tabla dinámica cambia para mostrar la Suma de salarios y la Suma de BAJA E (Permisos por enfermedad del año actual) del departamento de Ingeniería según el empleo en cada sección.

3. Pulse la flecha abajo junto al nombre Departamento.

La lista de Departamentos se abre de nuevo.

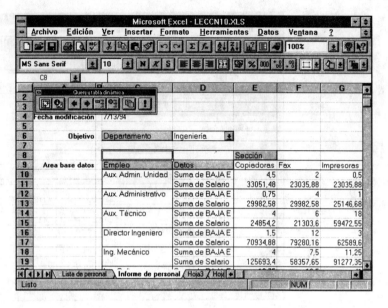

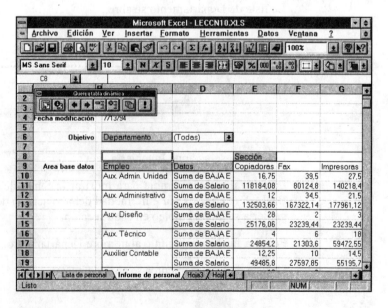

4.   En dicha lista, seleccione (Todas).

La tabla dinámica cambia para mostrar los resúmenes de todos los departamentos según el empleo en cada sección. Su hoja deberá ser similar a la siguiente:

5.   Pulse la flecha junto al nombre Departamento.

La lista de Departamento se abre de nuevo.

6. En dicha lista, seleccione Contabilidad.

La tabla dinámica cambia para mostrar los resúmenes del departamento de Contabilidad según el empleo en cada sección, como ya hizo al comienzo de este ejercicio.

Conversión del campo departamento a una cabecera de fila

1. En su hoja Informe de Personal, arrastre hacia abajo el botón Departamento justo por encima y a la izquierda del botón Empleo.

Observe que cuando lo pulsa y lo arrastra en el área Página, su puntero del ratón cambia para ser un puntero que arrastra tres páginas.

Después de arrastrarlo en el área de fila, el puntero cambia para ser un puntero que arrastra dos cabeceras de fila con detalles a la derecha de éstas.

2. Suelte el botón del ratón.

El botón de Departamento se desplaza desde el área Página hasta una cabecera de fila. Aparece ahora en la columna delante del campo Empleo. Ahora, cada departamento está listado en una fila con las distintas situaciones colocadas por debajo. Su tabla dinámica deberá ser similar a la siguiente:

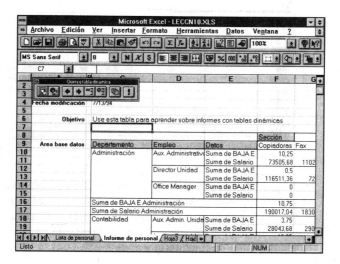

Ocultación, visualización y supresión de datos

La supresión de datos de su tabla dinámica es aun más fácil que la incorporación de datos. No se preocupe de la supresión permanente de datos de su tabla; siempre tendrá la posibilidad de añadirlos de nuevo. No perderá información si elimina un campo de su tabla dinámica. Si desea que los datos permanezcan en su tabla, pero no desea que estén visibles, puede ocultarlos. También puede ocultar detalles que haya debajo de una fila en particular o de una cabecera de columna. Puede ocultar o mostrar datos con el cuadro de diálogo de Campo de la tabla dinámica. En el ejercicio siguiente, ocultará los detalles que se encuentran debajo del departamento de Contabilidad; así, en lugar de ver cada empleo, verá un resumen de todos los empleos de ese departamento.

Cómo ocultar los detalles del departamento de Contabilidad

➤ Pulse dos veces sobre la celda C10.

La celda C10 contiene el rótulo Contabilidad. Los empleos del departamento de Contabilidad desaparecen, y son sustituidos por un resumen total como en la ilustración siguiente:

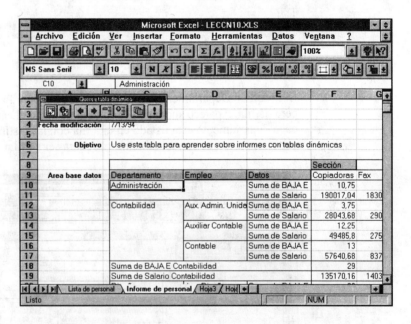

Si está trabajando con datos sensibles, como por ejemplo la lista de personal, tal vez desee ocultar cierta información de su tabla, sin suprimirla reamente de su hoja. En el ejercicio siguiente, desplazará de nuevo el botón Departamento hacia una orientación de Página, y luego lo ocultará todo excepto la información del Departamento de Ingeniería y el de I + D.

Cómo ocultar los datos de contabilidad, administración, diseño y marketing

1. Arrastre de nuevo el botón de Departamento hasta la celda C6.

    El campo Departamento cambia a una orientación de Página, en lugar de estar en una orientación de Fila.

2. Pulse la flecha hacia abajo junto al botón Departamento, y seleccione (Todas) de la lista, si es que aún no ha sido seleccionado.

    La lista de departamentos aparece. Observe que se visualizan las tres secciones.

3. Pulse dos veces el botón Departamento.

    Se abre el cuadro de diálogo de Campo de la tabla dinámica.

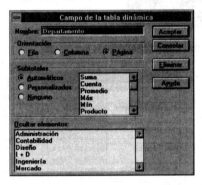

4. En la lista Ocultar elementos, seleccione Contabilidad, Administración, Diseño y Marketing, y luego escoja Aceptar.

5. Pulse la flecha hacia abajo junto al botón Departamento.

    La lista de secciones muestra ahora únicamente Ingeniería e I + D.

Nueva visualización de todos los departamentos

1. Pulse dos veces el botón Departamento.

    Se abre el cuadro de diálogo de Campo de la tabla dinámica.

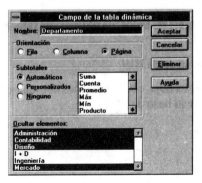

2. En el recuadro Ocultar elementos, pulse Administración Contabilidad, Diseño y Marketing para mostrarlos de nuevo.

3. Escoja Aceptar.

Todos los departamentos se visualizan de nuevo en su tabla. Su tabla dinámica deberá ser similar a la siguiente:

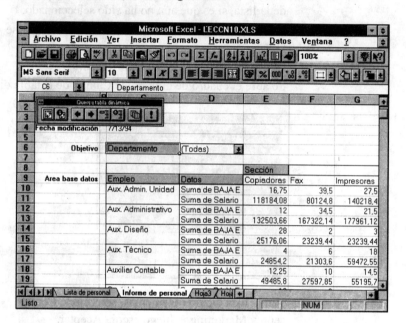

Si necesita ver los detalles que se utilizan en los resúmenes para cada campo de datos, puede sacar la información utilizada en un campo de datos concreto. Para ver los detalles, pulse simplemente dos veces el campo de datos, y se abrirá una nueva hoja con todos los detalles en ella. La información será una copia de la información original de la base de datos, pero sin los otros datos de la base de datos. En el ejercicio siguiente, visualizará los detalles que conforman el total de los salarios de todos los auxiliares contables de la sección de Copiadoras.

Visualización en su tabla de todos los detalles del total de los salarios de los ingenieros

➤ Pulse dos veces la celda E19.

Aparece una nueva hoja, con los detalles del salario de los auxiliares contables que aparecen en su base de datos.

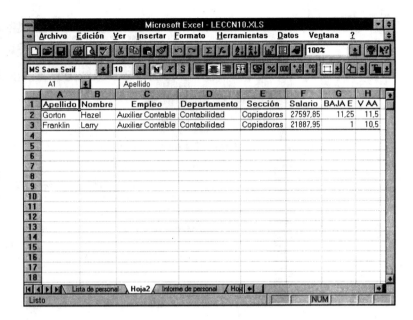

Una de las ventajas de trabajar con las tablas dinámicas es que puede añadir o suprimir datos de la tabla dinámica sin que afecte a la información original de la base de datos. Si piensa que no necesita ver un campo de datos concreto, puede simplemente eliminarlo de su tabla dinámica. Si después de todo lo necesita, siempre le queda la posibilidad de volver a incorporar más tarde esta información. En el ejercicio siguiente, eliminará de su tabla dinámica los datos de bajas por enfermedad del año actual.

Cómo eliminar de su tabla dinámica los datos de bajas por enfermedad

1. Cámbiese a la hoja de Informe de personal.

2. Seleccione la celda D10, y luego pulse el botón derecho del ratón.

    Aparece el menú contextual.

3. Desde el citado menú, seleccione Tablas dinámicas.

    Se abre el Asistente para tablas dinámicas con el paso 3 para que pueda modificar su tabla dinámica.

4. Arrastre el botón Suma de BAJA E fuera del área de la tabla dinámica.

    El campo Suma de BAJA E es eliminado del área de Datos.

5. En el Asistente para tablas dinámicas, pulse el botón Terminar.

    El Asistente para tablas dinámicas se cierra y los datos de BAJA E quedan eliminados de la tabla. Su tabla deberá ser similar a la siguiente:

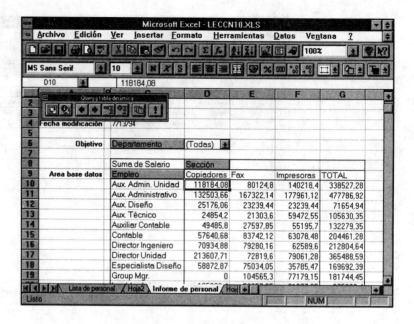

Modificación de las funciones de resumen

Hasta ahora sólo ha utilizado dos funciones en su tabla dinámica: Suma y Contar. Puede utilizar varias funciones más dependiendo del tipo de datos que esté utilizando. Para los datos numéricos, la función por omisión es Suma, pero también puede utilizar Promedio, Max, Min y otras funciones que se aplican a sus datos. Para los datos de texto, la función por omisión es Contar, pero de nuevo, puede cambiar la función cuando sea necesario. En el ejercicio siguiente, añadirá los resúmenes del tiempo de vacaciones del año actual en el área Datos, y luego cambiará las funciones de resumen de Suma a Max y Min para ver las cantidades máximas y mínimas del tiempo de vacaciones para cada empleo de cada sección.

Modificación de las funciones de resumen

1. Seleccione la celda D10, y luego pulse el botón derecho del ratón.

    Aparece el menú contextual.

2. Desde dicho menú, seleccione Agregar campo de datos y luego escoja V AA.

    En su tabla dinámica aparece el campo de datos Suma de V AA.

3. Pulse la celda D10, el campo Suma de V AA, y luego pulse el botón derecho del ratón.

    Aparece de nuevo el menú contextual.

4. Desde dicho menú, seleccione Campo de la tabla dinámica.

    Se abre el cuadro de diálogo de Campo de la tabla dinámica.

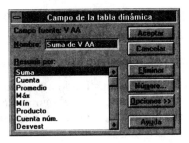

5.   En la lista Resumir por, seleccione Max y luego escoja Aceptar.

El cuadro de diálogo de Campo de la tabla dinámica se cierra y la descripción de V AA cambia a "Max de V AA".

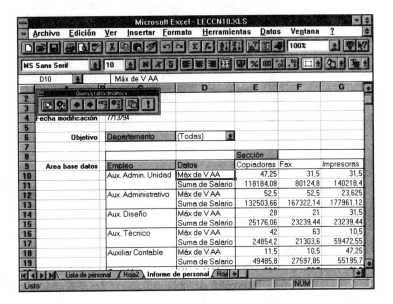

Muestra de los valores mínimos para el tiempo de vacaciones del año actual

1.   Seleccione la celda D10, y luego pulse el botón derecho del ratón.

Aparece el menú contextual.

2.   Desde el menú citado, seleccione Agregar campo de datos, y luego escoja V AA.

Aparece en su tabla dinámica el campo de datos Suma de V AA justo debajo del Max de V AA.

3.   Seleccione la celda D11, y luego pulse el botón derecho del ratón.

Aparece el menú contextual.

4.   Desde dicho menú, seleccione Campo de la tabla dinámica.

Se abre de nuevo el cuadro de diálogo de Campo de la tabla dinámica.

5.   En la lista Resumir por, seleccione Min, y luego escoja Aceptar.

El campo Suma de V AA es sustituido por el campo Min de V AA. Ahora los valores máximos y mínimos para el tiempo de vacaciones del año actual aparecen en su tabla dinámica. Su tabla deberá ser similar a la siguiente:

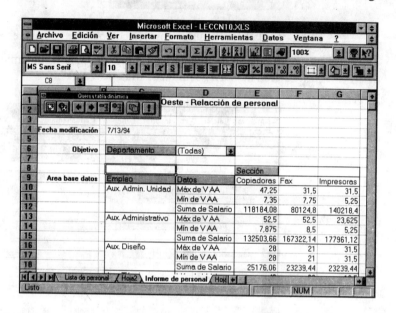

Supresión de los totales generales

Cuando desarrolló su tabla dinámica, decidió añadir totales generales en las filas y columnas de su tabla. Estos totales generales hacen que resulte fácil ver los resúmenes de todos sus datos. Pero si sólo necesita ver los totales de fila o columna o tal vez no necesita ver en absoluto los totales globales, podrá eliminar fácilmente los totales con el Asistente para tablas dinámicas. En el ejercicio siguiente, utilizará el Asistente para tablas dinámicas para suprimir los totales generales de las filas y columnas de su tabla dinámica.

Supresión de los totales generales de su tabla dinámica

1.   Seleccione la celda C8, y luego pulse el botón derecho del ratón para abrir el menú contextual.

2.   Desde dicho menú, seleccione Tabla dinámica.

Aparece el Asistente para tablas dinámicas con el paso 3 activo.

3. Pulse el botón Siguiente.

Se visualiza el paso 4 del Asistente para tablas dinámicas.

4. En el recuadro Opciones de la tabla dinámica, borre las opciones Sumas totales de las columnas y Sumas totales de las filas.

5. Pulse el botón Terminar.

Los totales generales son eliminados de su tabla dinámica. Su tabla deberá ser similar a la siguiente:

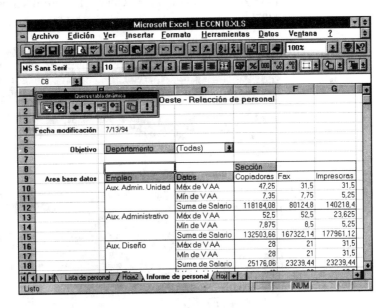

Formateado del informe de su tabla dinámica

Una vez que ha acabado de configurar su tabla dinámica y que está preparado para incluirla en un informe, tal vez desee añadir formatos de números o colores u otros tipos de formato. Deseará que el informe tenga sentido y que sea interesante de ver. Puede formatear sus tablas automáticamente, tal como puede hacerlo con cualquier otro dato de una hoja, utilizando la orden Autoformato. Sin embargo, cuando desee formatear automáticamente una tabla dinámica, no tiene que seleccionar todo el rango que desea formatear. Seleccionando una sola celda de la tabla, quedará automáticamente seleccionada y formateada toda la tabla. También puede aplicar formatos de número para hacer que las cifras monetarias tengan un formato monetario o que los porcentajes sean porcentajes. Puede formatear sus campos de datos con la orden Campo de la tabla dinámica. En los ejercicios siguientes, formatee automáticamente toda su tabla y, a continuación, formatee por separado sus campos de datos.

Cómo formatear las tablas dinámicas

1. Seleccione la celda C10.

2. Desde el menú Formato, seleccione Autoformato.

   Se abre el cuadro de diálogo de Autoformato.

3. En la lista Formato de tabla, seleccione Clásico 2, y luego escoja Aceptar.

   Su tabla dinámica está formateada con cabeceras de columna en color púrpura y cabeceras de fila en color gris claro. Esta deberá ser similar a la siguiente:

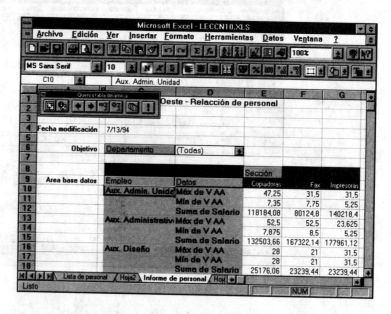

Formateado de números

1. Seleccione la celda E12.

   Por ahora, sólo formateará los datos de la Suma de salarios.

2. Pulse el botón derecho del ratón para abrir el menú contextual.

3. Desde el menú contextual, seleccione Campo de la tabla dinámica.

Se abre el cuadro de diálogo de Campo de la tabla dinámica.

4. En el cuadro de diálogo de Campo de la tabla dinámica, pulse el botón Número.

Se abre el cuadro de diálogo de Formato celdas.

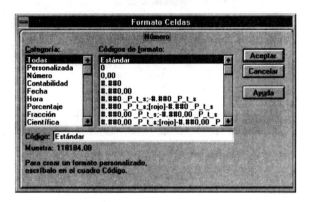

5. En la lista Categoría, seleccione Contabilidad, y luego seleccione el formato "$"#.##0,00);("$"#.##0,00).

6. Escoja Aceptar, y luego seleccione de nuevo Aceptar. Todos los datos del campo Suma de salarios pasan a tener un formato monetario.

Si modifica algunos de los datos de su hoja después de haber creado su tabla dinámica, puede actualizar fácilmente o *refrescar*, los datos de su tabla. En el ejercicio siguiente, cambie algunos datos de su lista de personal y luego actualice su tabla dinámica.

Actualización de sus datos

1. Cámbiese a la hoja Lista de personal.

2. Seleccione la celda E11, la celda que contiene el empleo de Larry Franklin.

3. En la celda E11, introduzca **Contable**, y pulse INTRO.

4. En la celda H11, la celda que contiene el salario de Larry Franklin, introduzca **28800** y pulse INTRO.

5. Cámbiese a la hoja Informe de personal.

6. En la barra de herramientas de Query y tabla dinámica pulse el botón Renovar datos.

Renovar datos

Sus datos son actualizados. Su tabla deberá ser similar a la siguiente:

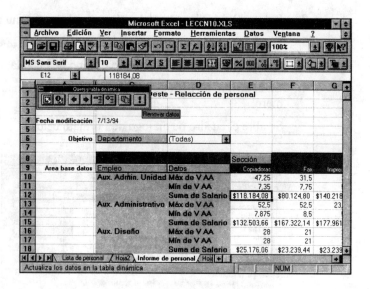

Un paso más

Así como se pueden representar gráficamente los datos de cualquier hoja, puede representar los datos de sus tablas dinámicas para mejorar sus informes. Sin embargo, cuando trabaje con gráficos y tablas dinámicas, deberá tener cuidado sobre la cantidad de información que introducirá en la tabla. Probablemente, deberá limitar su tabla dinámica a solo dos filas y dos columnas de campos para poder obtener un gráfico acertado. Si la cantidad de filas y columnas es mayor, su gráfico podría resultar difícil de comprender. También necesita eliminar cualquier total general o subtotal (además de las funciones de resumen que están en el área de datos) de su tabla dinámica antes de representar gráficamente los datos. Si deja intactos los totales generales o subtotales, su gráfico no reflejará las relaciones reales entre los datos; en su lugar, mostrará la relación entre los datos y los totales generales o subtotales.

Nota   En este ejercicio, cree un gráfico de una tabla dinámica que sólo tenga un campo de datos. Para crear un gráfico de una tabla dinámica con varios niveles, seguirá necesitando eliminar los totales, pero no tendrá que suprimir datos de su tabla. Para más información sobre las tablas dinámicas de varios niveles, consulte en el *Manual del usuario de Microsoft Excel*, el Capítulo 24, "Creación de una tabla dinámica".

Ya ha eliminado los totales generales de su tabla dinámica, pero necesita suprimir los resúmenes de las vacaciones del año actual antes de poder representar gráficamente los datos restantes. Pruebe a suprimir los dos campos VAA, y luego cree un gráfico de barras 3-D para mostrar en una hoja separada el total de los salarios de cada empleo por sección.

Supresión de los campos V AA

1. Pulse la celda D12, y luego pulse el botón derecho del ratón para abrir el menú contextual.

2. Desde dicho menú, escoja Tabla dinámica.

    Aparece el paso 3 del Asistente para tablas dinámicas.

3. Arrastre Max de V AA y Min de V AA fuera del área de la tabla dinámica.

4. Pulse el botón Terminar.

    Ahora, la tabla dinámica visualiza únicamente el campo Suma de salarios.

Representación gráfica de una tabla dinámica

1. Arrastre el ratón para seleccionar C8:F20.

    Este rango incluye las cabeceras y los datos para la tabla dinámica exceptuando el botón Departamento. Como su tabla dinámica ya muestra todos los departamentos, no necesita incluir en su selección la información de departamento.

2. Desde el menú Insertar, seleccione Gráfico y luego escoja Como hoja nueva.

    Se abre el Asistente para gráficos.

3. Pulse el botón Siguiente.

4. En el paso 2, seleccione el tipo de gráfico de Barras 3-D, y a continuación pulse el botón Siguiente.

5. Pulse el botón Siguiente.

6. Pulse el botón Terminar.

    Se abre una nueva hoja de gráfico con un gráfico de barras 3-D mostrando los salarios totales para cada empleo de cada sección de cada departamento. Su gráfico deberá ser similar al siguiente:

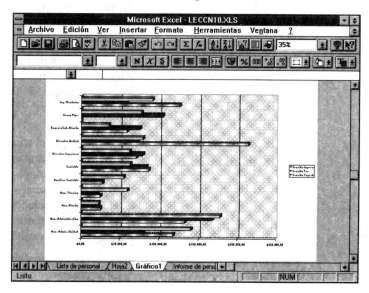

Para continuar con la siguiente lección

1.   Seleccione Guardar desde el menú Archivo.

2.   Seleccione Cerrar desde el menú Archivo.

Para salir de Microsoft Excel

➤   Seleccione Salir desde el menú Archivo.

Si aparece el cuadro de diálogo de Guardar, pulse Sí.

Resumen de la lección

Para	Haga esto	Botón
Crear una tabla dinámica	Seleccione una celda o un rango para su tabla dinámica. Desde el menú Datos, seleccione Tabla dinámica. En el Asistente para tablas dinámicas, pulse el botón Siguiente. Arrastre para seleccionar el rango que contiene los datos para su tabla dinámica, y luego pulse el botón Siguiente. Arrastre los campos que desea en las áreas Fila, Columna y Datos de la tabla. Pulse el botón Siguiente y asegúrese de que se seleccionan Sumas totales de las filas y Sumas totales de las columnas. Pulse el botón Terminar.	
Añadir datos a una tabla dinámica	Pulse una celda de la tabla dinámica, y luego desde el menú contextual, seleccione Agregar campo de datos. Escoja el campo de datos que desea añadir.	
Ocultar o mostrar datos de una tabla dinámica	Pulse dos veces el campo tabla dinámica que desea cambiar. En el cuadro de diálogo de Campo de la tabla dinámica, seleccione los elementos que desea ocultar, o seleccione los apartados ocultos para mostrarlos de nuevo, y luego escoja Aceptar.	
Eliminar datos de una tabla dinámica	Arrastre el campo fuera del área de la tabla dinámica.	

Para	Haga esto	Botón
Desplazar datos en una tabla dinámica	Pulse el botón Asistente para tablas dinámicas de la tabla de herramientas Query y tabla dinámica o desde el menú contextual, seleccione Tabla dinámica. Arrastre los campos que quiera hacia las posiciones que desea del Asistente para tablas dinámicas. Pulse el botón Terminar.	
Modificar las funciones de resumen	Seleccione el campo de datos que desea cambiar. Desde el menú contextual, escoja Campo de la tabla dinámica. En el cuadro de diálogo de Campo de la tabla dinámica, seleccione la función de resumen que desea y luego pulse Aceptar.	
Eliminar las sumas totales	Seleccione una celda de la tabla dinámica, y luego desde el menú contextual, escoja Tabla dinámica. Pulse el botón Siguiente para desplazarse al paso 4 del Asistente para tablas dinámicas. En el recuadro Opciones de la tabla dinámica, borre las opciones Sumas totales de las columnas y Sumas totales de las filas. Pulse el botón Terminar.	
Formatear automáticamente una tabla dinámica	Seleccione una celda de la tabla dinámica, y luego desde el menú Formato, seleccione Autoformato. Seleccione un formato, y luego pulse Aceptar.	
Formatear números de una tabla dinámica	Pulse dos veces el campo de datos que contiene los números que desea formatear. Desde el menú contextual, seleccione Campo de la tabla dinámica. En el cuadro de diálogo de Campo de la tabla dinámica, pulse el botón Número. En el cuadro de diálogo de Formato celdas, seleccione el formato de número que desea, y a continuación pulse Aceptar. Escoja de nuevo Aceptar para cerrar el cuadro de diálogo de Campo de la tabla dinámica.	

Para más información sobre	Véase *Manual del usuario de Microsoft Excel*
Creación de una tabla dinámica	El Capítulo 24, "Creación de una tabla dinámica".
Modificar una tabla dinámica	El Capítulo 25, "Personalización de una tabla dinámica".
Formatear una tabla dinámica	El Capítulo 25, "Personalización de una tabla dinámica".

Avance de las siguientes lecciones

En la Parte 4, aprenderá a analizar datos examinando resultados alternativos, y a enlazar datos dentro de libros de trabajo y entre diferentes aplicaciones. En la lección siguiente, "Comparación de alternativas", aprenderá a procesar sus datos con funciones analíticas. Sabrá también cómo se hace un pronóstico con sus datos, cómo se busca un valor específico con la orden Buscar objetivo, y aprenderá a examinar varias alternativas.

Revisión y práctica

En las lecciones de la Parte 3, "Gestión de los datos", ha aprendido las técnicas que le pueden ayudar a ordenar y gestionar listas de datos; a organizar sus libros de trabajo; y a crear informes con resúmenes de hoja, consolidación y tablas dinámicas. Si desea practicar estas técnicas y saber si ha comprendido éstas antes de seguir con las lecciones de la Parte 4, puede trabajar a través de la sección Ejercicio de repaso que sigue a esta lección.

Parte 3.   *Ejercicio de repaso*

Antes de seguir con la Parte 4, la cual abarca el análisis y distribución de los datos, puede practicar las técnicas aprendidas en la Parte 3 trabajando a través de los pasos de esta sección Ejercicio de repaso. Organizará su libro de trabajo, ordenará y filtrará los datos, añadirá subtotales y modificará una tabla dinámica.

Exploración de la actividad

La sección Copiadoras conserva un diario de ventas que lista cada vendedor de producto y las ventas que ha realizado durante la última semana. Necesita crear un informe que muestre el importe total y las cantidades totales vendidas por cada vendedor de producto. Diferentes miembros del departamento ya han trabajado en los archivos, pero le acaba de ser asignado el informe de ventas como parte de sus obligaciones normales. Primero, organizará los libros de trabajo que van a utilizarse en la generación del informe, para que así toda la información se encuentre en un solo sitio. Luego creará dos versiones del informe, y así podrá ofrecer más de un formato a los directores del producto.

Repasará cómo:

- Copiar y desplazar hojas para hacer que sus libros de trabajo sean más manejables.

- Documentar su trabajo con notas de celdas, cuadros de texto, e información resumen.

- Ordenar datos según criterios específicos.

- Visualizar únicamente los datos que necesita con el filtrado automático.

- Crear rápidos informes de resumen con subtotales.

- Cambiar la organización de sus datos sin reestructurar la hoja.

Duración estimada del ejercicio: 20 minutos

Paso 1:   Apertura de archivos y organización de su libro de trabajo

Abra los dos libros de trabajo que contienen los datos del diario de sus ventas de copiadoras, y luego copie la hoja de totales en el archivo principal. Además, añada una nota para explicar el código C/N, el cual podría ser confuso para otros usuarios.

1. Abra el archivo P3REVIS.XLS, y guárdelo como REVISP3.XLS.

2. Abra el archivo P3REVISA.XLS, y guárdelo como REVISP3A.XLS.

3. Utilice la orden Mover o copiar hoja del menú Edición para copiar la hoja Total de ventas de Copiadoras de REVISP3A.XLS a REVISP3.XLS. Sitúe la hoja delante de la primera hoja del libro de trabajo de REVISP3.XLS.

4. En la hoja Datos de Copiadoras, utilice la orden Notas del menú Insertar para añadir una nota en la celda de la cabecera de columna C/N que indica **El código C/N significa: Contacto con cliente conocido o nuevo.**

Para más información sobre	Véase
Desplazar y copiar hojas	La Lección 7.
Añadir notas que expliquen datos	La Lección 7.

Paso 2: Filtrado y ordenación de los datos de su hoja

Necesita decirle a alguien cuántos Envíos por Avión hay, así filtrará primero los datos para hacer una rápida comprobación. A continuación, eliminará los filtros para que pueda seguir creando su informe. Los datos necesitan ser ordenados por apellido, conservar separados los pedidos de cada vendedor de producto, y luego debe averiguar si el pedido es para un cliente conocido o para uno nuevo.

1. Utilice la orden Filtro automático para sacar todos los datos salvo los pedidos enviados por avión.

2. Utilice de nuevo la orden Filtro automático para desactivar los filtros.

3. Utilice la orden Ordenar para ordenar primero los datos según el nombre del vendedor del producto, luego según el C/N.

Para más información sobre	Véase
Filtrar datos	La Lección 8.
Ordenar los datos	La Lección 8.

Paso 3: Resumen de los datos con subtotales

Su informe necesita incluir la cantidad de productos vendidos por cada vendedor, y saber cuál es el importe obtenido por él o ella en su venta. Utilizará subtotales para mostrar el importe total y el número total de productos vendidos por cada vendedor.

1. Utilice la orden Subtotales para añadir subtotales a las columnas Cantidad e Importe.

2. Ajuste los anchos de columna como sea necesario para mostrar todos los datos.

3. Formatee la lista utilizando el formato de Lista 3 y el formato automático.

   Su hoja deberá ser similar a la siguiente:

	Vendedor	Nº Empres	C/N	Nº Produc	Cant.	Precio	Importe	Envio
7	Vendedor	Nº Empres	C/N	Nº Produc	Cant.	Precio	Importe	Envio
8	Cane, Nate	261	C	C230 GLS	1	$4.620,80	$4.620,80	Aereo
9	Cane, Nate	341	C	C400 GLS	1	$5.544,96	$5.544,96	Terrestre
10	Cane, Nate	195	C	C110 GLS	2	$1.289,58	$2.579,16	Aereo
11	Cane, Nate	362	N	C520 GLS	1	$13.797,63	$13.797,63	Terrestre
12	Total Cane, Nate				5		$26.542,55	
13	Morton, Sara	341	C	C320 GLS	1	$4.620,80	$4.620,80	Terrestre
14	Morton, Sara	195	C	C100 GLS	2	$1.074,65	$2.149,30	Aereo
15	Morton, Sara	362	C	C210 GLS	1	$1.289,58	$1.289,58	Terrestre
16	Morton, Sara	261	N	C300 GLS	1	$3.208,89	$3.208,89	Aereo
17	Morton, Sara	261	N	C300 GLS	1	$3.208,89	$3.208,89	Aereo
18	Morton, Sara	341	N	C500 GLS	1	$9.581,69	$9.581,69	Aereo
19	Total Morton, Sara				7		$24.059,15	
20	Sammler, Mark	362	C	C310 GLS	1	$3.850,67	$3.850,67	Terrestre
21	Sammler, Mark	261	C	C400 GLS	1	$5.544,96	$5.544,96	Aereo
22	Sammler, Mark	341	C	C100 GLS	1	$1.074,65	$1.074,65	Aereo
23	Sammler, Mark	195	N	C120 GLS	3	$1.547,50	$4.642,50	Terrestre
24	Sammler, Mark	362	N	C520 GLS	1	$13.797,63	$13.797,63	Terrestre
25	Total Sammler, Mark				7		$28.910,41	

Para más información sobre	Véase
Crear informes con subtotales	La Lección 9.

Paso 4: Modificación del informe de su tabla dinámica

La persona que trabajó antes en el informe incluyó demasiada información en la tabla dinámica, así que necesita cambiarse a la hoja Tabla de copiadoras y eliminar de la tabla dinámica los campos Suma de precios y Cuenta del Nº productos para que sólo aparezcan los campos Suma de Cantidad y Suma de Importe, repitiendo los datos de la hoja anterior. Luego, necesita formatear toda la tabla y el campo Suma de Cantidad para que se parezcan más al resto del informe.

1. En la hoja Tabla de copiadoras, utilice la orden Tabla dinámica del menú contextual para modificar la tabla dinámica.

2. Elimine los campos Suma de Precio y Cuenta de Nº Producto.

3. Formatee toda la tabla dinámica con la orden Autoformato y el formato Lista 3.

4. Formatee los números del campo Suma de Importe para mostrar las cantidades con formato monetario.

Su hoja deberá ser similar a la siguiente:

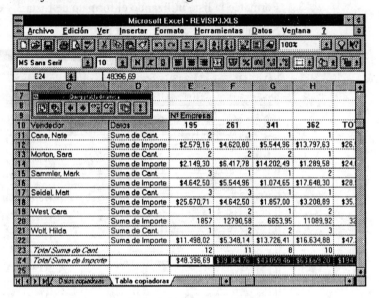

Para más información sobre	Véase
Modificar tablas dinámicas	La Lección 10.

Para continuar con la siguiente lección

1. Seleccione Guardar del menú Archivo.

2. Mantenga presionada DESPL, y desde el menú Archivo seleccione Cerrar todo.

Para salir de Microsoft Excel

➤ Seleccione Salir del menú Archivo.

Si aparece el cuadro de diálogo de Guardar, pulse Sí.

4 Análisis y distribución de los datos

Comparación de alternativas

Cuando trabaje con sus datos, tal vez se encuentre preguntándose "¿Qué pasaría si este pago tuviera $50 menos?" o "¿Qué pasaría si el tipo de interés cambiara?" o "¿Qué pasaría si el plazo de amortización fuera sólo de un año en lugar de tres?" Realizar estos análisis de forma manual puede resultar difícil y representar además un consumo de tiempo. Sin embargo, con Microsoft Excel 5, puede fácilmente llevar a cabo estas preguntas "Qué pasaría si". Con las herramientas de análisis de hipótesis de Microsoft Excel, puede colocar distintas entradas en las fórmulas de su hoja y comparar los resultados. Para descubrir cuánto debe cambiar un valor para producir un resultado específico, puede utilizar la búsqueda de un objetivo. Puede utilizar una tabla de datos para ver una lista de posibles valores que dependan de uno o dos factores cambiantes. Si necesita conocer todas las posibilidades o todo el escenario para sus datos, puede utilizar el Administrador de escenarios. En esta lección, aprenderá la forma de utilizar estas herramientas que le ayudarán a descubrir lo "que sucedería si..."

Aprenderá a:

- Encontrar un valor utilizando la búsqueda de objetivo.

- Utilizar una tabla de datos que le permitirá comparar distintas soluciones a una ecuación.

- Guardar diferentes grupos de valores mediante el uso del Administrador de escenarios.

Duración estimada de la lección: 35 minutos

Si su pantalla no coincide con las ilustraciones de esta lección, vea el Apéndice "Comparación de ejercicios".

Inicio de la lección

1. Abra el archivo 11LECCN.XLS.

2. Guarde el libro de trabajo como LECCN11.XLS.

3. Pulse el botón Maximizar de la ventana de documento, si es que ésta aún no ha sido maximizada.

Búsqueda de un objetivo concreto

Cuando busque respuestas a las preguntas "qué pasaría si", tal vez desee descubrir cuál sería el resultado de una fórmula si sólo cambiara una variable. Por ejemplo, podría necesitar descubrir cuánto tendría que incrementar las ventas para alcanzar un objetivo concreto de ingresos de explotación o cuánto desembolso inicial tendría que realizar para comprar una casa. Cuando necesite encontrar un valor cambiando solamente una variable, puede utilizar la *búsqueda de objetivo*. En este proceso, introducirá su valor de objetivo, seleccionará la variable que desea cambiar, y luego el programa encontrará el valor que le permitirá alcanzar su objetivo. Con la búsqueda de objetivo, puede examinar valores e introducirlos en su hoja cuando encuentre los que necesita.

Por ejemplo, suponga que desea comprar una casa. En el archivo LECCN11.XLS, la hoja del Desembolso inicial posee información sobre el precio concreto de una casa, gastos de escritura, el desembolso inicial y el importe del préstamo. El precio de la casa está establecido, el desembolso inicial es un 10 por 100 del precio de la casa, y los gastos de escritura son un 3 por 100 del pago del préstamo. El importe del préstamo depende del precio de la casa y de lo que el banco quiera prestarle. Si se ha fijado el préstamo, puede utilizar una búsqueda de objetivo para determinar los costes exactos de escritura, el desembolso inicial, y el precio de la casa que puede permitirse.

En el ejercicio siguiente, utilice la búsqueda de objetivo para descubrir cuál sería el desembolso inicial, los costes de escritura y el precio de la casa para un préstamo de $110.000.

Búsqueda de un importe de desembolso inicial

1. Asegúrese de que la hoja Desembolso inicial es la hoja activa.

2. Seleccione la celda D15, y desde el menú Herramientas escoja Buscar objetivo.

   La celda D15 contiene la fórmula que calcula el importe del préstamo, =D9-D12. Sustituirá un valor para esta fórmula, y verá cuánto tiene que cambiar el precio de la casa, en la celda D9, para producir el nuevo valor. Se abre el cuadro de diálogo de Buscar objetivo.

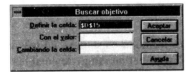

3. Pulse el cuadro de texto Con el valor e introduzca **110000**.

4. Pulse el cuadro Cambiando la celda y luego seleccione la celda D9.

Tal vez necesite arrastrar el cuadro de diálogo de Buscar objetivo antes de seleccionar la celda. Alcanzará su objetivo de un préstamo de $110.000 cam-
biando el precio de la casa de la celda D9.

5. Pulse Aceptar.

Aparece el cuadro de diálogo Estado de la búsqueda, indicándole que se ha
encontrado un valor. El valor aparece en la celda D9 para una previsualiza-
ción, pero éste no ha sido introducido en la celda. Observe que las celdas
D11, D12 y D13, las cuales dependen del valor de la celda D9, también han
cambiado. Tal vez necesite desplazar el cuadro de diálogo Estado de la búsqueda para ver las cifras. Su pantalla deberá ser como la siguiente ilustración:

6. Escoja Aceptar.

El valor es introducido en la celda D9, y las celdas D11, D12 y D13 se ac-
tualizan con los nuevos valores.

Nota   Si desea restablecer los valores originales de su hoja después de buscar un
objetivo, puede utilizar la orden Deshacer del menú Edición o el botón Deshacer,
suponiendo que no haya realizado ninguna otra acción.

Examen de alternativas con tablas de datos

Una vez introducidas las fórmulas en su hoja, tal vez desee realizar análisis de hipótesis "qué pasaría si" para ver un rango de posibles valores para sus fórmulas. Las *tablas de datos* pueden proporcionar un método abreviado calculando todos los valores en una operación. Una tabla de datos es un rango de celdas que muestra los resultados de sustituir diferentes valores en una o más fórmulas.

Tal vez disponga de varias combinaciones posibles que le gustaría comparar. Por ejemplo, podría necesitar comparar los pagos de un préstamo con diferentes tipos de interés o con diferentes plazos. O, podría necesitar comparar en sus ingresos operativos, el efecto de distintas cifras de crecimiento de ventas. En lugar de utilizar una búsqueda de objetivo, la cual sólo obtiene un valor, podría utilizar una tabla de datos para comparar varios valores. Puede crear tablas de datos para listar tantos valores como necesite para una o dos variables. Por ejemplo, podría descubrir que el pago del préstamo tendría por tipos de interés entre 6 y 9 por 100, o podría ver en sus ingresos de explotación el efecto del 2, 3, 4 ó 5 por 100 como crecimiento de ventas.

Existen dos tipos de tablas de datos: *tablas de una entrada* y *tablas de dos entradas*. Con una tabla de una entrada, se introducen diferentes valores para una variable y se ve el efecto sobre una o más fórmulas. Con una tabla de dos entradas, se introducen diferentes valores para dos variables y se ve el efecto sobre una fórmula.

Creación de una tabla de datos de una entrada

La orden Tabla es similar a /Datos Tabla 1 o /Datos Tabla 2 de 1-2-3, excepto que las tablas de datos de Microsoft Excel son recalculadas cuando se cambian los datos de origen.

Para establecer una tabla de datos de una entrada, liste los valores a lo largo de una sola columna o a través de una sola fila. Luego desarrolle la fórmula que determinará los valores y rellenará la tabla. Para crear una tabla de datos, utilice la orden Tabla del menú Datos.

Sin embargo, antes de que pueda establecer una tabla de datos para buscar valores, necesita determinar la fórmula que va a utilizar. En este caso, desea encontrar el importe del pago actual para el préstamo. En el ejercicio siguiente, añada una fórmula en su hoja que calcule pagos basados en un tipo de interés variable, con un plazo y un importe de préstamo constantes. Utilice el Asistente para funciones para crear una fórmula que calcule los pagos de un préstamo basados en su tipo de interés, plazo, y valor actual.

Introducción de la fórmula para la tabla de datos

Asistente para funciones

1. Cámbiese a la hoja Pagos, y luego seleccione la celda D13.

2. Pulse el botón Asistente para funciones de la barra de herramientas.

   Se abre el cuadro de diálogo del Asistente para funciones.

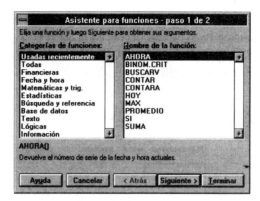

3. En la lista Categorías de funciones, seleccione Financieras.

4. En la lista Nombre de la función, seleccione Pago, y luego pulse el botón Siguiente.

Pago es una función estándar que calcula pagos de un préstamo. Se visualiza ahora el paso siguiente del cuadro de diálogo Asistente para funciones.

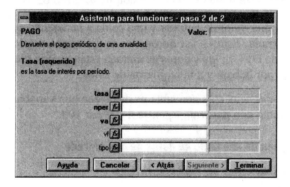

5. En el recuadro de texto de tasa, introduzca **$D$8/12**.

El rótulo de interés hace referencia al tipo de interés mensual del préstamo. La celda D8 contiene el tipo de porcentaje anual. Para encontrar el tipo de porcentaje mensual, debe dividir por 12 el interés anual.

6. Pulse en el recuadro de texto nper, y luego introduzca **$D$9**.

El rótulo nper hace referencia al número total de pagos de su préstamo o al plazo de la celda D9.

7. Pulse en el recuadro de texto va, y luego introduzca **-$D$10**.

El rótulo va hace referencia al valor actual de su préstamo. Como no ha realizado ningún pago, el valor actual de su préstamo (desde su perspectiva) es negativo.

8. Pulse el botón Terminar, y luego pulse INTRO.

La función Pago es introducida en la celda D13 y devuelve el pago mensual de $922,70, basado en un tipo de interés del 8,5 por 100. Su hoja deberá ser como la siguiente ilustración:

Interés	8,50%	
Número de meses	360	
Importe préstamo	$120.000,00	
	Mensualidad	**Interés pagado**
	$922,70	
6,00%		
6,25%		
6,50%		
6,75%		
7,00%		

En este ejercicio, establezca una tabla de datos para que los tipos de interés de la columna C (*los valores de entrada*), sean sustituidos cada uno en la fórmula de la celda D8 (la *celda de entrada*), y los pagos mensuales obtenidos aparezcan en las celdas que se encuentran por debajo de la fórmula de la celda D13. Cuando los valores de entrada están en una columna, como ocurre en este caso, introduzca la fórmula que hace referencia a la celda de entrada en la fila que está por encima del primer valor de entrada y una celda a la derecha de la columna de los valores de entrada. Esto es así porque en el ejercicio anterior introdujo su fórmula en la celda D13. Si los valores de entrada están en una fila, introduzca la fórmula una celda por debajo y a la izquierda de éstos.

En el ejercicio, cree una tabla de datos con una variable para rellenar los pagos del préstamo con porcentajes entre 6 y 9 por 100.

Creación de una tabla de datos de una entrada

1. Seleccione las celdas C13:D26.

2. Desde el menú Datos, seleccione Tabla.

Aparece el cuadro de diálogo de Tabla.

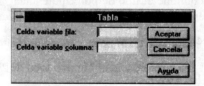

3. Coloque el punto de inserción en el recuadro Celda variable columna, y luego seleccione la celda D8.

Esta celda contiene el tipo de interés original.

4. Pulse el botón Aceptar.

Los valores de las celdas C14:C26 son sustituidos de uno en uno en la fórmula de entrada de celda y la tabla se rellena con los resultados. Su hoja deberá ser como la siguiente ilustración:

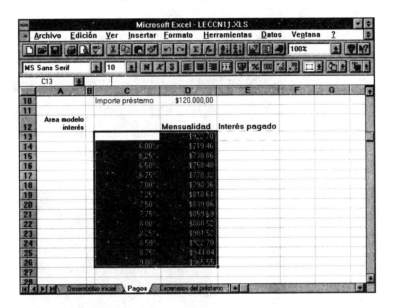

Incorporación de fórmulas en tablas de datos existentes

Ahora que ya tiene la tabla de datos en una posición, puede comparar los valores y tomar algunas decisiones. Pero ¿qué pasa si necesita descubrir cuánto pueden afectar los diferentes valores a otra fórmula? ¿Cómo afectarán, por ejemplo, los distintos tipos de interés a la cantidad global del pago del interés? Puede añadir una fórmula a una tabla de datos y ver exactamente cómo los valores de la tabla de datos afectan a los resultados de la fórmula. En el ejercicio siguiente, añada una fórmula para ver el interés pagado sobre la vida del préstamo.

Cálculo del pago total del interés

1. En la celda E13, introduzca =($D$13*$D$9)-$D$10.

La celda D13 contiene el importe del pago mensual, la celda D9 contiene el número total de meses y la celda D10 contiene la cantidad inicial del préstamo. Esta fórmula calcula el importe total del interés que pagaría, además del desembolso de la cantidad inicial.

2. Pulse el recuadro Intro o pulse la tecla INTRO.

Microsoft Excel calcula el interés total pagado basándose en un tipo de interés del 10 por 100.

3. Seleccione las celdas C13:E26.

4. Desde el menú Datos, escoja Tabla.

5. Pulse en el cuadro Celda variable columna, y luego seleccione la celda D8.

6. Pulse el botón Aceptar.

Cada valor de la columna C es sustituido en la celda de entrada, y la tabla de datos se rellena con los resultados de las fórmulas.

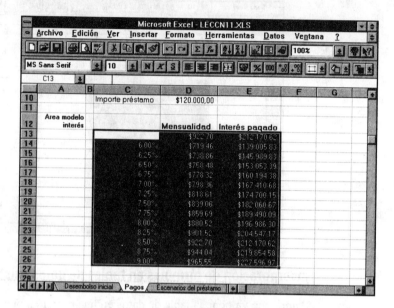

Creación de una tabla de datos con dos entradas

Si desea ver cómo afectan a una fórmula los cambios en dos variables, puede utilizar una tabla de datos de dos entradas. Por ejemplo, podría ver cómo cambian los pagos del préstamo dependiendo del tipo de interés y del plazo del préstamo. En el ejercicio siguiente, cree una tabla de datos con dos variables para calcular los pagos del préstamo.

Cálculo de los pagos del préstamo basándose en el tipo de interés y en el plazo

Copiar

1. Seleccione la celda D13, y luego pulse el botón Copiar de la barra de herramientas.

Como necesita utilizar la misma fórmula para encontrar los pagos, y como la creó con valores absolutos, puede ahorrar tiempo copiando y pegando la fórmula dentro de la nueva área de la tabla de datos.

Pegar

2. Seleccione la celda C30, y luego pulse el botón Pegar de la barra de herramientas.

La función PAGO y todos sus argumentos son copiados en la celda C30.

Para buscar los pagos del préstamo basados en el tipo de interés y en el plazo, tendría que establecer una tabla de datos para que los tipos de interés introducidos en la columna C fueran sustituidos en una celda de entrada (D8), y los plazos del préstamo introducidos en la fila 30 fueran sustituidos en una segunda celda de entrada (D9).

Para crear una tabla de datos con dos variables, necesita colocar un conjunto de valores en una sola columna, y otro conjunto en una sola fila. Por ejemplo, tendría que colocar los tipos de interés en la columna C y los plazos en la fila 30. Con dos variables, sólo puede utilizar en su tabla una fórmula, y debe introducirla en la celda que es la intersección de su fila y columna de valores posibles. En el ejercicio anterior, ya colocó la fórmula en la celda C30. Cuando ejecute cálculos con la orden Tabla, los pagos mensuales obtenidos serán introducidos en las celdas que están por debajo de la fila 30 y a la derecha de la columna C.

Cómo completar una tabla de datos con dos entradas

1. Seleccione las celdas C30:I43.

2. Desde el menú Datos, seleccione Tabla.

3. Asegúrese de que el punto de inserción está en el cuadro Celda variable fila, y luego seleccione la celda D9.

Los valores para el número de meses están en una fila. La celda D9 contiene el plazo del préstamo o número de meses.

4. Sitúe el punto de inserción en el cuadro Celda variable columna, y luego seleccione la celda D8.

Los valores para el tipo de interés están en una columna. La celda D8 contiene el valor del tipo de interés.

5. Escoja el botón Aceptar.

6. Si es necesario, desplace la pantalla para visualizar las celdas C29:I43.

Microsoft Excel sustituye cada valor de las celdas de entrada y rellena la tabla de datos con los resultados de las fórmulas. Su tabla de datos de dos entradas deberá ser como la siguiente ilustración:

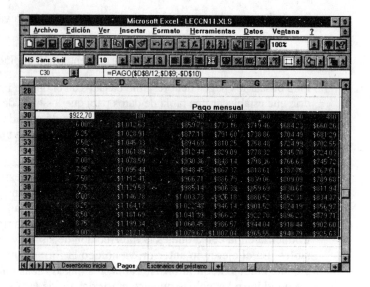

Edición y supresión de tablas de datos

Si piensa que la tabla de datos ya no le proporciona la información que necesita, puede editar los valores de entrada o fórmulas de la fila superior o de la columna izquierda de una tabla de datos. Microsoft Excel recalcula la tabla después de editar cualquier celda que pueda afectar a los resultados de la tabla. Si piensa que ya no necesita la tabla, puede suprimirla completamente. En los ejercicios siguientes, cambie el importe del préstamo de su tabla de datos a $135000, y luego suprima la tabla de datos.

Modificación del importe del préstamo

1. Seleccione la celda D10, introduzca **135000**, y luego pulse INTRO.
2. Desplace la pantalla hacia abajo para visualizar las dos tablas.

Sus tablas son actualizadas para reflejar el nuevo importe del préstamo. Sus tablas deberán ser como las siguientes:

	Mensualidad	Interés pagado
	$1.038,03	$238.691,95
6,00%	$809,39	$156.381,56
6,25%	$831,22	$164.238,56
6,50%	$853,29	$172.185,06
6,75%	$875,61	$180.218,67
7,00%	$898,16	$188.337,01
7,25%	$920,94	$196.537,67
7,50%	$943,94	$204.818,25
7,75%	$967,16	$213.176,35
8,00%	$990,58	$221.609,58
8,25%	$1.014,21	$230.115,57
8,50%	$1.038,03	$238.691,95
8,75%	$1.062,05	$247.336,40
9,00%	$1.086,24	$256.046,59

$1.038,03	180	240	300	360	420	480
6,00%	$1.139,21	$967,18	$869,81	$809,39	$769,76	$742,79
6,25%	$1.157,52	$986,75	$890,55	$831,22	$792,55	$766,45
6,50%	$1.175,99	$1.006,52	$911,53	$853,29	$815,61	$790,37
6,75%	$1.194,63	$1.026,49	$932,73	$875,61	$838,91	$814,53
7,00%	$1.213,42	$1.046,65	$954,15	$898,16	$862,46	$838,93
7,25%	$1.232,36	$1.067,01	$975,79	$920,94	$886,23	$863,56
7,50%	$1.251,47	$1.087,55	$997,64	$943,94	$910,23	$888,40
7,75%	$1.270,72	$1.108,28	$1.019,69	$967,16	$934,44	$913,44
8,00%	$1.290,13	$1.129,19	$1.041,95	$990,58	$958,85	$938,67
8,25%	$1.309,69	$1.150,29	$1.064,41	$1.014,21	$983,46	$964,09
8,50%	$1.329,40	$1.171,56	$1.087,06	$1.038,03	$1.008,26	$989,68
8,75%	$1.349,26	$1.193,01	$1.109,89	$1.062,05	$1.033,24	$1.015,43
9,00%	$1.369,26	$1.214,63	$1.132,92	$1.086,24	$1.058,39	$1.041,34

Pago mensual

Nota Las llaves {} alrededor de las fórmulas de la tabla de datos indican que las celdas contienen una *matriz*. Como los valores resultantes de una tabla de datos son una matriz, no puede editarlos o borrarlos uno por uno. Si intenta modificar los valores de la tabla de datos, aparecerá un mensaje indicándole que no puede cambiar parte de una tabla. Si desea editar los resultados de la tabla de datos, puede convertir los resultados en un rango de valores constantes. Para hacer esto, utilice la opción Valores del cuadro de diálogo Pegado especial.

También puede copiar valores de una tabla de datos. Cuando haga esto, sólo se copiarán los valores y no las fórmulas de esos valores. Para recalcular, desplazar o suprimir una tabla de datos, debe primero seleccionar toda la tabla, incluyendo las fórmulas y los valores de entrada. En el ejercicio siguiente, suprima toda la tabla de datos.

Supresión de una tabla de datos

1. Seleccione C30:I43.

2. Pulse el botón derecho del ratón en cualquier parte dentro del rango seleccionado, y desde el menú contextual, escoja Borrar contenido.

Utilización del Administrador de escenarios para analizar datos

A veces, puede necesitar examinar los posibles resultados en una escala mayor que la que realiza la búsqueda de objetivos o la que las tablas de datos puedan gestionar. Si necesita ver una colección de valores de entrada a sustituir dentro de su hoja, y necesita conservar varios conjuntos de estas colecciones, puede utilizar el Administrador de escenarios. Por ejemplo, si desea descubrir el resultado que tendrían sobre su precio de compra, un desembolso inicial diferente y un tipo de interés diferente, pero desea ver cada resultado por separado, podría crear escenarios separados para almacenar distintas combinaciones de datos. O, si desea ver si la contratación de otro vendedor o el incremento de anuncios tendrían un mayor efecto sobre el aumento de sus ventas, podría comparar los escenarios. Con el Administrador de escenarios, puede establecer cada colección de datos por separado y examinarla cuando tome esa decisión.

Para establecer escenarios separados, necesita comenzar con una hoja que ya contenga datos y fórmulas que desee utilizar. Luego puede utilizar el Administrador de escenarios para denominar los escenarios y sustituir valores diferentes en las celdas que se especifiquen. En los ejercicios siguientes, desarrolle tres escenarios para comparar tres combinaciones de precio, tipo de interés, y desembolso inicial para una casa.

Creación de un escenario

1. Cámbiese a la hoja Escenarios del préstamo.

2. Desde el menú Herramientas, seleccione Administrador de escenarios.

   Se abre el cuadro de diálogo del Administrador de escenarios.

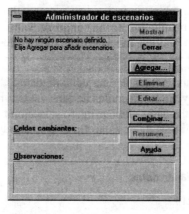

3. Pulse el botón Agregar.

   Se abre el cuadro de diálogo de Agregar escenario.

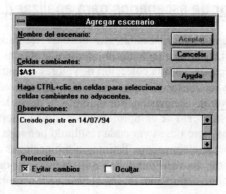

4.   En el recuadro de texto Nombre del escenario, introduzca **Bajo interés**.

5.   Con el punto de inserción en el cuadro Celdas cambiantes, suprima las celdas existentes, y seleccione las celdas D8:D10 de la hoja.

Tal vez necesite primero desplazar el cuadro de diálogo.

6.   Pulse Aceptar.

Se abre el cuadro de diálogo de Valores del escenario.

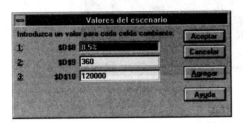

7.   En el recuadro número 1, introduzca **6%** y luego escoja Aceptar.

Aparece de nuevo el Administrador de escenarios.

Creación de escenarios adicionales

1.   Pulse el botón Agregar.

Se abre el cuadro de diálogo de Agregar escenario, visualizando el conjunto de celdas cambiantes especificadas anteriormente.

2.   En el recuadro Nombre del escenario, introduzca **Bajo interés, Plazo reducido**, y luego escoja Aceptar.

Se abre el cuadro de diálogo de Valores del escenario.

3.   En el recuadro número 1, introduzca **7%**. En el recuadro número 2, suprima el número existente, introduzca **240** y luego pulse el botón Agregar.

Aparece de nuevo el cuadro de diálogo de Agregar escenario.

4.   En el cuadro Nombre del escenario, introduzca **Bjo int, Plzo rduc, Cant peque** y luego escoja Aceptar.

Se abre el cuadro de diálogo de Valores del escenario.

5.   En la casilla número 1, introduzca **7%**. En la casilla número 2, suprima el número existente e introduzca **240**. En la casilla número 3, suprima el número existente, introduzca **110000** y luego escoja Aceptar.

Reaparece el cuadro de diálogo del Administrador de escenarios con los tres escenarios que acabamos de listar.

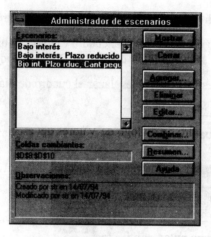

6. Pulse Cerrar.

Muestra de un escenario

Utilice el Administrador de escenarios para mostrar los escenarios creados en los pasos anteriores.

1. Desde el menú Herramientas, escoja Administrador de escenarios.

2. En el recuadro Escenarios, seleccione Bajo interés.

3. Pulse el botón Mostrar.

   Microsoft Excel sustituye los valores del escenario Bajo interés de su hoja. Tal vez necesite desplazar primero el cuadro de diálogo Administrador de escenarios.

4. Pulse Cerrar.

Edición de escenarios

Después de crear un escenario, puede cambiar o añadir valores de entrada. Utilice la orden Administrador de escenarios para editar los valores. En el cuadro de diálogo Administrador de escenarios, seleccione el nombre del escenario que desea editar, y luego escoja el botón Editar.

Edición de un escenario

1. Desde el menú Herramientas, escoja Administrador de escenarios.

   Se abre el cuadro de diálogo del Administrador de escenarios.

2. En la lista de Escenarios, seleccione Bajo interés, Plazo reducido, Cantidad pequeña, y luego pulse Editar.

3. En el recuadro Nombre del escenario, introduzca **Bjo int**, **Plzo rduc**, **Cant alta** y luego pulse Aceptar.

    Se abre el cuadro de diálogo de Valores del escenario.

4. En el recuadro número 3, sustituya el número existente por **140000**, y luego escoja Aceptar.

5. Pulse el botón Mostrar.

    Aparece en su hoja el nuevo escenario.

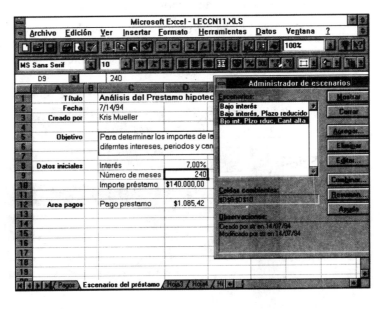

6. Pulse Cerrar.

    Se cierra el cuadro de diálogo del Administrador de escenarios.

Un paso más

Si desea ver inmediatamente todos los datos de su escenario, puede crear un informe que liste los escenarios creados, así como cualquier valor de entrada y cualquier *celda de resultado* que desee visualizar. Una celda de resultado es cualquier celda de su hoja que se recalcula cuando se le aplica un nuevo escenario. Microsoft Excel crea el informe resumen en una hoja separada.

En el ejercicio siguiente, utilice el Administrador de escenarios para añadir un escenario más, y luego cree un informe resumen, especificando la celda que contiene el pago del préstamo (celda D12) como la celda de resultado.

1. Desde el menú Herramientas, seleccione Administrador de escenarios.

2. Añada después un escenario denominado "Alt int, Plzo rduc, Cant grand".

3. Introduzca los valores 9.25%, 360 y 140000 para los recuadros número 1, 2 y 3, respectivamente.

4. Pulse Aceptar.

5. En el cuadro de diálogo Administrador de escenarios, asegúrese de que se selecciona el escenario Alto interés, Plazo largo, Cantidad grande, y luego pulse el botón Resumen.

6. En el recuadro Celdas resultantes, introduzca **$D$12** si es que aún no está allí.

7. Escoja Aceptar.

Aparece una nueva hoja denominada Resumen escenario con un resumen de sus escenarios ya formateados y esquematizados. Su informe de escenario deberá ser como la ilustración siguiente:

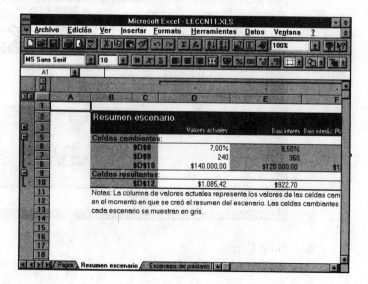

Para continuar con la siguiente lección

1. Seleccione Guardar desde el menú Archivo.

2. Seleccione Cerrar desde el menú Archivo.

Para salir de Microsoft Excel

➤ Seleccione Salir del menú Archivo.

Si aparece el cuadro de diálogo de Guardar, pulse Sí.

Resumen de la lección

Para	Haga esto
Buscar un valor específico que haga que una fórmula alcance su objetivo	Seleccione la celda que contiene la fórmula que desea utilizar para alcanzar un valor concreto. Desde el menú Herramientas, seleccione la orden Buscar un objetivo, y especifique la celda variable cuyo valor desea cambiar para alcanzar su objetivo.
Crear una tabla de datos de una entrada	Introduzca los valores de entrada en una fila o columna. Introduzca una fórmula por encima y a la derecha de los valores de entrada (si están en una columna), o por debajo y a la izquierda (si están en una fila). Esta fórmula depende de una celda de entrada. Seleccione el rango de celdas que contiene los valores de entrada, la fórmula y las celdas que contendrán los valores de la tabla, y luego escoja la orden Tabla del menú Datos. Cuando se le pida, introduzca el nombre o referencia de la celda de entrada de la fila o columna.
Crear una tabla de datos de dos entradas	Introduzca los valores de entrada en una fila y una columna. Introduzca una fórmula en la intersección de la fila y columna de los valores de entrada. Seleccione el rango de celdas que contiene los valores de entrada, la fórmula, y las celdas que contendrán los valores de la tabla, y luego escoja la orden Tabla del menú Datos. Cuando se le indique, introduzca el nombre o referencia de la celda de entrada de la fila y columna.

Para	Haga esto
Editar una tabla de datos	Seleccione la fórmula o el valor de entrada que desea modificar, e introduzca la nueva fórmula o valor de entrada.
Suprimir una tabla de datos	Seleccione toda la tabla. Pulse el botón derecho del ratón en el rango seleccionado para visualizar el menú contextual, y luego escoja Borrar contenido.
Crear un escenario	Desde el menú Herramientas, escoja Administrador de escenarios. Pulse el botón Agregar. En el recuadro Nombre del escenario, introduzca un nombre. En el recuadro Celdas cambiantes, arrastre para seleccionar las celdas que va a cambiar. Pulse Aceptar. En el cuadro de diálogo Valores del escenario, introduzca los valores que desea, y luego escoja Aceptar. Pulse Cerrar.
Mostrar un escenario	Desde el menú Herramientas, escoja Administrador de escenarios. Seleccione el escenario que desea, y luego pulse el botón Mostrar.
Editar un escenario	Desde el menú Herramientas, escoja Administrador de escenarios. Seleccione el escenario que desea, y luego pulse el botón Editar. Realice sus cambios en los cuadros de diálogo, y luego escoja Aceptar.

Para más información sobre	Véase *Manual del usuario de Microsoft Excel*
Buscar un objetivo específico	El Capítulo 27, "Resolución de los problemas y si…".
Buscar alternativas con tablas de datos	El Capítulo 27, "Resolución de los problemas y si…".
Crear escenarios	El Capítulo 28, "Administración de escenarios y si…".

Avance de la siguiente lección

En la lección siguiente, "Enlace de datos", aprenderá a utilizar los mismos datos en más de un archivo utilizando enlaces entre hojas. Aprenderá a crear los enlaces, a actualizarlos cuando los datos cambien, y a restablecer los enlaces que se hayan roto.

Enlace de datos

Cuando crea una hoja, necesita con frecuencia utilizar datos almacenados en una hoja o libro de trabajo diferente. Puede copiar y pegar los datos, pero ¿qué ocurre si los datos cambian con frecuencia? Si copia y pega, necesitará hacerlo de nuevo cuando cambien los datos. Existe una solución a este problema: el *enlace*. Puede crear un enlace entre una hoja *dependiente*, la hoja que utilizará los datos, y una hoja *origen*, la hoja en la que se hallan los datos originales. Su hoja dependiente se actualizará entonces siempre que cambien los datos de la hoja origen. Con Microsoft Excel, puede crear enlaces fácilmente entre una hoja dependiente y una hoja origen, y Microsoft Excel 5 puede actualizar los datos automáticamente cuando éstos cambian.

En esta lección, aprenderá a crear enlaces que le permitan utilizar los mismos datos para más de una hoja, a actualizar los datos enlazados si los datos originales cambian, y a modificar o restablecer enlaces rotos o perdidos.

Aprenderá a :

- Crear enlaces de forma que pueda utilizar los mismos datos en más de una hoja.

- Actualizar los datos cuando la información de origen cambie.

- Cambiar o restablecer enlaces rotos.

Duración estimada de la lección: 20 minutos

Inicio de la lección

Si su pantalla no coincide con las ilustraciones de esta lección, vea el Apéndice, "Comparación de ejercicios".

1. Abra el archivo 12LECCN.XLS.

2. Guarde el libro de trabajo como LECCN12.XLS.

3. Abra el archivo 12LECCNA.XLS.

4. Guarde el libro de trabajo como LECCN12A.XLS.

5. Pulse el botón Maximizar de la ventana de documento, si es que ésta no ha sido aún maximizada.

Creación de enlaces

Suponga que la sección de Copiadoras de las Ventas de la Costa Oeste va a iniciar en enero una nueva campaña de comercialización, y necesita incluir en el presupuesto de la sección de Copiadoras algunos de los datos de la campaña de comercialización. La información de la campaña reside en un libro de trabajo y la información de la sección se encuentra en otro. En lugar de copiar la información del libro de trabajo que trata de la campaña en el libro de trabajo de la sección o de reintroducir la información en el libro de trabajo de la sección, puede crear un enlace entre los dos libros. Para hacer esto, comience con el libro de trabajo dependiente (sección de copiadoras), el cual recibe los datos enlazados, y utilice una fórmula para señalar la información del libro de trabajo origen (campaña de comercialización), el cual contiene los datos originales. La fórmula que utilizará para enlazar los datos origen con los datos dependientes toma la forma (en su formato más simple) de una referencia de celda externa. Dígale simplemente a la hoja dependiente la posición en la que se encuentran los datos de la hoja origen, y Microsoft Excel hará el resto.

El siguiente dibujo ilustra el enlace entre el libro de trabajo dependiente (sección de copiadoras) y el libro de trabajo origen (campaña de comercialización).

En el ejercicio siguiente, creará un enlace entre el libro de la campaña de comercialización del archivo LECCN12A.XLS y el libro de trabajo de la sección multicopista del archivo LECCN12.XLS para poder seguir la pista de los gastos de la campaña con los otros gastos de la sección.

Creación de un enlace

1. Asegúrese de que el archivo activo es LECCN12.XLS.

2. En la hoja Presupuesto sección copiadoras, pulse la celda E39, y luego introduzca =.

   Creará un enlace en esta celda para referirse al importe de Asignación de la campaña de la hoja Campaña de comercialización.

3. Desde el menú Ventana, seleccione LECCN12A.XLS.

   La hoja de la Campaña de comercialización se convierte en la hoja activa.

4. En la hoja Presupuesto campaña de comercialización, pulse la celda E11, y luego pulse INTRO.

   Una vez pulsado INTRO, la fórmula de enlace se completa, y volvemos a la hoja Presupuesto sección copiadoras del libro de trabajo LECCN12.XLS. Observe cómo el importe de asignación a la campaña aparece en la celda E39.

5. Asegúrese de que la celda E39 es aún la celda activa.

   En la barra de fórmulas, la fórmula de la celda E39 hace referencia a la celda E11 de la hoja Presupuesto campaña de comercialización que se encuentra en el archivo LECCN12A.XLS. La celda E39 muestra los datos de esa celda, $62.000,00. Su hoja deberá ser como la siguiente:

Fórmula de enlace a la hoja fuente

La fórmula que crea para enlazar los datos de la hoja origen con la hoja dependiente en el paso 4 sólo utiliza un signo igual (=) y la referencia de celda externa, ='[LECCN12A.XLS]Presup Campaña Comercialización'!$E$11. Al igual que ocurre con cualquier otra fórmula, el signo igual inicia la fórmula, y la referencia de celda indica a la fórmula qué celdas debe utilizar.

La referencia de celda en una fórmula de enlace contiene, sin embargo, algo más que una posición de celda; incluye también el nombre del archivo y el nombre de hoja de la hoja origen, y a veces el nombre de la vía de acceso, si el libro de trabajo origen se encuentra en un directorio diferente al del libro de trabajo dependiente. Para las referencias de celda externas, como la de la fórmula de enlace, los nombres del libro de trabajo siempre están encerrados entre corchetes [], y la referencia de celda siempre está precedida por un signo de exclamación.

Nota Las referencias de celda en las fórmulas de enlace se crean automáticamente como referencias absolutas porque normalmente no desea que cambien si desplaza la fórmula en su libro de trabajo dependiente.

Ahora que ya tiene un enlace, puede añadir fácilmente varios enlaces más a la misma hoja. Puede copiar simplemente en las otras celdas la primera fórmula de enlace pero, como la fórmula incluye referencias absolutas, necesitará actualizar las referencias de celda para señalar las celdas correctas. También puede indicar las celdas que desea referenciar; sin embargo, la copia y actualización posterior de la fórmula le ahorrará tiempo y le ayudará a evitar los errores de escritura. En el ejercicio siguiente, copie la fórmula de enlace dentro de las otras celdas de área de la campaña que se encuentran en el libro de trabajo de la sección de copiadoras, y luego actualice las referencias para indicar las celdas correctas.

Incorporación de enlaces para la información restante de la campaña

1. Seleccione la celda E39, y arrastre el controlador de relleno de la celda hasta la celda H39.

   La misma fórmula y valor aparecen en las celdas F39 a H39.

38	Campañas de comercialización				
39	Asignación Campaña	$62.000,00	$62.000,00	$62.000,00	$62.000,00
40	Total Gastos Campaña				

2. Pulse dos veces la celda F39.

   Actualizará la referencia de las celdas F39 a H39 para señalar las celdas correctas del libro de trabajo origen.

3. En la fórmula, suprima la E, luego introduzca una **F** y pulse INTRO.

   La fórmula se actualiza para indicar la celda F39, y la celda visualiza ahora el valor $62,250.00.

4. Pulse dos veces la celda G39.

5. En la fórmula, suprima la E, introduzca luego una **G** y pulse INTRO.

6. Pulse dos veces la celda H39.

7. En la fórmula, suprima la E, luego introduzca una **H** y pulse INTRO.

Las referencias actualizadas deberán ser como las siguientes:

38	Campañas de comercialización				
39	Asignación Campaña	$62.000,00	$62.250,00	$62.750,00	$63.000,00
40	Total Gastos Campaña				

En el ejercicio siguiente, creará los otros enlaces que necesita en su libro de trabajo de la sección de copiadoras. Primero, copiará la fórmula en las otras celdas, y luego actualizará las referencias.

Enlace de los gastos de la campaña con la hoja de la sección copiadoras

1. Arrastre el ratón para seleccionar E39:H39.

2. Arrastre el controlador de relleno de la celda H39 hasta la celda H40, y luego suéltelo.

Las fórmulas de E39:H39 ocupan las celdas E40:H40.

3. Pulse dos veces la celda E40.

4. En la fórmula, suprima el 11, luego introduzca **20** y pulse INTRO.

5. Repita los pasos 3 y 4 para las celdas F40, G40 y H40.

Sus referencias cambian para señalar las filas Gastos totales de la campaña y Fondos restantes de la campaña de su hoja Presupuesto campaña comercialización. Las referencias actualizadas deberán ser similares a las siguientes:

38	Campañas de comercialización				
39	Asignación Campaña	$62.000,00	$62.250,00	$62.750,00	$63.000,00
40	Total Gastos Campaña	$50.075,00	$49.725,00	$52.750,00	$52.450,00
41					

Enlaces de actualización

Si los datos de su libro de trabajo cambian mientras se cierra el libro de trabajo dependiente, la información de su libro de trabajo dependiente se actualiza la próxima vez que lo abra. Si se abren ambos libros de trabajo, la actualización se produce inmediatamente. Si realiza un cambio en los datos origen, pero no abre el libro de trabajo dependiente, aparecerá un cuadro de diálogo la próxima vez que abra el libro de trabajo dependiente, preguntándole si desea actualizar los datos. También puede actualizar un enlace con la orden Vínculos del menú Edición. En el ejercicio siguiente, haga un cambio en el libro de trabajo origen y luego visualice el libro de trabajo dependiente actualizado.

Nota   Como ya verá en el ejercicio siguiente, Microsoft Excel 5 dispone de la actualización automática, la cual podrá ahorrarle mucho tiempo cuando trabaje con libros de trabajo pequeños. Pero la actualización automática puede aminorar la velocidad de sus cálculos si está trabajando con grandes libros de trabajo. Si desea desactivar la actualización automática, utilice la orden Opciones del menú Herramientas, y luego en el cuadro de diálogo de Opciones, abra la ficha Calcular. En la ficha Opciones del libro, elimine el recuadro de selección Actualizar referencias remotas, y luego pulse Aceptar.

Actualización de un enlace

1.   Desde el menú Ventana, escoja Organizar.

Se abre el cuadro de diálogo Organizar.

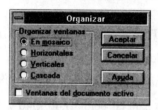

2.   En dicho cuadro de diálogo, seleccione Horizontales y luego escoja Aceptar.

La organización de sus ventanas le permitirá ver ambas ventanas a la vez. Aprenderá sobre la organización de sus ventanas en la Lección 14, "Personalización de su espacio de trabajo".

3.   Pulse la ventana de LECCN12A.XLS.

4.   Seleccione la celda E11 de la hoja Presupuesto campaña comercialización.

5.   Introduzca **62500** y luego pulse INTRO.

6.   Seleccione de nuevo la celda E11 y arrastre el controlador de relleno desde la celda E11 hasta H11.

Todas las celdas muestran ahora el valor $62.500,00 y sus enlaces son actualizados automáticamente. Las celdas E39:H39 de la hoja Presupuesto sección copiadoras muestran los valores $62.500,00. Su hoja deberá ser similar a la siguiente:

Cambio y restablecimiento de enlaces

La orden Vínculos equivale a la orden /Editar Vínculos de 1-2-3.

Si lleva a otro directorio el archivo origen del libro de trabajo, lo renombra, o lo suprime, los enlaces con sus datos se romperán. Si posee una copia de seguridad de su archivo origen, o si su archivo está en otro directorio, puede cambiar fácilmente el vínculo para que sus datos aparezcan como antes en el libro de trabajo dependiente. Si necesita llevar un archivo a un nuevo directorio, asegúrese de que también desplaza al mismo directorio cualquier otro archivo que esté enlazado con él.

Si rompe un enlace entre un archivo origen y uno dependiente, puede restablecer el enlace con la orden Vínculos del menú Edición. Si restablece un enlace con un libro de trabajo origen que fué llevado a otro directorio o cambia un enlace para señalar a un nuevo libro de trabajo origen, puede utilizar los pasos que siguen. En el ejercicio siguiente, cambiará los enlaces de los datos de su campaña de copiadoras para señalar a un archivo de seguridad.

Nota   Si desea suprimir un archivo origen y eliminar cualquier enlace que haya con él, puede seleccionar las celdas enlazadas de la hoja dependiente y borrar las fórmulas de enlace. Si desea retener la información, pero no el enlace, puede copiar las celdas de la hoja dependiente que contienen la información enlazada, y luego utilizar la orden Pegado especial para pegar únicamente los valores en lugar de los enlaces.

Modificación de un enlace a una copia de seguridad de un archivo

1. En la ventana LECCN12.XLS, pulse el botón Maximizar del libro.

2. Asegúrese de que la hoja Presupuesto sección copiadoras de LECCN12.XLS es la hoja activa.

3. Seleccione la celda E39, y luego desde el menú Edición, escoja Vínculos.

Se abre el cuadro de diálogo de Vínculos.

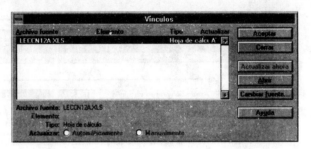

4. En el cuadro de diálogo, seleccione el archivo LECCN12A.XLS.

5. Pulse el botón Cambiar fuente.

Se abre el cuadro de diálogo de Cambiar vínculos.

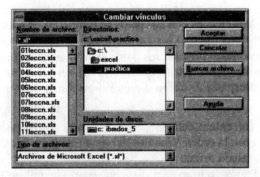

6. En la lista Nombre de archivo, desplácese hacia abajo y seleccione 12LECCNB.XLS.

7. Escoja Aceptar.

Se cierran los cuadros de diálogo.

8. Abra el archivo 12LECCNB.XLS.

9. Desde el menú Ventana, escoja LECCN12.XLS.

Su libro de trabajo se actualiza con los datos del archivo de seguridad. Su libro de trabajo deberá ser similar al siguiente:

Un paso más

Ya ha visto que puede enlazar datos con facilidad utilizando una fórmula y señalando a la celda que desea enlazar. Cuando enlace datos con una fórmula, puede modificar fácilmente el enlace o borrarlo accidentalmente si no tiene cuidado. Si tiene un amplio rango de datos que desea enlazar con otra hoja y no desea que nadie pueda cambiar los datos de la hoja dependiente, ni siquiera accidentalmente, puede enlazar datos utilizando una *matriz*, una fórmula que produce varios resultados u opera sobre un rango de celdas.

También puede utilizar las matrices para escribir fórmulas de varios valores y mejorar la eficacia de la hoja

Una fórmula de matriz ocupa normalmente una sola celda, pero puede calcular valores en tantas celdas como sea necesario para realizar cálculos similares. Puede mejorar mucho la eficacia de su hoja utilizando fórmulas de matriz en lugar de fórmulas comunes de un solo valor. En este caso, utilice una aplicación especial de una matriz, enlazando un rango de una hoja origen con un rango de la hoja dependiente. En la hoja, la matriz enlazada ocupará varias celdas de la hoja dependiente, pero sólo utilizará una fórmula de enlace. En otras palabras, sólo necesita crear una vez la fórmula de enlace, y la matriz se ocupará del resto. No tiene que copiar la fórmula o actualizar las referencias.

Para más información sobre matrices, consulte en el Manual del usuario de Microsoft Excel, el Capítulo 10, "Creación de fórmulas y enlaces".

Puede utilizar la orden Pegado especial para pegar y enlazar una matriz de celdas con otra hoja. Sin embargo, cuando utilice matrices, no podrá cambiar nada de las celdas de la hoja dependiente después de haber pegado los datos. No podrá desplazar o suprimir parte de una matriz de una hoja dependiente, o utilizar parte de una matriz y dejar el resto. Sólo podrá utilizar, actualizar, o suprimir matrices en su totalidad. Sólo deberá utilizar la matriz si necesita en otra hoja todos los datos con el mismo formato, y no necesita cambiar ninguna celda individual.

Como desea visualizar toda la información del presupuesto de la campaña de comercialización de la hoja presupuesto de la sección de copiadoras, puede utilizar una matriz para enlazar los datos con un rango de celdas de la hoja presupuesto de copiadoras. En el ejercicio siguiente, utilice una serie para enlazar datos de la hoja presupuesto de la campaña (la hoja origen) con la hoja presupuesto de copiadoras.

Enlace de toda la información de la campaña con la hoja del presupuesto de copiadoras

1. Cámbiese al archivo LECCN12A.XLS.

2. Seleccione las celdas D14:H19.

Copiar

3. Pulse el botón Copiar de la barra de herramientas.

4. Cámbiese a LECCN12.XLS, y luego pulse la hoja Datos de la campaña.

5. Seleccione la celda D14, y luego desde el menú Edición, escoja Pegado especial.

   Se abre el cuadro de diálogo de Pegado especial.

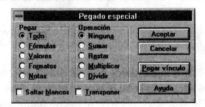

6. En el cuadro de diálogo, pulse el botón Pegar vínculo.

   La información de la campaña queda introducida como una serie dentro de la hoja Datos de la campaña. Su libro de trabajo deberá ser similar al siguiente:

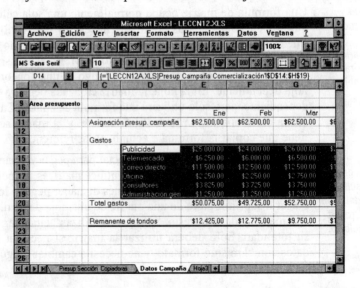

7. Pulse la celda D14 y pulse SUPR.

Aparece un cuadro de diálogo, notificándole que no puede cambiar parte de una matriz.

8. Escoja Aceptar.

El cuadro de diálogo se cierra.

Para continuar con la siguiente lección

1. Seleccione Guardar del menú Archivo.

2. Mantenga presionada MAYUSC, y luego desde el menú Archivo, seleccione Cerrar todo.

Si aparece el cuadro de diálogo de Guardar, pulse Sí.

Para salir de Microsoft Excel

➤ Seleccione Salir del menú Archivo.

Si aparece el cuadro de diálogo de Guardar, pulse Sí.

Resumen de la lección

Para	Haga esto
Crear un enlace entre dos hojas	Pulse la celda de la hoja dependiente en la que desea que aparezcan los datos, y ponga en ella un signo =. Cámbiese a la hoja origen y pulse la celda que contiene los datos. Pulse INTRO.
Actualizar un enlace	Abra el archivo dependiente. Si se le pide que actualice los enlaces, pulse Sí.
Cambiar un enlace	Desde el menú Edición del libro de trabajo dependiente, escoja Vínculos. Seleccione el nombre de archivo origen del enlace que desea cambiar y pulse el botón Cambiar fuente. Seleccione un nuevo archivo origen de la lista Nombre de archivo, y luego escoja Aceptar.

Para más información sobre	Véase *Manual del usuario de Microsof Excel*
Enlace de datos	El Capítulo 10, "Creación de fórmulas y enlaces".

Avance de la siguiente lección

En la siguiente lección, "Compartición de datos con otras aplicaciones", aprenderá a importar gráficos, a enlazar información entre aplicaciones y a encajar información dentro de una hoja de otra aplicación. También conocerá la eficacia que puede obtener si utiliza juntos Microsoft Excel y Microsoft Word.

Compartición de datos con otras aplicaciones

Cuando crea informes, prepara presentaciones o distribuye información a otras personas, necesita probablemente compartir sus datos de Microsoft Excel con otras aplicaciones. Podría necesitar incluir una parte de una base de datos de Microsoft Excel en una carta a un posible contacto o podría necesitar, en una presentación más amplia, utilizar una tabla de Microsoft Excel. La cooperación con otras aplicaciones puede tomar también otra dirección cuando utiliza en sus hojas de Microsoft Excel, texto o gráficos de otras aplicaciones. Con el *Enlace e inclusión de objetos* (Object Linking and Embedding, (OLE), puede enlazar datos con otra aplicación desde la hoja en que se encuentran, o viceversa. Y, trabajar con Microsoft Excel y Microsoft Word juntos nunca ha sido más fácil; puede copiar y pegar entre Microsoft Word 6 para Windows y Microsoft Excel 5 sin tener que aprender un nuevo conjunto de menús o botones de la barra de herramientas.

Aprenderá a:

- Incorporar texto y gráficos de otra aplicación en una hoja de Microsoft Excel.

- Aprovecharse de las similitudes entre Microsoft Word 6 para Windows y Microsoft Excel 5.

Duración estimada de la lección: 25 minutos

Si su pantalla no coincide con las ilustraciones de esta lección, vea el Apéndice, "Comparación de ejercicios".

Inicio de la lección

1. Abra el archivo 13LECCN.XLS.

2. Guarde el libro de trabajo como LECCN13.XLS.

3. Pulse el botón Maximizar de la ventana de documento, si es que ésta no ha sido aún maximizada.

Compartición de datos

Ya ha visto cómo el enlace de datos entre hojas puede hacer que su trabajo sea más eficiente. Puede aplicar este mismo principio a otras aplicaciones, y hacer que la compartición de datos entre aplicaciones también sea eficiente. Puede copiar y pegar información entre otras aplicaciones y Microsoft Excel o enlazar la información de forma que pueda actualizarla siempre que ésta cambie. También puede encajar la información de forma que pueda realizar cambios en la copia de la información de su hoja sin alterar el archivo original. Por ejemplo, si tiene un gráfico creado con Paintbrush, puede colocar simplemente el gráfico en su hoja de Microsoft Excel. O bien, puede crear un enlace en su hoja de Microsoft Excel para que en el momento en que cambie el gráfico, éste se actualice en la hoja. También puede incluir el gráfico para poder modificarlo en su hoja fácilmente, sin modificar el archivo original.

Colocación de gráficos dentro de Microsoft Excel

Si desea simplemente colocar una copia de un gráfico dentro de una hoja de Microsoft Excel, no necesita enlazarlo ni incluirlo. Puede simplemente copiar y pegar o utilizar la orden Imagen del menú Insertar para colocar el cuadro en su hoja. El gráfico no retendrá ningún enlace con su aplicación original; se convertirá simplemente en un objeto como los cuadros de texto y otros objetos gráficos que ya ha utilizado en sus hojas.

En los ejercicios siguientes, colocará dentro de su hoja Presupuesto de comercialización de copiadoras un nuevo diseño de logotipo creado en Paintbrush, y luego lo suprimirá para dejar sitio a otra versión.

Colocación de un gráfico en su inventario

1. Asegúrese de que la hoja Presupuesto de comercialización de copiadoras es la hoja activa, y seleccione la celda F1.

   La imagen no va a ser realmente insertada dentro de una celda, así que seleccione una celda cerca de donde desea que aparezca el gráfico. En este caso, el gráfico cubrirá desde la celda F1 hasta casi la celda G8.

2. Desde el menú Insertar, escoja Imagen.

   Se abre el cuadro de diálogo Imagen.

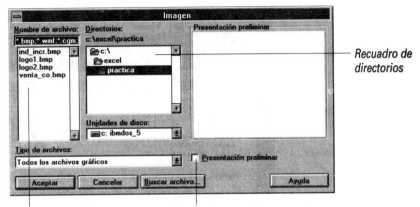

Recuadro de directorios

Lista de Nombres de archivo   Casilla de selección de Presentación preliminar

3. En el cuadro Directorios, asegúrese de que su directorio PRACTICA es el directorio activo.

4. Seleccione LOGO1.BMP de la lista Nombre de archivo.

5. Pulse la casilla de selección Presentación preliminar.

El dibujo que aparece en el recuadro Presentación preliminar es similar al siguiente:

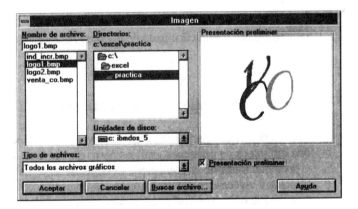

6. Escoja Aceptar.

El dibujo LOGO1.BMP es introducido en su hoja Presupuesto de comercialización de copiadoras. Su hoja deberá ser similar a la siguiente:

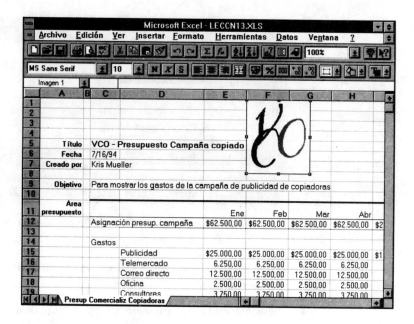

Supresión de un gráfico

1. Pulse el gráfico LOGO1.BMP de su hoja Presupuesto de comercialización de copiadoras, si es que aún no ha sido seleccionado.

2. Pulse SUPR.

El gráfico queda eliminado de la hoja Presupuesto de comercialización de copiadoras.

Enlace de información entre aplicaciones

Suponga que el departamento de Diseño en Ventas de la Costa Oeste ha creado una biblioteca de imágenes gráficas para usarlas en la correspondencia, informes y presentaciones de la compañía. El departamento de Diseño mantiene esta biblioteca y a veces realiza cambios en las imágenes. Si simplemente copia y pega o utiliza la orden Insertar Imagen para colocar uno de estos gráficos en su hoja, no sabrá si el gráfico original cambia o si tiene la copia más actual. Para asegurarse de que la imagen de su hoja es la imagen actual, puede *enlazar* el gráfico. Cuando se enlaza información se retiene una conexión activa con el archivo origen, y así la información se actualiza automáticamente siempre que cambie el archivo origen. De la misma forma en que enlazaba datos entre hojas de Microsoft Excel, puede enlazar gráficos, texto u otro tipo de información entre un archivo origen y su archivo de Microsoft Excel. Para enlazar información entre dos aplicaciones, utilice la orden Pegado especial.

Nota   Para enlazar objetos en Microsoft Excel 5, la aplicación que desea utilizar debe soportar la versión 1 ó 2 de OLE. Compruebe la guía del usuario o el sistema de Ayuda en línea para que su aplicación determine esto.

En los ejercicios siguientes, abrirá el Paintbrush, y luego enlazará el gráfico logotipo de la compañía con su hoja Presupuesto de comercialización de copiadoras.

Cómo abrir el Paintbrush

1. Minimice Microsoft Excel.

2. En el Administrador de programas, abra el grupo Accesorios.

3. En el grupo Accesorios, localice el icono de Paintbrush.

4. Pulse dos veces el icono Paintbrush.

    Su pantalla deberá ser similar a la siguiente ilustración:

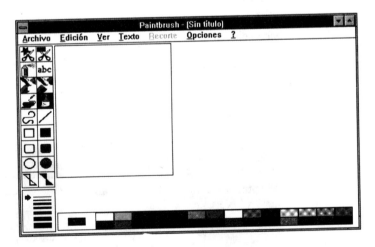

Enlace de un gráfico con su hoja de inventario

1. En Paintbrush, abra el archivo LOGO2.BMP de su directorio PRACTICA.

    El dibujo LOGO2.BMP deberá ser como el siguiente:

Herramienta de cortar

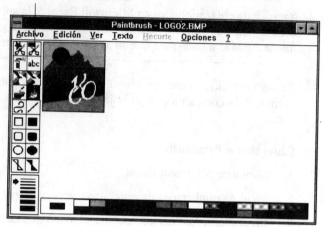

2. Pulse la herramienta Cortar, y luego con el puntero en forma de cruz, arrástrelo desde el ángulo superior derecho al ángulo inferior izquierda del dibujo.

Todo el dibujo queda seleccionado.

3. Desde el menú Edición, seleccione Copiar.

Puede cambiar fácilmente entre aplicaciones abiertas de Windows pulsando ALT+TAB hasta que aparezca el nombre de la aplicación.

4. Cámbiese a Microsoft Excel y seleccione la celda F1, si es que aún no ha sido seleccionada.

5. Desde el menú Edición, escoja Pegado especial.

Se abre el cuadro de diálogo de Pegado especial.

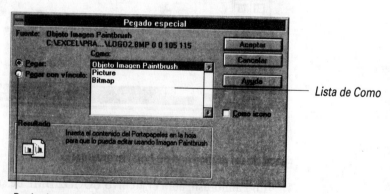

Lista de Como

Botón de opción de Pegar con vínculo

6. Pulse el botón de opción Pegar con vínculo.

7. En la lista como, seleccione Objeto Imagen Paintbrush, y a continuación escoja Aceptar.

El dibujo queda pegado y enlazado a su hoja Presupuesto de comercialización de copiadoras. Observe la fórmula de enlace en la barra de fórmulas, similar a la creada para enlazar datos de una hoja con otra de la lección 12. Su hoja deberá ser similar a la siguiente:

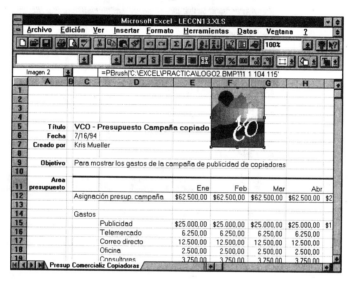

Cambio y actualización de un gráfico enlazado

1. Pulse dos veces el logotipo de Excel.

Aparece Paintbrush, con el logotipo abierto.

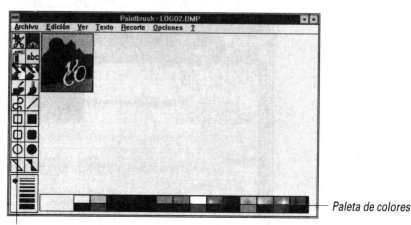

Paleta de colores

Herramienta Rodillo

2. En Paintbrush, seleccione la herramienta Rodillo.

3. Pulse el color azul oscuro de la paleta de colores y luego pulse el área color púrpura del dibujo.

El área púrpura cambia a azul oscuro. Su dibujo de Paintbrush deberá ser similar al siguiente:

Area con cambio de color

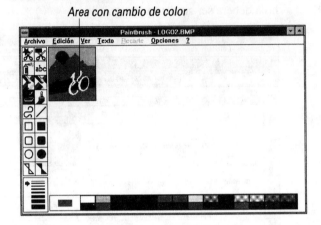

Nota Si reduce el tamaño de la ventana de Paintbrush y la cubre con Microsoft Excel, podrá ver el cambio gráfico en Microsoft Excel al mismo tiempo que se produce en Paintbrush.

4. Cámbiese de nuevo a Microsoft Excel.

El dibujo cambia en la hoja Presupuesto de comercialización de copiadoras, así como en Paintbrush, tal como podemos ver en la siguiente ilustración:

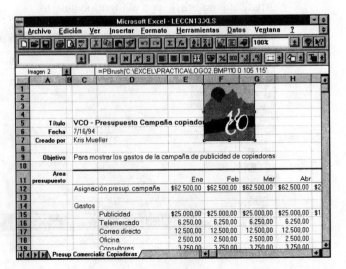

5. Vuelva a Paintbrush, y luego desde el menú <u>A</u>rchivo, seleccione <u>S</u>alir.

Se abre un cuadro de diálogo, preguntándole si desea guardar los cambios en el dibujo de Paintbrush.

6. Pulse <u>S</u>í.

Nota Para completar el resto de esta lección, necesitará utilizar Microsoft Word versión 6 para Windows. Si no dispone de la Versión 6 para Windows de Microsoft Word, diríjase al Ejercicio de repaso de la Parte 4.

Manejo de Microsoft Word 6 para Windows

Probablemente no pasará todo el día trabajando en Microsoft Excel. Tal vez necesite crear también memorándums o cartas, y con frecuencia necesitará hacer referencia en estos documentos a sus datos de Microsoft Excel. Si, por ejemplo, está creando un informe o un memorándum en Microsoft Word, tal vez desee insertar datos de una hoja de Microsoft Excel, como podría ser una información de un presupuesto o de un informe del personal. Con Microsoft Word 6 y Microsoft Excel 5, puede crear fácilmente esa combinación de documentos. Microsoft Word y Microsoft Excel disponen de menús, barras de herramientas y operaciones similares, así que no necesita aprenderse un nuevo interfaz cuando cambie entre los programas.

Los nombres de menú de ambas aplicaciones son prácticamente los mismos. Las primeras pocas órdenes de cada menú también son las mismas, así que puede encontrar rápidamente las órdenes que utilizará con más frecuencia. La mayoría de las abreviaturas de teclado en las que confía, como CONTROL+Z para <u>D</u>eshacer y F4 para <u>R</u>epetir, son idénticas entre Microsoft Word y Microsoft Excel. Incluso los cuadros de diálogo básicos son los mismos, así que no necesita aprender una nueva forma de seleccionar entre una serie de opciones.

Con Microsoft Word y Microsoft Excel, puede enlazar o introducir información de uno a otro programa. Cuando incluye información de Microsoft Excel, coloque la información dentro de Microsoft Word y retenga un enlace con Microsoft Excel, pero no con un documento específico, como lo haría si enlazara la información.

En los ejercicios siguientes, inicie Microsoft Word y abra el archivo 13LECCN.DOC. A continuación, incluya parte de una hoja de Microsoft Excel dentro de su informe del presupuesto de la campaña.

Inicio de Microsoft Word para Windows

1. Cambie al **A**dministrador de Programas.

2. Abra el grupo que contiene Microsoft Word 6 para Windows, y pulse dos veces el icono de Microsoft Word.

3. En Microsoft Word, abra el archivo13LECCN.DOC en su directorioPRAC-
    TICA y, a continuación, guárdelo como LECCN13.DOC.

4. Pulse el botón Maximizar de la ventana de documento, si es que ésta aún no
    ha sido agrandada.

    Su documento deberá ser similar al siguiente:

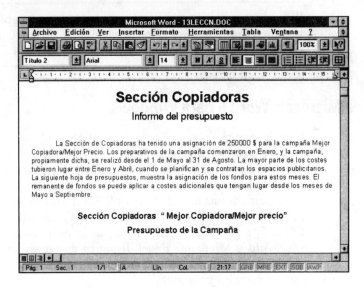

Cómo incluir información de Microsoft Excel dentro de un documento de Microsoft Word

1. Cámbiese a Microsoft Excel, y en la hoja Presupuesto de comercialización de
    copiadoras, seleccione las celdas C11:I23.

2. Pulse el botón Copiar de la barra de herramientas.

Copiar

3. Cámbiese a Microsoft Word y coloque su punto de inserción al final del do-
    cumento.

4. Desde el menú Edición de Microsoft Word, escoja Pegado especial. Se abre
    el cuadro de diálogo de Pegado especial.

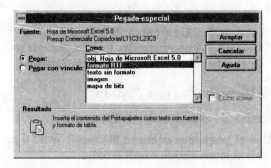

5. En la lista Como, seleccione Objeto Hoja de Microsoft Excel 5.0, seleccione la opción Pegar y luego escoja Aceptar.

Los datos de Microsoft Excel son incluidos en su documento de Microsoft Word.

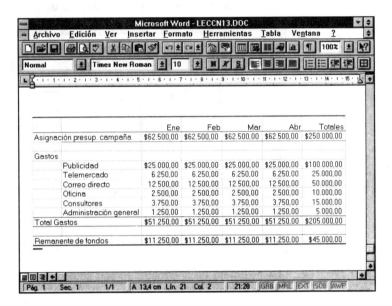

Edición de los datos de Microsoft Excel en Microsoft Word para Windows

Si los datos incluidos en su documento de Microsoft Word para Windows necesitan modificarse, no tiene que abrir Microsoft Excel para poder realizar los cambios, ya que puede hacerlo en su documento de Microsoft Word. Cuando selecciona los datos de Microsoft Excel que están enlazados con un documento de Microsoft Word, los menús cambian automáticamente para permitirle realizar cualquier cambio que necesite. Cuando pulsa en las áreas de texto del documento fuera del área del objeto enlazado, los menús cambian de nuevo a los menús de Microsoft Word para que pueda seguir con la edición de su texto.

En el ejercicio siguiente, añada un formato a los datos recientemente incluidos de Microsoft Excel para pulir la presentación de su informe.

Nota   La capacidad de editar los datos de Microsoft Excel en un documento de Microsoft Word sin abandonar Microsoft Word es nueva con OLE 2. Sólo puede ejecutar esta acción con Microsoft Word versión 6 o posteriores, y Microsoft Excel versión 5 o posteriores.

Cómo formatear los datos de Microsoft Excel en su documento de Microsoft Word

1. En el documento de Microsoft Word, pulse dos veces el objeto de Microsoft Excel.

Los menús de Microsoft Word son sustituidos por los de Microsoft Excel. Observe que el menú Tabla se ha ido, siendo sustituido por el menú Datos.

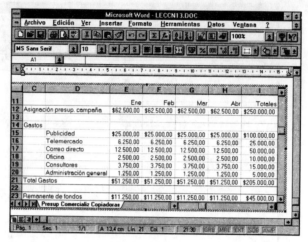

2. En el objeto de Microsoft Excel, seleccione las celdas C11:I23, y luego desde el menú Formato, escoja Autoformato.

Se abre el cuadro de diálogo de Autoformato.

3. En la lista de formatos, escoja Clásico 3, y luego pulse Aceptar.

Se cierra el cuadro de diálogo de Autoformato, y los datos son formateados.

4. Pulse en el área de texto del documento.

Los menús de Microsoft Word aparecen de nuevo. Su documento deberá ser similar al siguiente:

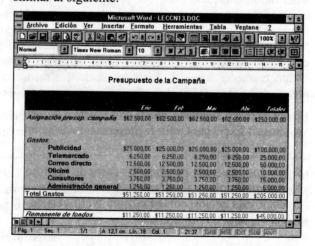

Un paso más

Si necesita enlazar con otro documento electrónico, pero no necesita mostrar todo el documento en la hoja con la que está trabajando, puede enlazarlo con un icono. El icono actúa como un comodín que puede pulsar dos veces para abrir el documento actual. Cuando sólo coloca el icono en su hoja, puede ahorrar espacio (visualmente y en el almacenamiento de su computadora) sin llamar la atención al usuario sobre la información extra. Utilice un icono siempre que la información que necesita enlazar no sea vital para la hoja, sino que sea más bien un comentario o una adición en ella.

Pruebe a enlazar su informe de presupuesto de Microsoft Word con su hoja de presupuesto utilizando como único medio el icono, y luego abra la información enlazada pulsando dos veces el icono.

Uso de un icono para enlazar un documento de Microsoft Word

1. Cámbiese de nuevo a Microsoft Excel.

2. En la hoja Presupuesto de comercialización de copiadoras, seleccione la celda C32, introduzca **Pulse dos veces esto para más información:** y luego pulse INTRO.

3. Seleccione la celda F32, y luego cámbiese a Microsoft Word.

4. En el archivo LECCN13.DOC, seleccione todo el texto.

   Excluya los datos extraidos de Microsoft Excel.

Copiar

5. Pulse el botón Copiar de la barra de herramientas.

6. Cámbiese de nuevo a Microsoft Excel, y desde el menú Edición seleccione Pegado especial.

   Se abre el cuadro de diálogo de Pegado especial.

7. En el cuadro de diálogo, seleccione la opción Pegar con vínculo.

8. En el cuadro de diálogo, pulse la casilla de selección Como icono para seleccionarlo.

9. Pulse Aceptar.

   El cuadro de diálogo se cierra y en su hoja aparece un icono de Microsoft Word.

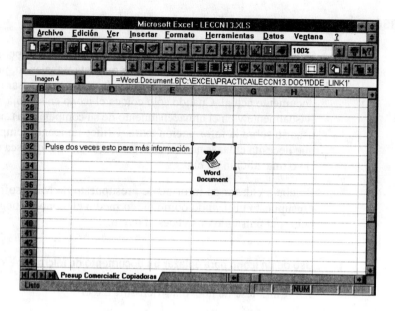

10. Pulse dos veces el icono de Microsoft Word.

Microsoft Word se abre visualizando el documento.

Para continuar con la siguiente lección

1. En Microsoft Word, seleccione Guardar en del menú Archivo.

2. Seleccione Cerrar en el menú Archivo.

3. Cámbiese a Microsoft Excel, y seleccione Guardar en el menú Archivo.

4. Seleccione Cerrar en el menú Archivo.

Para salir de Microsoft Excel y Microsoft Word

1. Cámbiese a Microsoft Word, y seleccione Salir en el menú Archivo.

Si aparece el cuadro de diálogo de Guardar, pulse Sí.

2. Cámbiese a Microsoft Excel, y seleccione Salir en el menú Archivo.

Si aparece el cuadro de diálogo de Guardar, pulse Sí.

Resumen de la lección

Para	Haga esto
Insertar un gráfico en una hoja	Abra la hoja y pulse la celda que se encuentra cerca de la posición en que desea colocar el dibujo. Desde el menú Insertar, seleccione Imagen. Seleccione el nombre de archivo del dibujo que desea de la lista Nombre de archivo, y luego escoja Aceptar.
Suprimir un objeto insertado o enlazado	Seleccione el objeto, y luego pulse SUPR.
Enlazar información de otra aplicación en una hoja de Microsoft Excel	Abra el archivo de la aplicación origen. Seleccione la información que desea, y luego escoja Copiar del menú Edición. Cámbiese a Microsoft Excel y seleccione la celda donde desea que aparezca la información. Desde el menú Edición, seleccione Pegado especial. En el cuadro de diálogo de Pegado especial, pulse el botón de la opción Pegar con vínculo. En la lista Como, seleccione el tipo de objeto y luego escoja Aceptar.
Incluir información de Microsoft Excel dentro de un documento de Microsoft Word	En Microsoft Excel, seleccione la información que desea incluir. Seleccione Copiar desde el menú Edición. Cámbiese a Microsoft Word, y sitúe el punto de inserción donde desea que aparezca la información. Desde el menú Edición de Word, escoja Pegado especial. En la lista Como, seleccione Objeto hoja de Excel 5.0, y luego pulse la opción Pegar. Escoja Aceptar.
Editar datos de Microsoft Excel en Microsoft Word	Pulse los datos de Microsoft Excel en el documento de Word, realice sus cambios, y luego pulse fuera de los datos de Microsoft Excel para volver a Microsoft Word.

Para más información sobre	Véase *Manual del usuario de Microsoft Excel*
La colocación de gráficos en Microsoft Excel	El Capítulo 41, "Cómo compartir datos y gráficos con otras aplicaciones".
El enlace de información entre aplicaciones	El Capítulo 41, "Cómo compartir datos y gráficos con otras aplicaciones".
El manejo de Microsoft Word	El Capítulo 41, "Cómo compartir datos y gráficos con otras aplicaciones".

Avance de las siguientes lecciones

En la Parte 5, aprenderá a personalizar la presentación de sus hojas y barras de herramientas en su pantalla, y a automatizar tareas complejas que podría tener que repetir con frecuencia. En la lección siguiente, "Personalización de su espacio de trabajo", aprenderá a personalizar Microsoft Excel para crear el entorno de trabajo que mejor se adapte a sus necesidades. Aprenderá sobre barras de herramientas desplazando y personalizando los botones donde los necesite. Conocerá también las opciones de Microsoft Excel que pueden hacer que su trabajo le resulte más fácil.

Ejercicio de repaso

En las lecciones de la Parte 4, "Cómo analizar y compartir los datos", ha aprendido las técnicas que le ayudarán a responder a las preguntas de hipótesis y a compartir datos entre Microsoft Excel y otras aplicaciones. Si desea practicar estas técnicas y comprobar su comprensión antes de seguir con las leciones de la Parte 5, puede trabajar con la sección "Ejercicio de repaso", incluida a continuación de esta lección.

Parte 4.   *Ejercicio de repaso*

Antes de seguir con la Parte 5, la cual abarca la personalización de su espacio de trabajo, puede practicar las técnicas de la Parte 4 a través de los pasos de esta sección de Ejercicios de repaso. Resolverá un problema de hipótesis (que pasaría si...) con una búsqueda de objetivo, enlace de información entre libros de trabajo, enlace de un gráfico con su hoja, e inclusión de datos de Microsoft Excel dentro de un documento de Microsoft Word.

Explicación de la actividad

Ya casi ha completado el informe Diario de ventas. Todo lo que necesita hacer es añadir unos cuantos toques finales. Necesita utilizar una búsqueda de objetivo para encontrar las cifras del crecimiento de ventas que permitirán a la sección de Copiadoras alcanzar su objetivo de ventas, y necesita crear una tabla de datos y escenarios que muestren lo que sucede con la cifra de ventas cuando tienen diferentes tipos de crecimiento. También necesita enlazar los datos de copiadoras con un informe de toda la sección que aparece en otro libro de trabajo. Luego insertará una ilustración para resaltar la cifra de ventas en la parte de la sección Copiadoras del informe, y enlazará un gráfico con los datos del tipo de crecimiento. Por último, abrirá un documento de Microsoft Word que incluya un texto de introducción, e incorporará los datos de Microsoft Excel y el gráfico para finalizar el informe.

Repasará cómo:

- Encontrar un valor utilizando la búsqueda de objetivo.

- Utilizar una tabla de datos para encontrar una serie de soluciones a un problema de hipótesis.

- Crear escenarios para mostrar varias posibilidades.

- Enlazar datos entre libros de trabajo de forma que los datos siempre estén actualizados.

- Insertar un dibujo que ilustre y resalte los datos.

- Enlazar un dibujo para mostrar su última versión todas las veces.

- Añadir datos de Microsoft Excel en un documento de Microsoft Word 6 para Windows para finalizar un informe.

Duración estimada del ejercicio: 30 minutos

Paso 1: Búsqueda de un valor para alcanzar un objetivo

Desde 1991 a 1993, las ventas de copiadoras aumentaron desde $172.102,76 a $179.161,05, un tipo de crecimiento anual constante de 2.03 por 100. En 1995, espera que las ventas alcancen al menos $190.000,00. Busque qué porcentaje del crecimiento de ventas necesitaría para alcanzar este objetivo de ventas.

1.   Abra el archivo P4REVIS.XLS y guárdelo como REVISP4.

2.   Utilice la orden Buscar objetivo para ajustar la celda G18 en 190.000 cambiando el valor de la celda D8.

Para más información sobre	Véase
La búsqueda de un valor concreto	La Lección 11.

Paso 2: Búsqueda de una serie de soluciones a un problema de hipótesis

Para su propia información, desea ver qué tipo de ingresos de ventas podría esperar con tasas de crecimiento entre el 3 y el 10 por 100. Desarrolle una tabla que muestre los ingresos de ventas que podrían generar estas tasas.

1.   Copie la fórmula en la celda G18 hasta la celda D23.

2.   Utilice la orden Tabla del menú Datos para crear una tabla de datos que sustituya el valor de entrada de la columna en la celda D8 con los valores de C24:C31.

Para más información sobre	Véase
El uso de tablas de datos para buscar una serie de valores	La Lección 1.

Paso 3: Creación de escenarios para diferentes tipos de crecimiento

Necesita mostrar cómo el cambio en los tipos de crecimiento podría afectar a las ventas del vendedor de cada producto, así como a los importes totales de las ventas. Cree tres escenarios para Tipos de crecimiento Bajo, Medio y Alto, y utilice el 2 por 100, el 5 y el 10 por 100 para mostrar los cambios en las ventas de cada vendedor de producto para 1994.

1. Seleccione la celda D36 y utilice la orden Administrador de escenarios para incorporar escenarios a las tasas de crecimiento del 2, 5 y 10 por 100.

2. Utilice el botón Mostrar para ver los resultados de cada escenario.

Para más información sobre	Véase
La creación y visualización de escenarios	La Lección 11.

Paso 4:   Creación de enlaces con un libro de todas las secciones

Junto con los registros de ventas de cada sección, el departamento de administración realiza un seguimiento de las ventas de todas las secciones. Necesita introducir la información de ventas de la sección Copiadoras en su libro de trabajo de todas las secciones. Si enlaza los datos, no tendrá que actualizarlos cada vez que sus datos cambien.

1. Abra el archivo P4REVISA.XLS y guárdelo como REVISP4A.

2. En la hoja Total de ventas, cree una fórmula en la celda D12 que enlace con la celda C12 del libro de trabajo REVISP4.XLS, en la hoja Ventas de copiadoras.

3. Copie la fórmula de enlace hacia abajo y hacia la derecha hasta la celda H17.

Puede enlazar las celdas una por una o copiar las fórmulas en el resto del rango total, y luego actualizar las referencias en las celdas adecuadas. Su hoja deberá ser similar a la siguiente:

Podría necesitar aplicar de nuevo el autoformato si su pantalla no coincide con esta ilustración.

4.   Guarde y cierre el archivo REVISP4A.XLS.

Para más información sobre	Véase
El enlace de datos	La Lección 12.

Paso 5:   Inserción de un dibujo para aumentar la información

Los departamentos de comercialización para cada sección han creado logotipos de sección para diferentes tipos de informes o correspondencia. El logotipo a utilizar con los informes de ventas de la sección Multicopista es el logotipo COP\VENT.BMP. Inserte este logotipo en su hoja.

➤ Utilice la orden Imagen para insertar el logo dentro de la celda G3 de su hoja.

Para más información sobre	Véase
Inserción de gráficos en Micro-soft Excel	La Lección 13.

Paso 6:   Enlace de un dibujo para mostrar la última versión

El departamento de Diseño ha creado también algunos logotipos que son más generalizados y están disponibles en la biblioteca de gráficos. El departamento de Diseño visualiza de nuevo y revisa los gráficos, por lo tanto es difícil saber si se dispone de la última versión. Enlace con su hoja el gráfico del archivo TASACREC.BMP y de esta forma se actualizará automáticamente siempre que cambie.

1.   Abra Paintbrush y abra el archivo TASACREC.BMP.

2.   Utilice la herramienta Cortar para seleccionar todo el gráfico, y luego cópielo.

3.   En Microsoft Excel, utilice la orden Pegado especial para enlazar el logotipo con la celda F23 de su hoja.

4.   En Paintbrush, cambie el color de fondo a verde, y vea el efecto del objeto enlazado en la hoja.

Para más información sobre	Véase
Enlace de información	La Lección 13.

Nota   Para completar el resto de este Ejercicio de repaso, necesitará utilizar Microsoft Word versión 6 para Windows. Si no dispone de este programa, diríjase a la lección siguiente.

Paso 7: Incorporación de datos en un documento de Microsoft Word 6 para Windows

Su responsable de departamento desea que todos los informes tengan una información introductoria en Microsoft Word, continuando con datos de Microsoft Excel después de la introducción. En lugar de imprimir ambos documentos, los combinará en Microsoft Word para crear un documento con formato profesional.

1. Abra el documento de Microsoft Word P4REVIS.DOC y guárdelo como REVISP4.DOC.
2. En Microsoft Excel, utilice el botón Copiar para copiar las celdas A1:G18.
3. En Microsoft Word, desplácese hacia abajo hasta el final del informe, y luego utilice la orden Pegado especial para enlazar los datos de Microsoft Excel.

Para más información sobre	Véase
El enlace de información	La Lección 13.
El manejo de Microsoft Word	La Lección 13.

Para continuar con la siguiente lección

1. En Paintbrush, seleccione Guardar desde el menú Archivo.
2. En Paintbrush, seleccione Salir desde el menú Archivo.
3. En Microsoft Word, seleccione Guardar desde el menú Archivo.
4. En Microsoft Word, seleccione Salir desde el menú Archivo.
5. En Microsoft Excel, seleccione Guardar desde el menú Archivo.
6. En Microsoft Excel, seleccione Cerrar desde el menú Archivo.

Para salir de Microsoft Excel

➤ Seleccione Salir desde el menú Archivo.

Si aparece el cuadro de diálogo de Guardar, pulse Sí.

5 Personalización y automatización de Microsoft Excel

Personalización
de su espacio de trabajo

Cuando está trabajando en un gran proyecto, con varios libros de trabajo repletos de información, necesita alguna forma de organizar su espacio de trabajo para que la información que precisa sea más accesible. También necesita acceder a cualquier herramienta que quiera utilizar. En esta lección, aprenderá a personalizar la pantalla de Microsoft Excel para que satisfaga sus necesidades. Aprenderá a cambiar sus barras de herramientas para que las herramientas que utilice con más frecuencia sean fáciles de encontrar. Además, descubrirá la forma de visualizar y organizar las hojas para que pueda ver en todas sus hojas la información que necesita. Visualizará sus hojas en ampliaciones diferentes, y dividirá su ventana en secciones para mostrar en cada una de ellas partes diferentes de su hoja. Por último, aprenderá a organizar sus ventanas para que pueda ver al mismo tiempo tantos archivos como necesite.

Aprenderá a:

- Visualizar y personalizar barras de herramientas.

- Ocultar barras de herramientas, barras de menú y la barra de estado para que pueda ver una pantalla completa de una hoja.

- Ampliar parte de una hoja o reducirla para ver todo lo que necesite de su hoja.

- Dividir sus hojas para poder ver al mismo tiempo más de una sección de datos.

- Organizar sus hojas dentro de las ventanas para poder ver más de una hoja al mismo tiempo.

Duración estimada de la lección: 20 minutos

Si su pantalla no coincide con las ilustraciones de esta lección vea el Apéndice, "Comparación de ejercicios".

Inicio de la lección

1. Abra el archivo 14LECCN.XLS.

2. Guarde el libro de trabajo como LECCN14.XLS.

3. Pulse el botón Maximizar de la ventana de documento, si es que ésta no ha sido aún maximizada.

Personalización del espacio de trabajo con barras de herramientas

Microsoft Excel viene con varias barras de herramientas implimentadas con botones que pueden ahorrarle tiempo y esfuerzo. Al ejecutar inicialmente Microsoft Excel, aparecen dos barras de herramientas por omisión, la Estándar y la de Formato. Ya ha utilizado en lecciones anteriores estas barras de herramientas, así como las barras de herramientas Gráfico, y Query y tabla dinámica.

Las barras de herramientas son equivalentes a las paletas de SmartIcon de 1-2-3.

Además de estas barras de herramientas, existen varias otras que puede utilizar cuando trabaja con Microsoft Excel. Por ejemplo, en la Lección 15, utilizará la barra de herramienta Finalizar grabación. Si utiliza Windows para Trabajo en grupo, probablemente utilizará la barra de herramientas Grupo de trabajo. Si trabaja con elementos gráficos, se familiarizará con la barra de herramientas Dibujo. Si trabaja con Microsoft Office, deseará probablemente utilizar la barra de Aplicaciones de Microsoft para cambiar a las otras aplicaciones del paquete Office. Si es un usuario con experiencia en Microsoft Excel, podría utilizar también las barras de herramientas Auditoría y Visual Basic para Excel.

Presentación y ocultación de barras de herramientas

Ya ha visto cómo ciertas barras de herramientas aparecen automáticamente cuando se ejecuta una determinada acción o se escoge una orden concreta. Por ejemplo, cuando creó un gráfico y luego lo activó para realizar cambios, apareció automáticamente la barra de herramientas de Gráfico. Cuando en la Lección 10, creó una tabla dinámica, la barra de herramientas Query y tabla dinámica apareció para que pudiera realizar cambios en la tabla. Otras barras de herramientas se abren automáticamente cuando escoge una determinada orden o se activa un objeto. Pero ¿qué ocurre si necesita utilizar un botón de una barra de herramientas que no está abierta? Puede abrir fácilmente otras barras de herramientas utilizando la orden Barras de herramientas del menú contextual o del menú Ver. En el ejercicio siguiente, cierre la barra de herramientas de Formato y luego ábrala de nuevo.

Cierre y apertura de la barra de herramientas de Formato

1. Desplace el puntero del ratón hasta cualquier parte de las barras de herramientas, y luego pulse el botón derecho del ratón.

Se abre el menú contextual dela barra de herramientas. Observe que las barras Estándar y Formato tienen marcas de comprobación junto a sus nombres, indicando que las barras se encuentran actualmente abiertas.

2. Desde el menú contextual, escoja Formato.

Se cierra la barra de herramientas de Formato.

3. Desde el menú Ver, escoja Barras de herramientas.

Se abre el cuadro de diálogo de Barras de herramientas. Esta es otra forma de visualizar u ocultar una barra de herramientas.

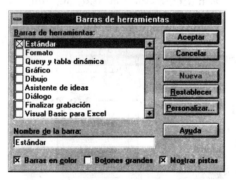

4. En la lista de barras de herramientas, seleccione la casilla de selección que se encuentra junto a Formato, y luego pulse Aceptar.

El cuadro de diálogo se cierra y aparece de nuevo la barra de herramientas de Formato.

Personalización y desplazamiento de sus barras de herramientas

La orden Personalizar es equivalente a /Tools SmartIcons de 1-2-3.

Si encuentra que utiliza con frecuencia un botón en concreto o que utiliza rara vez otro botón, puede personalizar sus barras de herramientas para que sean más operativas y se adapten mejor a sus necesidades. Si, por ejemplo, utiliza raramente los botones de ordenación de la barra de herramientas Estándar o sólo utiliza el botón Descendente, puede eliminar uno o más de estos botones de la barra de herramientas. O, si necesita con frecuencia añadir una nueva página de hoja a sus libros, puede incorporar el botón Insertar hoja en la barra de herramientas Estándar, para acceder a él con mayor facilidad. Puede crear sus propias barras de herramientas personalizadas que sólo contengan los botones que necesita utilizar. También puede desplazar botones dentro de la barra de herramientas existente para hacer que sean más fáciles de utilizar, o desplazar toda la barra de herramientas hacia una nueva posición.

Nota   También puede crear sus propios botones personalizados para sus barras de herramientas. Para más información sobre el tema, vea el Capítulo 34, "Personalización del área de trabajo", del *Manual del usuario de Microsoft Excel*.

En los ejercicios siguientes, se crea una barra de herramientas personalizada, se incorporan algunos botones en ella y se reorganizan los botones.

Creación de una nueva barra de herramientas e incorporación de botones en ella

1.   Desde el menú Ver, escoja Barras de herramientas.

Se abre el cuadro de diálogo de Barras de herramientas.

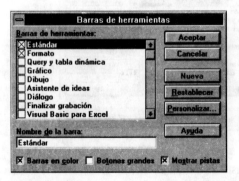

2.   En el recuadro Nombre de la barra, introduzca **Mis herramientas** y pulse el botón Nueva.

Se abre el cuadro de diálogo de Personalizar. Aparece una barra de herramientas vacía en el ángulo superior izquierdo de la pantalla.

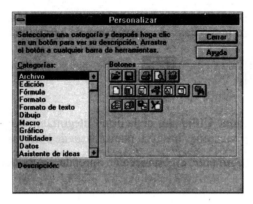

3. En la lista Categorías, seleccione Archivo, y luego en el área de Botones, localice el botón Insertar hoja de cálculo.

Insertar hoja de cálculo

Los botones de la barra de herramientas están organizados de acuerdo con la acción que realizan. Puede pulsar los botones con su ratón para ver sus descripciones.

4. Arrastre el botón Insertar hoja de cálculo hasta su nueva barra de herramientas, que aparece en la esquina superior izquierda de la pantalla.

5. En la lista Categorías, seleccione Edición, y luego arrastre los botones Suprimir e Insertar hasta su nueva barra de herramientas.

Eliminar   *Insertar*

6. En la categoría Edición, arrastre los botones Borrar contenidos, Borrar formatos y Pegar valores a su nueva barra de herramientas.

Borrar   *Borrar*   *Pegar*
contenidos   *formatos*   *valores*

7. Seleccione Formato en la lista Categorías, y luego arrastre el botón Autoformato hasta su nueva barra de herramientas.

Autoformato

8. Seleccione Dibujo de la lista Categorías, y luego arrastre los botones Flecha y Crear botón hasta su nueva barra de herramientas.

Flecha   *Crear botón*

9. Seleccione Utilidades de la lista Categorías, y luego arrastre el botón Inmovilizar secciones hasta su nueva barra de herramientas.

Posteriormente, en esta lección aprenderá a inmovilizar secciones.

Inmovilizar secciones

Organización de los botones de su nueva barra de herramientas

Si su barra de herramientas es vertical en lugar de horizontal, arrastre el ángulo inferior derecho del borde de la barra de herramientas hacia arriba y a la derecha. Cuando arrastre el borde, la barra cambiará a una orientación horizontal.

1. En su barra Mis herramientas, pulse el botón Insertar y arrástrelo justo delante del botón Eliminar.

   El botón Insertar aparece delante del botón Eliminar.

2. Arrastre el botón Insertar un poco más a la derecha, pero no por encima del botón Eliminar.

   Aparece un espacio entre el botón Insertar hoja de cálculo y el botón Insertar.

3. Arrastre el botón Borrar contenidos un poco más a la derecha para crear otro espacio entre los botones Eliminar y Borrar contenidos.

4. Arrastre los botones Flecha y Crear botón hacia la izquierda, delante del botón Autoformato.

5. Arrastre el botón Flecha un poco a la derecha para crear un espacio entre el botón Pegar valores y el botón Flecha.

6. Arrastre el botón Autoformato un poco a la derecha para crear un espacio entre el botón Crear botón y el botón Autoformato.

7. Arrastre el botón Inmovilizar secciones un poco a la derecha para crear un espacio entre él y botón Autoformato.

   Tenga cuidado de no arrastrarlo fuera de la barra de herramientas. Si saca el botón Inmovilizar secciones fuera de la barra de herramientas, tendrá que añadirlo de nuevo. Su barra de herramientas deberá ser similar a esta:

8. En el cuadro de diálogo Personalizar, escoja Cerrar.

Puede desplazar sus barras de herramientas a cualquier posición de su pantalla. Si desplaza una barra de herramientas hacia la parte superior, inferior o hacia cualquier otro lado de su ventana, la *acoplará* en esa posición. Cuando su barra de herramientas se acopla, cambia su forma a una simple fila de botones orientados verticalmente (en el lado de su pantalla) o a una simple fila de botones orientados horizontalmente (en la parte superior de su pantalla). Las barras de herramientas que contienen recuadros desplegables, como el recuadro Nombre de fuente o el recuadro Tamaño de fuente, no pueden acoplarse a los lados de su ventana, puesto que los cuadros no se adaptarán. Si desplaza una barra de herramientas hacia cualquier parte cerca del centro de su ventana, ésta *flotará* allí.

En el ejercicio siguiente, desplace su nueva barra de herramientas alrededor de su pantalla para ver cómo se acopla en diferentes posiciones y cómo flota en otras. Luego la acoplará en la parte superior de su pantalla, por debajo de las otras barras de herramientas.

Desplazamiento de la barra de herramientas alrededor de su pantalla

1. Pulse la barra de título de la barra de herramientas Personalizar, arrastre la barra de herramientas hacia la parte izquierda de su pantalla y luego suelte el botón del ratón.

Puede desplazar sus barras de herramientas se desplaza hacia el margen izquierdo de su ventana y se acopla allí.

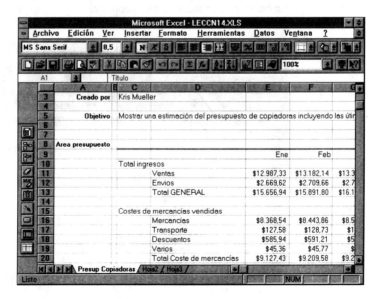

2. Sitúe su cursor al lado de un botón de la barra de herramientas Mis herramientas, y arrástrela hacia abajo hasta el extremo inferior de su pantalla.

La barra de herramientas se desplaza hasta el extremo inferior de la ventana de Microsoft Excel y se acopla de nuevo allí.

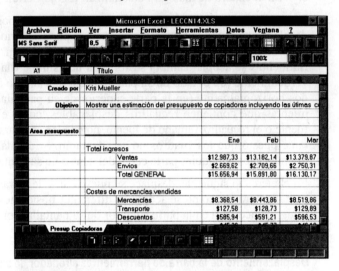

3. Utilizando un área al lado de un botón de la barra de herramienta, arrastre de nuevo la barra Mis herramientas hacia el centro de la pantalla.

La barra de herramientas aparece de nuevo cerca del centro de la pantalla.

4. Arrastre la barra Mis herramientas hacia la parte superior de la pantalla, justo debajo de la barra de herramientas de Formato.

La barra de herramientas se acopla en la parte superior de la ventana, debajo de las otras barras de herramientas.

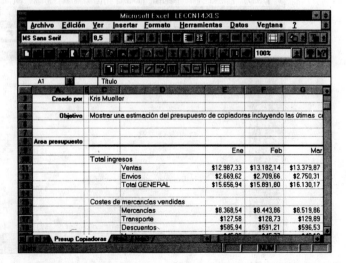

Ocultación de elementos de la pantalla

Si comprueba que no utiliza con frecuencia las barras de herramientas, y desea ver al mismo tiempo algo más de sus datos, puede ocultar las barras de herramientas y otros elementos de la pantalla. La orden Pantalla completa del menú Ver oculta las barras de herramientas, la barra de título, y la barra de estado, mostrando únicamente su hoja, las barras de desplazamiento y la barra de menú. Para restablecer los elementos ocultos a su vista, puede escoger de nuevo la orden Pantalla completa, o puede utilizar el botón Pantalla completa de la barra de herramientas Pantalla completa. En el ejercicio siguiente, muestre su hoja en una pantalla completa, y luego restablezca las barras de herramientas, barra de estado y barra de título.

Mostrar una hoja en una pantalla completa

1. Desde el menú Ver, escoja Pantalla completa.

Las barras de herramientas, barra de título y barra de estado están ocultas a la vista y su hoja llena toda la pantalla. La barra de herramientas Pantalla completa aparece con el botón Pantalla completa.

Botón Pantalla completa

	A		C	D	E	F	G
	Archivo	Edición Ver	Insertar Formato	Herramientas Datos	Ventana	?	
1			VCO - Presupuesto de Copiadoras				
2			7/20/94				
3	Cre		Kris Mueller				
4							
5	Objetivo		Mostrar una estimación del presupuesto de copiadoras incluyendo las útimas c				
6							
7							
8	Area presupuesto						
9					Ene	Feb	Mar
10			Total ingresos				
11			Ventas		$12.987,33	$13.182,14	$13.379,87
12			Envios		$2.669,62	$2.709,66	$2.750,31
13			Total GENERAL		$15.656,94	$15.891,80	$16.130,17
14							
15			Costes de mercancías vendidas				
16			Mercancías		$8.368,54	$8.443,86	$8.519,86
17			Transporte		$127,58	$128,73	$129,89
18			Descuentos		$585,94	$591,21	$596,53
19			Varios		$45,36	$45,77	$46,18
20			Total Coste de mercancías		$9.127,43	$9.209,58	$9.292,46
21							
22			Beneficio bruto		$6.529,51	$6.682,22	$6.837,71
23							
24			Gastos				
25			Publicidad		$1.840,00	$1.840,00	$1.840,00

Presup Copiadoras / Hoja2 / Hoja3 /

2. Pulse el botón Pantalla completa.

También puede utilizar de nuevo la orden Pantalla completa del menú Ver para restablecer la visualización de los elementos de la pantalla. Las barras de herramientas, la barra de título y la barra de estado aparecen de nuevo, y la barra de herramientas de Pantalla completa desaparece.

Cómo ampliar o reducir la visualización de una hoja

Ya ha visto cómo se puede hacer más espacio para visualizar la hoja, ocultando las barras de herramientas, la barra de estado y la barra de título, pero ¿qué ocurre si desea ver aún más datos? Para obtener una visión más amplia de sus datos, puede reducir para visualizar más celdas de la ventana. Si desea ver menos celdas pero con mayor tamaño, realice una ampliación. Puede reducir o ampliar mostrando un cierto porcentaje de la pantalla completa, o puede ajustar una selección concreta al tamaño de la ventana. Para reducir o ampliar, puede utilizar también el cuadro Zoom de la barra de herramientas Estándar o la orden Zoom del menú Ver. En el ejercicio siguiente, seleccione parte de su hoja y luego redúzcala y amplíela para ver sus datos con distintas perspectivas.

Cómo reducir y ampliar para visualizar una selección

Zoom

1. Seleccione las celdas C9:G18.

2. Pulse la flecha abajo junto al cuadro Zoom de la barra de herramientas Estándar.

   Se abre el cuadro Zoom, mostrando los porcentajes establecidos del zoom.

3. En la lista, escoja 50%.

   Su hoja se reducirá para mostrar los datos a un tamaño del 50%.

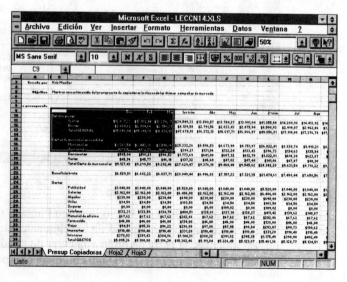

4. Pulse la flecha abajo junto al cuadro Zoom.

5. Seleccione Selección en la lista.

La hoja se verá de cerca para adaptar su selección al tamaño de la ventana. Observe que el porcentaje del cuadro Zoom se ajusta de forma precisa a la ampliación requerida.

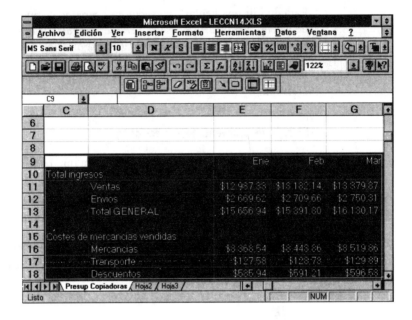

Nota Si su selección es mayor que una pantalla, ya sea con orientación horizontal o vertical, la elección de Selección en el recuadro Zoom hará que se reduzca en lugar de ampliar para ver así toda la selección.

---

6. Pulse la flecha abajo junto al cuadro Zoom, y escoja de la lista 100%.

Su hoja volverá al tamaño del 100%.

División de sus hojas en secciones

Con hojas extensas, tendrá con frecuencia cabeceras en la parte superior o izquierda de su hoja, con datos que se extienden hacia la derecha y hacia abajo. Cuando se ha desplazado más allá del punto en que las cabeceras están visibles, puede resultar difícil recordar lo que eran. Si desea ver sus cabeceras todo el tiempo mientras se desplaza a través de sus datos, puede dividir su ventana de la hoja en zonas separadas denominadas *secciones*, y luego congelar las secciones para poder visualizar al mismo tiempo las cabeceras y los datos. Por ejemplo, si tiene cabeceras en la fila 2, y necesita ver los datos de la fila 55, es difícil ver la cabecera y los datos al mismo tiempo. Pero si divide su hoja después de la fila 2, y luego inmoviliza la sección con las cabeceras, podrá ver las cabeceras en todo momento, sin que importe donde se haya desplazado con los datos.

Para dividir una ventana en secciones separadas, puede utilizar la orden Dividir del menú Ventana o su ratón. Puede congelar y descongelar las secciones de su ventana, o eliminar completamente la división escogiendo órdenes del menú Ventana. En el ejercicio siguiente, utilice el ratón para dividir su hoja en dos secciones, desplace la parte superior para mostrar las cabeceras, y luego elimine la división.

División de una ventana en secciones

1. Desplácese hacia abajo y arriba hasta que la celda C9 esté en el ángulo superior izquierdo de la pantalla.

Cuadro de división

2. Señale la pequeña zona negra de la parte superior de la barra de desplazamiento vertical y arrástrela hacia abajo hasta la mitad de la pantalla.

   Este pequeño cuadro negro se denomina *cuadro de división*. Su puntero cambia a la ilustración siguiente, y la ventana se divide en dos cuadros (secciones).

3. Desde el menú Ventana, escoja Anular división.

   La división en secciones queda eliminada de la hoja.

4. Asegúrese de que la celda C9 es la celda superior izquierda de su ventana.

   Dividirá su ventana para ver únicamente las cabeceras en una sección y todos los datos en la otra sección.

5. Seleccione la celda E10, y desde el menú Ventana, seleccione Inmovilizar secciones.

   Su ventana está dividida en secciones, pero sin las barras de desplazamiento extras. Las cabeceras y la parte superior e izquierda de la pantalla están inmovilizadas en su posición, pero puede desplazarse a través de los datos de la sección inferior derecha. Su hoja deberá ser similar a la siguiente:

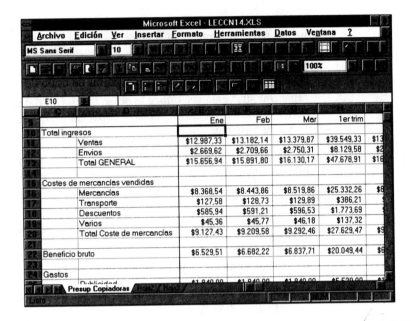

	Ene	Feb	Mar	1er trim	
Total ingresos					
Ventas	$12.987,33	$13.182,14	$13.379,87	$39.549,33	$13
Envios	$2.669,62	$2.709,66	$2.750,31	$8.129,58	$2
Total GENERAL	$15.656,94	$15.891,80	$16.130,17	$47.678,91	$16
Costes de mercancías vendidas					
Mercancias	$8.368,54	$8.443,86	$8.519,86	$25.332,26	$8
Transporte	$127,58	$128,73	$129,89	$386,21	
Descuentos	$585,94	$591,21	$596,53	$1.773,69	
Varios	$45,36	$45,77	$46,18	$137,32	
Total Coste de mercancías	$9.127,43	$9.209,58	$9.292,46	$27.629,47	$9
Beneficio bruto	$6.529,51	$6.682,22	$6.837,71	$20.049,44	$6
Gastos					

Nota   También puede seleccionar una fila o columna y luego inmovilizar secciones. La ventana será dividida a lo largo de esa fila o columna, y la fila o columna será inmovilizada en su posición.

6.   En el área de datos, desplácese hacia abajo y a la derecha hasta la celda U38.

Observe que aunque se desplace a través de las celdas del área de datos, las cabeceras permanecen en su lugar. Puede desplazarse a cualquier parte de la derecha o al fondo de su hoja, pero no puede desplazarse más allá de la celda D9 a la izquierda o en la parte superior de su hoja.

7.   Pulse el botón Inmovilizar secciones de su barra de herramientas Mis herramientas.

Botón inmovilizar

También puede utilizar la orden Movilizar secciones del menú Ventana. Las secciones inmovilizadas quedan eliminadas de la hoja.

Organización de las ventanas

La división de sus ventanas y la ampliación o reducción puede ayudarle a ver más información de una hoja en particular. Pero ¿qué ocurre si tiene varias hojas de un libro de trabajo y necesita examinar más de una cada vez? O ¿qué ocurre si necesita comparar información que está almacenada en más de un libro de trabajo? Puede organizar sus ventanas para que pueda ver dos, tres, cuatro o más ventanas a la vez. Desde luego, cuantas más ventanas tenga, más difícil será ver mucha información en ellas.

En la Lección 12, "Enlace de datos", vimos cómo se podían organizar sus ventanas horizontalmente para mostrar ventanas más pequeñas alineadas de forma horizontal. También puede organizar las ventanas en secciones verticales o en mosaico. Alternativamente, puede poner en cascada sus ventanas para que detrás de la ventana activa sólo aparezcan las barras de título de las ventanas inactivas. Para organizar sus ventanas, utilice la orden Organizar del menú Ventana. Puede tener varios libros de trabajo en ventanas separadas, o que un libro de trabajo aparezca en varias ventanas.

En los ejercicios siguientes, abra una segunda y una tercera ventana para su libro de trabajo, y luego reorganice las tres ventanas poniéndolas en cascada y en mosaico.

Apertura de las nuevas ventanas para visualizar hojas diferentes de un libro de trabajo

1. Desde el menú Ventana, escoja dos veces Nueva ventana.

   Las dos nuevas ventanas se abren mostrando su libro de trabajo LECCN14.XLS.

2. Desde el menú Ventana, escoja LECCN14.XLS:2.

   Aparece la ventana de LECCN14.XLS:2.

3. Pulse la etiqueta Hoja2.

   Aparece la Hoja2 en la ventana LECCN14.XLS:2.

4. Desde el menú Ventana, escoja LECCN14.XLS:3.

   Se visualiza la ventana de LECCN14.XLS:3.

5. Pulse la etiqueta Hoja3.

   La Hoja3 aparece en la ventana LECCN14.XLS:3.

Organización de las ventanas en cascada, mosaico y por último en horizontal

1. Desde el menú Ventana, seleccione Organizar.

   Se abre el cuadro de diálogo Organizar.

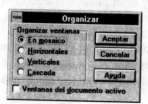

2. En el área de Organizar ventanas, seleccione Cascada y luego pulse Aceptar.

Sus ventanas están organizadas para que delante esté visible LECCN14.XLS:3, y que de LECCN14.XLS:2 y LECCN14.XLS:1 sólo aparezcan las barras de título. Puede pulsar una barra de título para activar otra ventana y traerla delante, como en la siguiente ilustración:

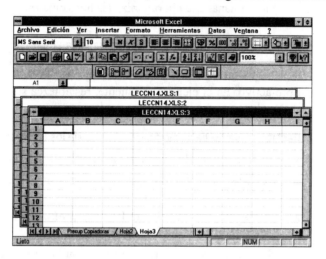

3. Desde el menú Ventana, escoja Organizar.

Se abre el cuadro de diálogo de Organizar.

4. En el área Organizar ventanas, seleccione En mosaico, y a continuación escoja Aceptar.

Sus ventanas están organizadas para que LECCN14.XLS:3 esté a la izquierda, teniendo LECCN14.XLS:2 y LECCN14.XLS:1 junto a ella en mosaico.

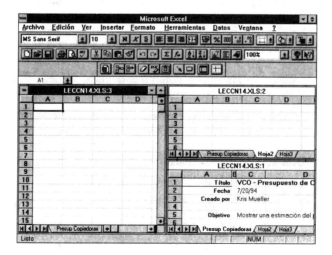

5. Desde el menú Ventana, escoja Organizar.

   Se abre el cuadro de diálogo Organizar.

La opción Horizontales es equivalente a /Hoja Ventana Horizontal de 1-2-3.

6. En el área Organizar ventanas, seleccione Horizontales y después escoja Aceptar.

   Sus ventanas estarán organizadas horizontalmente, con las tres ventanas visibles y la ventana LECCN14.XLS:1 al fondo.

Para cambiar de nuevo todas las ventanas a su tamaño completo, puede simplemente maximizar de las ventanas. Todas las otras ventanas recuperarán automáticamente su tamaño completo, con los libros inactivos ocultos detrás del libro activo. En el ejercicio siguiente, restablezca sus ventanas al tamaño completo y luego cierre las ventanas duplicadas.

Restablecimiento de sus ventanas y cierre de los libros en blanco

1. Pulse el botón Maximizar de la ventana LECCN14.XLS:3.

   Las tres ventanas son ampliadas, pero únicamente estará visible la hoja LECCN14.XLS:3.

2. Pulse dos veces el cuadro del menú de control de las ventanas LECCN14.XLS:3 y LECCN14.XLS:2.

   Se cierran las ventanas duplicadas. Su archivo LECCN14.XLS permanece abierto y ampliado.

Un paso más

En la hoja de presupuesto del archivo LECCN14.XLS, tiene columnas para cada mes, así como columnas de resumen para cada trimestre y una columna de totales. En la Lección 9, hemos visto cómo se podía resumir la hoja y ocultar partes del resumen para mostrar únicamente un resumen. Sin embargo, si tiene algunos datos que no necesita visualizar en este momento, pero no desea resumir su hoja, puede ocultar simplemente las filas o columnas que no necesite. Puede ocultar sus filas o columnas con las órdenes Fila y Columna del menú Formato. Para restablecer sus filas o columnas, seleccione las filas o columnas que están alrededor de las filas o columnas ocultas, y luego utilice de nuevo las órdenes Fila y Columna del menú Formato.

Pruebe a ocultar todos los meses de su presupuesto para que sólo se visualicen las columnas de resumen, y luego restablézcalas para que pueda ver todos los datos.

Ocultación y restablecimiento de columnas de datos

1. Seleccione las columnas de la E a la G.

2. Escoja Columna del menú Formato, y luego escoja Ocultar.

   Las columnas se ocultan. Un borde más ancho de columna divide la columna D de la columna H, indicando que hay columnas ocultas entre ellas.

3. Seleccione las columnas de la I a la K, y luego pulse el botón derecho del ratón para visualizar el menú contextual.

Asegúrese de que su puntero del ratón está aún sobre la cabecera de columna cuando aparece el menú contextual.

4. Desde el menú contextual, escoja Ocultar.

Las columnas de la I a la K también se ocultan.

5. Pulse el botón de cabecera de columna para la columna M, mantenga presionada CONTROL, y seleccione las columnas N, O, Q, R y S.

Con la tecla CONTROL, puede seleccionar columnas individuales no adyacentes, filas o celdas.

6. Escoja Ocultar del menú contextual.

Todas las columnas de meses están ocultas. Sólo permanecen visibles los resúmenes trimestrales y totales.

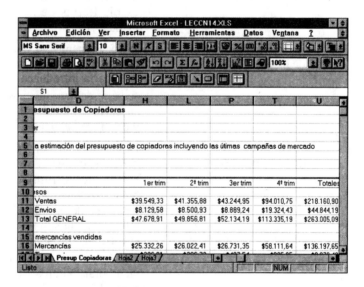

7. Seleccione las columnas de la D a la T.

Visualice de nuevo una columna seleccionando las columnas que estén a cualquier lado de ella, o puede seleccionar toda la hoja.

8. Escoja Columna del menú Formato, y luego escoja Mostrar.

También puede utilizar la orden Mostrar del menú contextual. Todas las columnas ocultas quedarán restablecidas.

9. Cierre la barra de herramientas Personalizar.

Para continuar con la siguiente lección

1.   Seleccione Guardar del menú Archivo.
2.   Seleccione Cerrar del menú Archivo.

Para salir de Microsoft Excel

➤   Seleccione Salir en el menú Archivo.

Si aparece el cuadro de diálogo Guardar pulse Sí.

Resumen de la lección

Para	Haga esto	Botón
Visualizar una barra de herramientas	Desde el menú contextual, seleccione la barra de herramientas que desea, o escoja Barras de herramientas del menú Ver.	
Crear una nueva barra de herramientas	Desde el menú Ver, escoja Barras de herramientas. En el cuadro Nombre de la barra introduzca el nombre de su barra de herramientas. Personalice su barra utilizando el resumen que viene a continuación.	
Personalizar una barra de herramientas	Desde el menú Ver, escoja Barras de herramientas. En el cuadro de diálogo Barras de herramientas, pulse el botón Personalizar. Arrastre los botones que desea trasladar de la barra de herramientas hasta el área Botones del cuadro de diálogo Personalizar. Arrastre los botones que desea incorporar del área Botones hasta la barra de herramientas. Arrastre los botones que desea desplazar dentro de la barra de herramientas hasta sus nuevas posiciones. En el cuadro de diálogo Personalizar, pulse Cerrar.	
Obtener una visión completa de la pantalla de una hoja	Escoja Pantalla completa del menú Ver. o Pulse el botón Pantalla completa de la barra de herramientas.	

Para	**Haga esto**	**Botón**
Visualizar la barra de herramientas, la barra de título, y la barra de estado	Escoger Pantalla completa del menú Ver.	
Ampliar o reducir para visualizar su hoja	Seleccione las celdas que desea visualizar. Desde el menú Ver escoja Zoom, o pulse la flecha hacia abajo junto al cuadro Zoom de la barra de herramientas Estándar. En el cuadro Zoom, seleccione un porcentaje, introduzca un porcentaje, o seleccione Selección.	`100%`
Dividir una hoja en secciones	Arrastre el cuadro de dividir. *o* Escoja Dividir del menú Ventana.	
Eliminar secciones de división	Desde el menú Ventana, escoja Anular división.	
Inmovilizar o movilizar secciones	Desde el menú Ventana, escoja Inmovilizar secciones o Movilizar secciones.	
Abrir una nueva ventana	Desde el menú Ventana, escoja Nueva ventana.	
Organizar ventanas	Desde el menú Ventana, escoja Organizar. En el cuadro de diálogo de Organizar escoja En mosaico, Horizontales, Verticales o Cascada y luego escoja Aceptar.	

Para más información sobre	**Véase *Manual del usuario de Microsoft Excel***
La personalización de su espacio de trabajo con barras de herramientas	El Capítulo 34, "Personalización del área de trabajo".
La visualización de una pantalla completa de la hoja	El Capítulo 32, "Cambio de la presentación de la hoja de cálculo".
El enfoque para visualizar su hoja	El Capítulo 32, "Cambio de la presentación de la hoja de cálculo".

Para más información sobre	Véase *Manual del usuario de Microsoft Excel*
La división de su hoja en secciones	El Capítulo 32, "Cambio de la presentación de la hoja de cálculo".
La organización de varias ventas	El Capítulo 32, "Cambio de la presentación de la hoja de cálculo".

Avance de la siguiente lección

En la próxima lección, "Automatización de tareas repetitivas", le introduciremos en el lenguaje de macros de Excel y aprenderá a crear macros sencillas que le ahorrarán tiempo y esfuerzo. Aprenderá a registrar pulsaciones como una macro, a añadir comentarios que hagan más comprensible una macro y a incorporar botones en sus hojas para ejecutar automáticamente las macros que desarrolle.

Automatización de tareas repetitivas

Algunas de las entradas de datos y formatos que realiza en Microsoft Excel pueden ser repetitivos. Por ejemplo, podría diseñar la mayoría de sus hojas con las mismas cabeceras básicas, o formatear todas sus cabeceras de la misma forma. En lugar de ejecutar la misma secuencia de tareas una y otra vez, puede crear una *macro*. Entonces, en lugar de introducir las mismas cabeceras, o utilizar repetidamente las mismas órdenes de formato, puede ejecutar la macro, la cual introducirá y formateará las cabeceras automáticamente.

Una macro consta de una serie de instrucciones escritas en un lenguaje denominado *Visual Basic* que Microsoft Excel puede entender. Para crear una macro, no necesita comprender el lenguaje que se utiliza, sólo necesita saber qué órdenes de Microsoft Excel desea que la macro ejecute para usted. Puede *registrar* las órdenes en secuencia, y éstas serán traducidas automáticamente al lenguaje utilizado por Microsoft Excel. Registrar una macro es similar a registrar una música en una cinta magnetofónica: no necesita comprender cómo se registra la música en la cinta; sólo tiene que saber qué música desea registrar.

En esta lección, aprenderá a automatizar tareas repetitivas registrando macros, a añadir comentarios a sus macros para hacer que posteriormente sean fáciles de comprender, y a crear botones de macro para que pueda acceder a sus macros y ejecutarlas rápidamente.

Aprenderá a:

- Crear macros para automatizar tareas repetitivas.

- Incorporar comentarios a su macro para conseguir que sea más fácil de comprender.

- Crear un botón de macro para hacer que la macro sea más fácil de ejecutar.

Tiempo estimado de la lección: 25 minutos

Si su pantalla no coincide con las ilustraciones de esta lección, vea el Apéndice, "Comparación de ejercicios".

Inicio de la lección

1.   Abra el archivo 15LECCN.XLS.

2.   Guarde el libro de trabajo como LECCN15.XLS.

3.   Pulse el botón Maximizar de la ventana de documento, si es que ésta no ha sido aún maximizada.

Creación de macros para automatizar tareas

Si encuentra que ejecuta con alguna frecuencia determinadas tareas, como por ejemplo la aplicación de la negrita, la letra cursiva y un tipo de tamaño mayor para los títulos de la hoja o que introduce las mismas categorías en cada hoja de presupuesto, puede ahorrar tiempo si automatiza estas tareas. Puede registrar una macro para casi cualquier serie de acciones que ejecute con Microsoft Excel.

Para crear una macro, active simplemente el *registrador de macros*; ejecute la secuencia de tareas que desea registrar, y luego desactive el registrador de macros. Cuando registre la macro, las órdenes son traducidas automáticamente al lenguaje Visual Basic y almacenadas en una hoja de *módulo* separada de su libro de trabajo.

Nota   También puede utilizar cualquier macro que haya creado en las versiones 3 ó 4 de Microsoft Excel, o registrar macros en el lenguaje de macros utilizado en la versión 4 de Microsoft Excel.

Después de registrar su macro, puede ejecutarla escogiendo el nombre de la macro del cuadro de diálogo Macro. Como verá posteriormente en esta lección, también puede ejecutar macros pulsando un botón de macro o utilizando la combinación de abreviatura de teclas.

Registro de macros

Antes de registrar una macro, necesita planificar exactamente lo que desea que haga la macro, y en qué orden. Después de escoger Grabar nueva macro, cada celda que seleccione, todo lo que introduzca, y cada orden que escoja será registrada, de forma similar a la cinta de un magnetófono. También necesita pensar en un nombre y una descripción para la macro que identifique exactamente lo que ésta hace.

La orden Grabar nueva macro equivale a /Tools Macro Record de 1-2-3.

Deberá denominar su macro para reflejar las acciones que ésta realiza. En este ejercicio, la macro que registrará añade en una nueva hoja de presupuesto las cabeceras de área, el título y la fecha actual. El nombre de esta macro será "Presup_Info" porque añade las cabeceras del presupuesto. Los nombres de macro, así como los nombres de rango, no pueden incluir espacios o puntos. Si incluye más de una palabra, necesita separar las palabras con un subrayado.

Es una buena idea ejecutar los pasos de su modelo antes de registrar realmente la macro. Sin embargo, como en esta lección dispondrá de las instrucciones exactas para crear macros, no necesitará echar un vistazo a los pasos antes de registrarlos. En los ejercicios siguientes, registrará una nueva macro para introducir en una hoja las cabeceras del área de presupuesto.

Inicio del registro de una macro

1. Cámbiese a la Hoja1, y seleccione la celda A8.

Desea utilizar esta macro en cualquier parte de una hoja, así que necesita seleccionar la celda con la que comenzará antes de iniciar el registro. Si comienza a registrar y luego selecciona una celda, esa selección es parte de la macro.

Nota   Las macros se establecen automáticamente con referencias absolutas. Si registra una macro para introducir datos o seleccionar una celda, tal vez necesitará cambiarse a referencias relativas. Si registra la macro con referencias absolutas, los datos aparecerán en las mismas celdas, independientemente de la celda que seleccione antes de ejecutar la macro.

---

2. Desde el menú Herramientas, escoja Grabar macro y luego escoja Grabar nueva macro.

Se abre el cuadro de diálogo Grabar nueva macro.

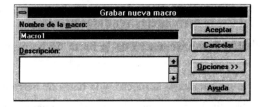

Nota   Si lo prefiere, puede utilizar el botón Grabar macro de la barra de herramientas Visual Basic para Excel en lugar de la orden Grabar nueva macro. De cualquier forma, aparece el cuadro de diálogo Grabar nueva macro, preparado para la denominación y descripción de su nueva macro.

---

3. En el cuadro Nombre de la macro, introduzca **Presup_Info**.

4. En el cuadro Descripción, **introduzca Establece las cabeceras del área de presupuesto**.

Nota   Una macro sólo está disponible cuando el archivo en el que está almacenada se encuentra abierto. Si desea que sus macros siempre estén disponibles, sin importar qué archivos estén abiertos, puede pulsar el botón Opciones del cuadro de diálogo Grabar nueva macro y luego seleccionar la opción "Almacenar en Libro de macros personal".

---

5.   Escoja Aceptar.

La barra de herramientas Finalizar grabación aparece con un botón. Tal vez necesite apartar esta barra de herramientas mientras graba la macro.

6.   Desde el menú <u>H</u>erramientas, escoja <u>G</u>rabar macro y luego escoja <u>U</u>sar referencias relativas.

El cambio a las referencias relativas le permitirá utilizar su macro dondequiera que lo necesite, en lugar de hacerlo en una celda o en un rango concreto.

Grabación de la macro

1.   En la celda A8 introduzca lo siguiente:

Area presupuesto INTRO INTRO TAB **Total ingresos Total** INTRO **Ventas** INTRO **Envíos** INTRO **Total general** INTRO INTRO **Coste de mercancías vendidas** INTRO **Mercancías** INTRO **Transporte** INTRO **Descuentos** INTRO **Varios** INTRO **Total Coste mercancías vendidas** INTRO.

Finalizar grabación

2.   Pulse el botón Finalizar macro de la barra de herramientas Finalizar grabación.

Se detiene la grabación de la macro, y la barra de herramientas Finalizar grabación desaparece.

Ejecución de macros

Después de registrar una macro, es una buena idea probarla antes de almacenarla permanentemente o pasársela a alguna otra persona. Para ejecutar una macro, utilice la orden Macro y luego seleccione el nombre de la macro de la lista de macros disponibles.

Cuando ejecuta una macro, ésta simplemente lleva a cabo todas las acciones que realizó mientras estaba registrando. Para algunas macros, necesita seleccionar la celda o celdas en las que desea que la macro intervenga antes de ejecutarla. Como la macro Presup_Info que creó no comienza sobre ninguna celda en concreto, necesita seleccionar una celda antes de ejecutarla. En el ejercicio siguiente, ejecutará la macro Presup_Info para añadir en su hoja otra serie de títulos del presupuesto.

Ejecución de la macro Presup_Info

1. Seleccione la celda E9, y luego desde el menú Herramientas escoja Macro.

Se abre el cuadro de diálogo de Macro.

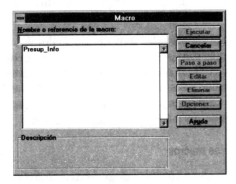

2. En la lista Nombre o referencia de la macro, seleccione Presup_Info.

3. Pulse el botón Ejecutar.

La macro se ejecuta y los títulos de su presupuesto se incorporan a la hoja. Su hoja deberá ser similar a la siguiente:

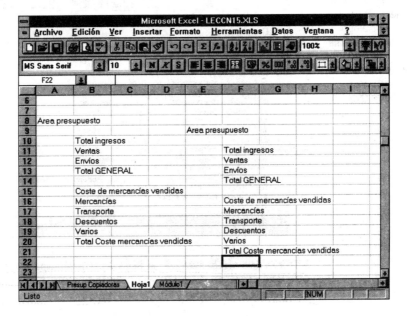

Documentación de macros

En la Lección 7, "Organización del libro de trabajo", aprendió que es una buena idea añadir comentarios, notas o cabeceras a los libros para describirlos. De la misma forma, debería añadir comentarios, o *documentar* sus macros para que usted u otros usuarios puedan comprender cómo funcionan. Ha comenzado a documentar las macros que creó al añadir un título y una descripción. Pero ¿qué ocurre si necesita examinar en algún punto los pasos de la macro y descubre lo que hace cada parte de la macro? Puede añadir comentarios a los pasos de la macro para hacer esto.

Las macros están almacenadas en hojas especiales de sus libros denominadas *módulos*. Estas hojas sólo pueden contener macros y comentarios. Cuando registra una macro, los códigos quedan añadidos automáticamente, junto con su título y descripción. Puede editar sus macros de la hoja de módulo para añadir otros comentarios que expliquen pasos concretos. En el ejercicio siguiente, abra el módulo que contiene sus macros y écheles un vistazo.

Si su hoja de módulo visualiza puntos en lugar de caracteres, necesita cambiar el tipo de letra o fuente utilizada en sus hojas de módulo. Desde el menú Herramientas, escoja Opciones. En el cuadro de diálogo Opciones, seleccione la ficha Formato módulo, y cambie la fuente a Courier New. Pulse Aceptar.

Exploración de las macros

➤ Seleccione la hoja Módulo1 de su libro de trabajo.

Se abre la hoja Módulo1, visualizando la macro Presup_Info.

Observe que algún texto de la hoja de módulo aparece en verde, otro en azul y otro está en negro. El texto en verde indica que hay un comentario, el texto en azul señala el principio y fin de una macro, y el texto en negro indica un paso de macro. En su macro, el título "Macro Presup_Info" y la descripción aparecen como comentarios escritos en verde. Además, los comentarios van precedidos por un apóstrofe para destacarlos de los pasos.

La palabra "Sub" aparece en el texto azul, seguido de "Presup_Info". Esta línea indica el principio de una macro denominada "Presup_Info". Después de esta línea, todo lo demás está en negro, indicando que todo lo demás son pasos de la macro, hasta que alcance la linea que indica "End Sub" en azul. "End Sub" indica que ha alcanzado el final de las órdenes de macro.

Nota   Las macros de la versión 5 de Microsoft Excel están escritas en un lenguaje denominado Visual Basic. Si desea aprender algo más sobre Visual Basic y las macros de Microsoft Excel 5, haga referencia al *Manual del usuario de Microsoft Excel Visual Basic.*

Para documentar su macro, añada comentarios a cada sección. Normalmente, añadirá un comentario que describa una sección justo encima de la sección, en lugar de ponerlo a continuación de ella. Para añadir un comentario, introduzca simplemente un apóstrofe y luego el comentario; pasará automáticamente al verde después de seleccionar otra posición. El apóstrofe le indica al programa que el texto es un comentario y no una instrucción. La incorporación de comentarios no afectará a la macro cuando la ejecute, siempre que recuerde añadir el apóstrofe al principio de la línea. Si no lo hace, aparecerá un mensaje de error cuando intente ejecutar de nuevo la macro.

En el ejercicio siguiente, añada comentarios que expliquen cada paso de su macro Presup_Info.

Incorporación de comentarios a su macro Presup_Info

1. En la hoja Módulo1, pulse al final de la linea Presup_Info, detrás del paréntesis de cierre.

   Recuerde que la primera acción que ejecutó al crear la macro era rotular el Area de presupuesto. La linea "Area de presupuesto" realiza esa acción.

2. Pulse INTRO dos veces, pulse TAB, y luego introduzca **'Añadir cabeceras al área de presupuesto**.

   Asegúrese de que introduce primero un apóstrofe.

3. Pulse por debajo del final de la línea "Area de presupuesto".

   Observe que el comentario se pone en verde.

4. Pulse INTRO dos veces, y luego introduzca **'Añadir categorías de presupuesto en el área de presupuesto**.

   Su código de macro deberá ser similar al siguiente:

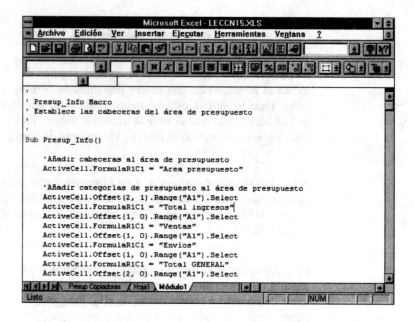

Uso de botones de macro para facilitar la ejecución de macros

Puede ejecutar cualquier macro de su libro desde el cuadro de diálogo de Macro, pero éste no siempre es el método más rápido. Si tiene una macro, como la de Presup_Info que ha creado, la cual se utilizará con cierta frecuencia en una hoja particular, puede añadir un botón a esa hoja y asignar la macro al botón. De esta forma, puede pulsar el botón para ejecutar la macro, en lugar de utilizar una orden de menú. Incluso puede acceder a la macro a través del menú que debería necesitar.

Creación de botones de macro

Cuando quiera un botón de macro, dibuje simplemente un botón y asígnele la macro. Los botones se dibujan de la misma forma en que, anteriormente en este libro, trazó líneas y cuadros de texto, seleccionando el botón Crear botón de la barra de herramientas de Dibujo, y luego arrastrándolo en su hoja para crear el botón. Puede hacer que el botón sea tan grande o tan pequeño como quiera, dependiendo de la cantidad de espacio disponible en su hoja. Posteriormente, puede redimensionar o desplazar el botón. Cuando cree el botón, asígnele también una macro de la lista de macros del libro de trabajo. Después de crear el botón de macro y de asignarle una macro, es una buena idea proporcionarle un nombre descriptivo para que pueda recordar lo que sucederá cuando pulse el botón.

En el ejercicio siguiente, añadirá un botón de macro para ejecutar la macro Presup_Info y le dará nombre.

Incorporación de un botón de macro para ejecutar la macro Presup_Info

Mostrar barra de dibujo

1. Cámbiese a la hoja Presupuesto de copiadoras.

2. Pulse el botón Mostrar barra de dibujo de la barra de herramientas Estándar.

    Aparece la barra de herramientas Dibujo, mostrándole los diferentes botones entre los que puede escoger.

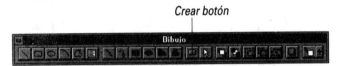

Crear botón

3. Pulse el botón Crear botón.

    Su puntero cambia a una pequeña cruz, preparada para que trace un botón.

4. Arrástrelo para trazar un botón que abarque las celdas E2:E3.

    Aparece el botón y se abre el cuadro de diálogo Asignar macro.

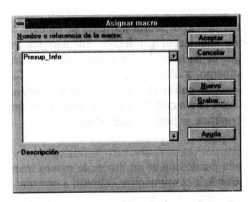

5. En la lista Nombre o referencia de la macro, seleccione Presup_Info, y luego escoja Aceptar.

    Se cierra el cuadro de diálogo Asignar macro.

6. Asegúrese de que el botón está aún seleccionado, y luego seleccione el texto "Boton 1".

7. Introduzca **Añadir Títulos presupuesto**, y luego pulse fuera del botón.

    El botón se denomina Añadir títulos presupuesto, aunque sólo aparezca parte del nombre. Su hoja deberá ser similar a la siguiente:

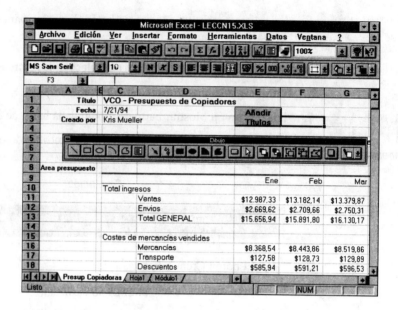

8. Pulse el cuadro del menú de Control de la barra de herramientas Dibujo para cerrarla.

Cuando crea inicialmente un botón de macro, puede que no lo coloque exactamente donde desea, o podría no tener el tamaño correcto. Si el nombre del botón es demasiado largo, o si decide que necesita desplazar el botón hacia una posición mejor de su hoja, puede seleccionarlo y cambiar su tamaño o desplazarlo. Sin embargo, a diferencia de la mayoría de los objetos de una hoja, no puede simplemente pulsar el botón para seleccionarlo (si pulsa simplemente el botón, se iniciará la macro). Para seleccionar un botón de macro, debe mantener presionado CONTROL y luego pulsar el botón.

Nota   También puede copiar un botón de macro manteniendo presionada CONTROL y arrastrando a continuación el botón a una nueva posición. Cuando copia un botón, éste retiene su conexión con la macro, así que puede colocar una copia en varias hojas de un libro y luego ejecutar la macro desde cualquiera de ellas.

En el ejercicio siguiente, redimensionará su botón de macro para adaptarlo al tamaño del nombre del botón.

Cómo seleccionar y redimensionar un botón de macro

1. Mantenga presionada CONTROL, y luego pulse el botón de macro.

Se selecciona el botón de macro y aparece un borde alrededor de él con pequeños controles cuadrados a cada lado y esquina. Tenga cuidado de no arrastrar el botón. Si lo hace, creará una copia.

2. Coloque el puntero del ratón sobre el controlador de la parte derecha del botón, y luego arrástrelo para agrandar el botón hasta que su nombre completo aparezca en la misma línea.

3. Suelte la tecla CONTROL y pulse fuera del botón.

El botón cambia de tamaño para ajustar el texto dentro de él.

Ejecución de macros con un botón de macro

Para ejecutar una macro desde un botón de macro, pulse simplemente el botón una vez. Si la macro ejecuta una acción en una selección concreta, como por ejemplo la macro Presup_Info, necesita seleccionar la celda o rango en el que desea que actúe la macro antes de pulsar el botón. En el ejercicio siguiente, ejecutará la macro Presup_Info utilizando el botón que ha creado.

Ejecución de la macro Presup_Info

➤ Seleccione la celda C47, y a continuación pulse una vez el botón Añadir títulos al presupuesto.

Los títulos del presupuesto se incorporan en las celdas C47:D59. Su hoja deberá ser similar a la siguiente:

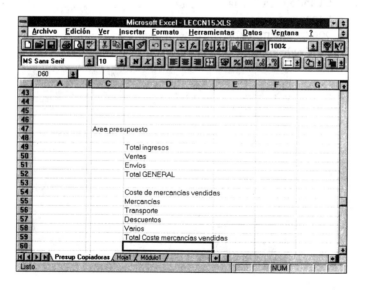

Nota   Si obtiene un mensaje de error que no vio cuando ejecutó anteriormente la macro, puede haberse olvidado un apóstrofe cuando le añadió comentarios a la macro. Eche un vistazo a la macro de la hoja Módulo1 para añadir cualquier apóstrofe que pueda haber olvidado.

Un paso más

Puede hacer que sus macros sean aun más fáciles de obtener asignándoles una abreviatura de teclado. Puede asignar cualquier combinación de CONTROL + *tecla* o CONTROL + DESPL + *tecla*, siempre que esa combinación particular de teclas no se esté utilizando para acceder a otra orden. Por ejemplo, CONTROL+C se está utilizando ya como la abreviatura de Copiar, así que no podrá utilizar esa combinación de tecla. Si utilizó para una macro CONTROL+C, ya no podrá emplearla para copiar datos. Para asignar una abreviatura a una macro, utilice el botón Opciones del cuadro de diálogo Macro. Intente asignar la abreviatura de teclado CONTROL + MAYUSC + I a su macro Presup_Info.

Importante   Cuando asigna a una macro una abreviatura de combinación de teclas, Microsoft Excel no le notifica si la combinación ya ha sido asignada. Tenga cuidado cuando asigne teclas de abreviatura para que no vuelva a asignar una combinación que ya esté en uso.

Asignación de una tecla de abreviatura a una macro

1.   Desde el menú Herramientas, escoja Macro.

Se abre el cuadro de diálogo de Macro.

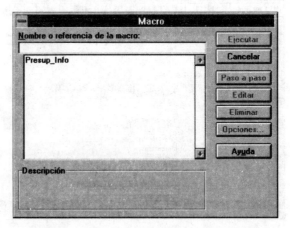

2.   En el cuadro Nombre o referencia de la macro, seleccione Presup_Info.

3.   Pulse el botón Opciones.

Se abre el cuadro de diálogo de Opciones de la macro.

4. En el área Asignar a, seleccione la casilla de selección de Método abreviado, si es que aún no ha sido seleccionado.

5. Pulse en CONTROL + cuadro. Seleccione todo el texto del cuadro (si hay alguno), mantenga presionada MAYUSC, y luego introduzca **I**.

6. Escoja Aceptar.

7. En el cuadro de diálogo de Macro, escoja Cerrar.

8. Seleccione la celda E47, y luego pulse CONTROL + MAYUSC + I.

La macro Presup_Info se ejecuta y añade los títulos del presupuesto.

Para continuar con la siguiente lección

1. Seleccione Guardar del menú Archivo.

2. Seleccione Cerrar del menú Archivo.

Para salir de Microsoft Excel

➤ Seleccione Salir del menú Archivo.

Si aparece el cuadro de diálogo Guardar, pulse Sí.

Resumen de la lección

Para	Haga esto	Botón
Crear una macro	Desde el menú <u>H</u>erramientas, seleccione <u>G</u>rabar macro, y luego escoja <u>G</u>rabar nueva macro. En el cuadro de diálogo de Grabar nueva macro, introduzca para la macro un nombre y una descripción y luego escoja Aceptar. Ejecute las pulsaciones que desea incluir, y luego pulse el botón Finalizar macro de la barra de herramientas Finalizar grabación.	
Ejecutar una macro	Desde el menú <u>H</u>erramientas, escoja <u>M</u>acro. En el cuadro de diálogo de Macro, seleccione la macro y luego pulse el botón Ejecutar.	
Documentar una macro	Seleccione la hoja de módulo que contiene la macro que desea documentar. Pulse al final de la línea delante del paso que desea documentar. Pulse dos veces INTRO, pulse TAB, y luego introduzca un apóstrofe seguido de un comentario.	
Asignar una macro a un botón	Pulse el botón Crear botón de la barra de herramientas Dibujo y trace un botón en su hoja. En el cuadro de diálogo Asignar macro, seleccione una macro, y luego escoja Aceptar. Con el botón seleccionado, seleccione el texto del botón e introduzca un nombre para éste. Pulse fuera del botón.	
Ejecutar una macro desde un botón de macro	Pulse el botón de la macro.	

Para más información sobre	Véase *Manual del usuario de Micros Excel Visual Basic*
La creación de macros para automatizar tareas	El Capítulo 1, "Automatización de tareas repetitivas".
La documentación de macros	El Capítulo 2, "Edición de macros registradas".
Creación de botones de macros	El Capítulo 1 "Automatización de tareas repetitivas".

Ejercicio de repaso

En las lecciones de la Parte 5, "Personalización y automatización de Microsoft Excel", ha aprendido las técnicas que le ayudarán a personalizar sus barras de herramientas, a modificar la visualización de su pantalla, y a crear macros que automaticen las tareas repetitivas. Si desea practicar estas técnicas y comprobar su comprensión, puede trabajar a lo largo de la sección Ejercicio de repaso que viene a continuación de esta lección.

Parte 5.   Ejercicio de repaso

Antes de terminar este libro, puede practicar las técnicas de la Parte 5, trabajando a través de los pasos de la sección Ejercicio de repaso. Creará una nueva barra de herramientas, utilizará la ampliación para visualizar parte de su hoja, organizará las ventanas para mostrar más de una hoja cada vez, desarrollará una macro que le ahorre tiempo y esfuerzo, la documentará y luego añadirá un botón de macro para que ésta sea más fácil de ejecutar.

Exploración de la actividad

Está preparando la última versión de la presentación de un historial de ventas de diez años, y necesita realizar un poco más de esfuerzo para hacer que el gráfico y la hoja sean aun mejores. Necesita ver de cerca su gráfico para estar seguro de que todo está preparado y en su lugar, así que lo ampliará para ver secciones separadas de los datos. También necesita comparar los valores de los datos y el gráfico para estar seguro de que el tipo de gráfico refleja su significado. Añadirá una macro para mostrar rápidamente el gráfico en pantalla completa y ampliarlo a un tamaño del 125 por 100. Por último, documentará la macro y le asignará un botón de macro en la hoja. A veces, encontrará que es más fácil utilizar un botón que una orden de menú. Como muchos de los botones que utiliza frecuentemente no se encuentran en las barras de herramientas por omisión, creará primero una nueva barra de herramientas para hacer que algunas de sus tareas sean más fáciles de realizar.

Repasará como:

- Personalizar su espacio de trabajo con barras de herramientas.
- Ampliar para visualizar parte de una hoja.
- Organizar ventanas para mostrar más de una hoja.
- Crear una macro para automatizar una tarea repetitiva.
- Documentar una macro.
- Incorporar un botón de macro para acceder más fácilmente a la macro.

Duración estimada del ejercicio: 15 minutos

Paso 1:   Creación de una nueva barra de herramientas

Cree una nueva barra de herramientas e incorpórele los botones Grabar macro y Finalizar macro, y a continuación, llévela a la parte superior de la ventana.

1.   Abra el archivo P5REVIS.XLS y guardelo como REVISP5.

2. Utilice el menú contextual de barras de herramientas y la orden Barras de herramientas para crear una nueva barra de herramientas denominada "Mi macro".

3. Desde el menú Ver, seleccione Barras de herramientas. En el cuadro de diálogo, pulse el botón Personalizar para copiar los botones Grabar macro y Finalizar macro de la categoría Macro de su nueva barra de herramientas, y luego cierre el cuadro de diálogo Personalizar.

4. Arrastre su nueva barra de herramientas hasta la parte superior de la pantalla.

Para más información sobre	Véase
La apertura y personalización de barras de herramientas	La Lección 14.

Paso 2: Organización de las ventanas y ampliación para ver el gráfico

Necesita ver juntos los datos y el gráfico para estar seguro de que el gráfico muestra los datos claramente. Abra una nueva ventana para mostrar el gráfico y ponga ambas ventanas en mosaico. Reduzca para mostrar toda la historia de los datos en una ventana y todo el gráfico en la otra. Una vez que ha examinado los datos y el gráfico, cierre la ventana extra.

1. Asegúrese de que la hoja Historial de ventas es la hoja activa, y luego desde el menú Ventana, escoja Nueva ventana.

2. Ponga las ventanas En mosaico.

3. En la nueva ventana, cámbiese a la hoja Gráfico del historial de ventas, amplie el gráfico al 50%, y luego desplácelo hasta visualizar todo el gráfico en la ventana.

4. Amplie la hoja Historial de ventas al 75%, y luego desplácela hasta visualizar todos los datos en la ventana.

5. Cierre la nueva ventana.

Para más información sobre	Véase
La organización de ventanas	La Lección 14.
El enfoque de cerca o de lejos para ver la información	La Lección 14.

Paso 3: Creación de una macro para mostrar el gráfico ocupando la pantalla completa

Se ha dado cuenta de que con frecuencia necesita cambiarse a la hoja de gráfico y ampliarla a un tamaño del 75% para poder ver el gráfico en una visualización de pantalla completa. Para ahorrarle tiempo posteriormente, haga una macro que cambie primero a la hoja del gráfico, luego cambie la visualización a una pantalla completa, y luego amplíe a un 75%.

1. Asegúrese de que la hoja Historial de ventas es la hoja activa, y luego utilice el botón Grabar macro de la barra de herramientas Mi macro para crear una nueva macro.

2. Denomine la macro "Mostrar_Gráfico" y añada la descripción "Cambia a la hoja de gráfico, cambia la visualización a pantalla completa y amplie a un 75%".

3. Para registrar la macro, pulse la etiqueta de la hoja Gráfico del historial de ventas, seleccione la orden Pantalla completa del menú Ver y luego utilice la orden Zoom para ampliar la ventana a un 75%.

4. Utilice las órdenes Macro y Finalizar grabación del menú Herramientas para detener la grabación y finalizar su macro.

Para más información	Véase
Grabación de una macro	La Lección 15.

Paso 4: Documentación de la macro

Necesita documentar su macro para que otros pueden comprender exactamente lo que hace cada paso. Cámbiese a la hoja de módulo y añada comentarios a la macro para explicar cada paso.

1. Después de la linea "Sub Mostrar_Gráfico ( )", pulse dos veces INTRO y una vez TAB y luego introduzca **'Cambia para mostrar gráfico.**

2. Después de la linea "Hojas("Gráfico del historial de ventas"). Seleccionar", pulse dos veces INTRO y luego introduzca **'Cambia la visión a pantalla completa.**

3. Detrás de la palabra "Verdadero", pulse dos veces INTRO y luego introduzca **'Amplía a un 75%.**

Para más información sobre	Véase
Documentación de una macro	La Lección 15.

Paso 5: Incorporación de un botón de macro y ejecución de la macro

Su macro puede ahorrarle pulsaciones repetitivas, pero sólo si puede acceder a ella rápidamente. Cree un botón de macro denominado "Mostrar gráfico" para ejecutar la macro.

1. Pulse el botón Pantalla completa para visualizar de nuevo las barras de herramientas, la barra de título y la barra de estado y luego restablezca la hoja de gráfico a un tamaño del 50%.

2. Utilice el botón Crear botón de la barra de herramientas Dibujo para trazar un botón de macro en la hoja Historial de ventas.

3. Asigne al botón la macro Mostrar_Gráfico.

4. Denomine el botón "Mostrar gráfico".

5. Utilice el botón Mostrar gráfico para ejecutar la macro y comprobar que funciona.

Para más información sobre	Véase
La visualización de la pantalla completa de una hoja	La Lección 14.
El enfoque de cerca o de lejos para visualizar una hoja	La Lección 14.
La creación de botones de macro	La Lección 15.
La ejecución de una macro desde un botón de macro	La Lección 15.

Para salir de Microsoft Excel

➤ Seleccione Salir desde el menú Archivo.

Apéndice

Comparación de ejercicios

Microsoft Excel posee muchas opciones que pueden afectar a la visualización de la pantalla o a la operación de ciertas funciones. Por consiguiente, algunos pasos de ejercicios podrían no producir exactamente el mismo resultado en su pantalla que el mostrado en este libro. Por ejemplo, si no puede encontrar el subdirectorio PRACTICA o si en un momento determinado de una lección, su pantalla no se parece a la de la ilustración puede tomar este apéndice como guía. O, si no obtiene el resultado descrito en la lección, puede utilizar este apéndice para determinar si las opciones que están vigentes son las mismas que las utilizadas en este libro.

Visualización de los archivos de práctica

Ha comenzado la mayoría de las lecciones abriendo uno de los libros ejemplo que venía con el disco Archivos de Prácticas Paso a Paso. Los archivos de prácticas deberán estar almacenados en su disco fijo, en un subdirectorio denominado PRACTICA. El subdirectorio PRACTICA se encuentra en el directorio principal de Microsoft Excel, el cual puede ser denominado EXCEL, o cualquier otra cosa, dependiendo de su instalación. Si no puede localizar los archivos de práctica que necesita para completar la lección, siga los pasos siguientes.

Apertura del directorio PRACTICA

Abrir

1. De la barra de herramientas Estándar, pulse el botón Abrir.

   Con la pulsación del botón Abrir se visualiza el cuadro de diálogo Abrir, donde seleccionará el nombre del archivo de prácticas que desea abrir. Debe decirle a Microsoft Excel en qué unidad y en qué directorio está almacenado el archivo de prácticas.

2. Si el cuadro Unidades de disco no visualiza la unidad en la que están almacenados los archivos de prácticas, pulse la flecha hacia abajo cerca del cuadro Unidadades de disco, y luego pulse el nombre de la unidad correcta.

La mayoría de los usuarios tienen el subdirectorio PRACTICA almacenado en la unidad C.

3. En el cuadro Directorios, busque el nombre del directorio donde se encuentra almacenado el sudirectorio PRACTICA. Podría necesitar pulsar la flecha arriba o abajo de la barra de desplazamiento para ver todos los directorios de la lista. Cuando encuentre el nombre del directorio, púlselo dos veces para abrir el directorio y visualizar el subdirectorio PRACTICA.

El directorio principal de Microsoft Excel (normalmente EXCEL o EXCEL5) es la posición usual para el subdirectorio PRACTICA.

4. Pulse dos veces el subdirectorio PRACTICA para abrirlo.

Cuando abra el subdirectorio PRACTICA, los nombres de los archivos de prácticas paso a paso (los documentos ejemplos) aparecen en el cuadro Nombre de archivo. Pulse la flecha arriba o abajo de la barra de desplazamiento para ver todos los nombres.

5. Vuelva a la lección para saber qué archivo necesita abrir para completarla. Pulse dos veces el nombre de archivo para abrir el archivo de práctica.

Comparación de la visualización de la pantalla con las ilustraciones

Microsoft Excel hace que le resulte fácil establecer la ventana de aplicación para adaptarla a su estilo de trabajo y preferencias. Si comparte su computadora con otros, los usuarios anteriores podrían haber cambiado la configuración de la pantalla. Puede cambiarla de nuevo fácilmente, de forma que la pantalla coincida con las ilustraciones de las lecciones. Utilice los métodos siguientes para controlar la visualización de la pantalla.

Si modifica la visualización de la pantalla como parte de una lección y abandona Microsoft Excel, la próxima vez que abra Microsoft Excel, la pantalla tendrá la forma que dejó en la sesión anterior.

Visualización de barras de herramientas

Si las barras de herramientas de la parte superior de la pantalla no aparecen, los usuarios anteriores pueden haberlas ocultado para proporcionar más espacio al texto. Puede visualizar fácilmente las barras de herramientas que contienen los botones que necesita en las lecciones.

1. Desde el menú Ver, escoja la orden Barras de herramientas.

2. En el cuadro de diálogo Barras de herramientas, pulse los cuadros de selección de las barras de herramientas que necesita.

La mayoría de las lecciones requieren que aparezcan las barras de herramientas Estándar y Formato.

Ocultación de las barras de herramientas adicionales

Para utilizar prestaciones específicas en algunas de las lecciones, aparecen otras barras de herramientas en la ventana de aplicación. Si, después de completar la lección, ya no desea que aparezcan estas barras, utilice el cuadro de diálogo Barras de herramientas para ocultar las barras que no desea ver. Sin embargo, la mayoría de las leciones requieren que aparezcan las barras de herramientas Estándar y Formato.

1.   Desde el menú Ver, escoja Barras de herramientas.

2.   En el cuadro de diálogo Barras de herramientas, elimine las marcas de las casillas de selección de las barras que no desea ver.

Si las barras de desplazamiento vertical u horizontal no aparecen

Si no ve las barras de desplazamiento vertical u horizontal, un usuario anterior puede haberlas ocultado para dar más espacio a los datos. Puede visualizarlas de nuevo fácilmente.

1.   Escoja Opciones del menú Herramientas.

2.   Seleccione la ficha Ver para que aparezcan las opciones de ver en el cuadro de diálogo.

3.   En el área Opciones de la ventana, pulse las casillas de selección de Barra desplazamiento horizontal y Barra desplazamiento vertical para que aparezca una "X" en cada uno de ellos, indicando que han sido seleccionados.

     Si se seleccionó anteriormente la opción Barra desplazamiento vertical o Barra desplazamiento horizontal, complete el paso 4 y luego vea el siguiente procedimiento, "Si la ventana de aplicación de Microsoft Excel no ocupa la ventana".

4.   Pulse el botón Aceptar.

Si la ventana de aplicación de Microsoft Excel no ocupa la ventana

Un usuario anterior puede haber hecho que la ventana de aplicación de Microsoft Excel sea más pequeña para tener un acceso rápido a otra aplicación. Puede agrandar la ventana de documento haciendo lo siguiente:

➤   Pulse el botón Maximizar del extremo derecho de la barra de título de Microsoft Excel.

Maximizar

     Si el extremo derecho de la ventana de Microsoft Excel está oculto de forma que no puede ver el botón Maximizar, señale a "Microsoft Excel" de la barra de título que aparece en la parte superior de la pantalla, y luego arrastre la barra de título hacia la izquierda hasta que vea el botón Maximizar.

Si el documento no ocupa el espacio permitido por Microsoft Excel

Un usuario anterior podría haber visualizado el libro de trabajo en un tamaño más pequeño para obtener una visión global de una hoja. Para ver su libro en un tamaño normal, utilice la lista desplegable del Zoom de la barra de herramientas Estándar.

➤ Pulse la flecha hacia abajo cerca del cuadro Zoom y seleccione 100%.

Si las etiquetas de hoja no aparecen en su libro

Un usuario anterior puede haber ocultado las etiquetas de hoja para ver la mayoría de las hojas. Para visualizar las etiquetas de hoja, utilice la orden Opciones del menú Herramientas.

1. Escoja Opciones del menú Herramientas.

2. En el cuadro de diálogo de Opciones, pulse la ficha de selección Ver.

3. En el área Opciones de la ventana, pulse la casilla de selección Etiquetas de hoja y luego escoja Aceptar.

Si en sus archivos de prácticas aparecen signos de número en lugar de números

Si aparecen signos de número (#) en lugar de números en sus archivos de prácticas, su columna tal vez no sea lo suficientemente ancha. Para visualizar los números, redimensione las columnas.

➤ Seleccione las columnas afectadas y pulse en la cabecera dos veces el borde entre las dos columnas seleccionadas.

Si las líneas de división no aparecen en el libro de trabajo

Un usuario anterior puede haber ocultado las líneas de división para obtener una presentación más limpia de los datos. Para visualizar de nuevo estas líneas, utilice la orden Opciones del menú Herramientas.

1. Desde el menú Herramientas, escoja Opciones.

2. En el cuadro de diálogo Opciones, seleccione la ficha Ver.

3. En el área Opciones de la ventana, pulse la casilla de selección Líneas de división, y luego escoja Aceptar.

Si sus columnas se identifican con números en lugar de letras

Un usuario anterior puede haber modificado el estilo de referencia a L1C1. Para cambiarlo a A1, utilice la orden Opciones del menú Herramientas.

1. Desde el menú Herramientas, escoja Opciones, y luego seleccione la ficha General.

2. En el área Estilo de referencia, seleccione el botón de opción A1, y luego escoja Aceptar.

Si el cuadro de diálogo de la información de resumen no se abre cuando guarde un documento

Un usuario anterior puede haber desechado la opción Solicitar información de resumen. Para volver nuevamente a la opción Solicitar información de resumen, utilice la orden Opciones del menú Herramientas.

1. Escoja Opciones del menú Herramientas, y luego seleccione la ficha General.

2. Pulse el cuadro de comprobación Solicitar información de resumen, y luego escoja Aceptar.

Modificación de otras opciones

Si no obtiene los resultados descritos en las lecciones, siga las instrucciones de esta sección para verificar que las opciones establecidas en su aplicación son las mismas que las utilizadas en este libro.

Revise cada uno de los siguientes cuadros de diálogo para comparar parámetros en aquellas opciones que los usuarios modifican con más frecuencia y que probablemente puedan ofrecer resultados diferentes. Puede visualizar estos cuadros de diálogo escogiendo la orden Opciones del menú Herramientas. Luego pulse sobre la ficha que corresponde a las opciones que desea ver. Las ilustraciones siguientes muestran las opciones utilizadas en este libro.

Opciones de Ver

Pulse la ficha Ver para cambiar opciones que afectan a la presentación de la ventana de documento.

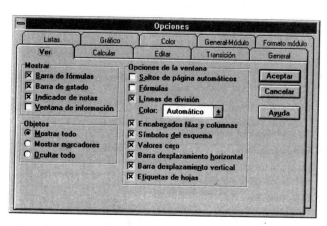

Opciones de Calcular

Pulse la ficha Calcular para cambiar opciones que afectan a los cálculos de sus fórmulas.

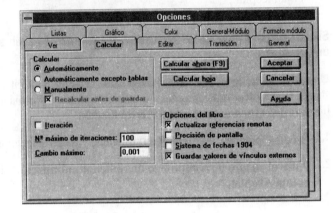

Opciones de Editar

Pulse la ficha Editar para cambiar opciones que afectan a la forma en que se ejecutan las operaciones de edición.

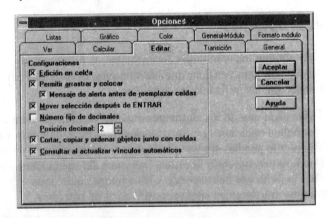

Opciones de General

Pulse la ficha General para cambiar opciones que afectan al funcionamiento de Microsoft Excel en general.

Opciones de Gráfico

Pulse la ficha Gráfico para cambiar opciones que afectan a la forma en que aparecen los gráficos en Microsoft Excel.

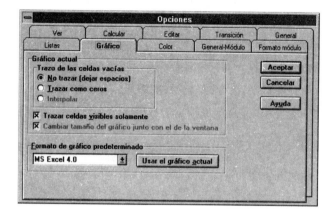

Opciones de General-Módulo

Pulse la ficha General-Módulo para cambiar opciones que afectan a la forma en que están establecidos los módulos.

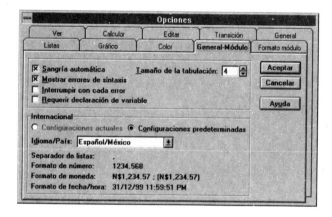

Opciones de Formato módulo

Pulse la ficha Formato módulo para cambiar las opciones que afectan a la forma en que los módulos están formateados.

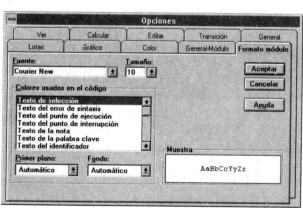

Glosario ordenado alfabéticamente en español

actualización automática   Una forma de intercambio de datos en la que los cambios en los datos se reflejan inmediatamente en todos los documentos enlazados. Esta forma de enlace le permite ver inmediatamente cualquier cambio en los datos dependientes, pero le proporciona menos control cuando los cambios en los datos compartidos se incorporan en su documento. Véase también enlace.

actualizar   La acción de actualizar los datos de una tabla dinámica para reflejar los cambios en los datos de su hoja.

área de pegado   El destino para los datos que corta con la orden Cortar o copia con la orden Copiar.

área de representación   El área de un gráfico en la cual Microsoft Excel dibuja los datos. En un gráfico 2-D, el área de trazado está limitada por los ejes e incluye todos los marcadores que representan puntos de datos. En un gráfico 3-D, está definida por los planos laterales e inferiores. Estos planos pueden formatearse independientemente.

argumento   Información que suministra a una función de Microsoft Excel para su cálculo.

barra de estado   La barra que aparece en la parte inferior de la pantalla y que visualiza información sobre la orden actualmente seleccionada, el cuadro de diálogo activo, las teclas de función, o el estado actual del programa y del teclado.

barra de fórmula   Una barra en la parte superior de su ventana de Microsoft Excel que se utiliza para introducir o editar valores y fórmulas en celdas o gráficos. Visualiza el valor constante o la fórmula contenida en la celda activa.

barra de herramientas flotante   Una barra de herramientas que aparece en una ventana con una barra de título, permanece en la parte superior de las otras ventanas y no está fija en su posición.

barras de desplazamiento   Barras que aparecen a lo largo de los lados derecho e inferior de una hoja o módulo y que le permiten desplazarse con el uso de un ratón, de forma vertical u horizontal a través del documento. Al pulsar una flecha, se desplaza una columna o una fila cada vez. Al pulsar un área sombreada se desplaza una ventana cada vez. La longitud de la barra de desplazamiento representa el documento completo. Si arrastra el cuadro de desplazamiento hacia una posición diferente de la barra de desplazamiento y suelta el botón del ratón, se visualiza la parte del documento con esa posición relativa.

base de datos   Un rango de celdas de una hoja. La primera fila de la base de datos contiene los nombres de campo. Cada fila adicional de la base de datos es un registro; cada columna en el registro representa un campo.

borde de desplazamiento   Una línea de puntos móviles que rodea a una celda o rango de celdas. Un borde móvil aparece alrededor de una celda o rango que ha sido cortado o copiado, o alrededor de una celda o rango que está insertando dentro de una fórmula.

búsqueda de objetivo   Proceso en el cual se introduce el valor de un objetivo, se selecciona la variable a modificar, y luego se deja que el programa busque el valor que le permitirá alcanzar su objetivo. Con la búsqueda de objetivo, puede examinar valores y luego introducirlos dentro de su hoja cuando encuentre los que necesita.

campo   Una columna o celda de una base de datos. Cada columna de una base de datos contiene una categoría de datos diferente, y cada celda de una base de datos comparte una característica común con otras celdas de la misma columna.

celda   La intersección de una columna y una fila. Cada celda puede contener texto, un número o una fórmula, y se denomina según la fila y la columna en la que está.

celda activa   La celda seleccionada. Cuando una celda está activa, puede introducir nuevos datos o editar los datos que ésta contiene.

celda de entrada   Una celda dentro de la cual se sustituyen los valores de una tabla de datos.

celda de resultado   Una celda de su hoja que se recalcula cuando aplica un nuevo escenario.

clave de ordenación   El nombre de campo o criterio que utiliza para ordenar. Para ordenar un rango, puede seleccionar cualquier celda dentro del rango y luego utilizar la orden Ordenar. Cuando escoja la orden Ordenar, el rango que incluye la celda activa quedará automáticamente seleccionado para su ordenación.

columna   Un conjunto vertical de celdas. Cada columna se identifica por una sola letra o combinación de letras (por ejemplo B, F, AD).

consolidación según categoría   Consolida las celdas de la hoja basándose en su nombre de categoría. Las celdas de la hoja que desea consolidar deben tener rótulos de categoría idénticos, pero la posición de las categorías dentro de cada hoja puede variar.

consolidación según posición   Consolida las celdas de la hoja según su posición. Las hojas que contienen las celdas que desea consolidar deben tener idénticas disposiciones para que las categorías de datos similares ocupen exactamente la misma posición en cada área de origen.

controlador de relleno   Un controlador que aparece cuando selecciona una celda o rango. Arrastrando el controlador de relleno hacia la celda o rango adjunto, puede copiar automáticamente o extender una serie de datos dentro de las celdas o rango.

controladores   Pequeños cuadrados negros localizados en el ángulo inferior derecho de las celdas seleccionadas o alrededor de los objetos gráficos seleccionados, elementos de gráfico o texto. Arrastrando los controladores, puede ejecutar acciones como el desplazamiento, copia, relleno, dimensionado o formateo de las celdas, objetos, elementos de gráfico o texto seleccionado.

cuadro de texto   Un elemento gráfico que puede colocar en una hoja o gráfico. Puede utilizar cuadros de texto para explicar o rotular cualquier parte de una hoja o gráfico.

directorio de inicialización   Un directorio opcional denominado INICIAR, el cual está localizado en el mismo directorio que EXCEL.EXE. Cualquier documento que coloque en el directorio de inicialización se abrirá automáticamente cuando arranque Microsoft Excel. Los modelos colocados en el directorio o carpeta de inicialización no se abren automáticamente, pero aparecen en una lista como opciones del cuadro de diálogo Nuevo.

ejes   Las líneas que bordean el área de representación que proporcionan un marco o referencia de medida o comparación en un gráfico. Un gráfico bidimensional (2-D) tiene dos ejes. Un gráfico tridimensional (3-D) tiene dos o tres ejes dependiendo de la prensentación de los datos seleccionados.

enlace   Para crear una conexión de datos entre una hoja dependiente, la hoja que utilizará los datos, y una hoja fuente, la hoja en la que se encuentran los datos originales. Su hoja dependiente se actualizará siempre que cambien los datos de la hoja fuente. Puede enlazar gráficos, texto u otros tipos de información entre un archivo fuente y su archivo de Microsoft Excel.

escenario   Un conjunto de valores de entrada que puede aplicar a un modelo de hoja. Los escenarios se crean con el Administrador de escenarios.

estilo de referencia   Un método para identificar celdas de una hoja. En el estilo de referencia A1, las columnas se denominan con letras y las filas con números. En el estilo de referencia L1C1, L indica la línea y C indica la columna; en este caso, tanto las filas como las columnas se denominan con números.

etiqueta de hoja   Una etiqueta en la parte inferior de la pantalla que representa una hoja de un libro de trabajo. Seleccione hojas pulsando sus etiquetas. Al seleccionar varias hojas, puede introducir a la vez la misma información en todas las hojas.

filas   Celdas que se ejecutan horizontalmente y que se identifican por números.

filtrado   Un método por el cual puede extraer datos que satisfagan ciertos criterios de una base de datos. Utilice los nombres de campo de su hoja para filtrar los datos.

formato de archivo   La forma en que la información de un documento es almacenada en un archivo. Programas distintos utilizan formatos de archivo diferentes. Puede guardar documentos en varios formatos de archivo utilizando la orden Guardar como del menú Archivo.

fórmula   Una secuencia de valores, referencias de celda, nombres, funciones u operadores que están contenidos en una celda y producen un nuevo valor a partir de los valores existentes. Una fórmula siempre comienza con un signo igual (=).

fórmula de enlace   Una fórmula de una hoja que contiene una referencia a una sola celda, a un rango de celdas, o a una celda o rango denominado de otra hoja. Una fórmula de enlace crea el enlace entre las hojas de Microsoft Excel.

función   Una fórmula predefinida que toma una serie de datos, los utiliza para realizar cálculos, y devuelve el resultado de dichos cálculos. Puede utilizar el Asistente para funciones para seleccionar una función e introducirla en una celda como parte de una fórmula.

gráfico   Una presentación gráfica de los datos de una hoja. Puede crear un gráfico en una hoja de gráfico separada o incluirlo en la misma hoja con los datos. Un gráfico incluido puede ser enlazado con los datos de otras hojas.

gráfico XY (dispersión)   Un gráfico 2-D que representa valores numéricos en ambos ejes, en lugar de tener valores en el eje vertical y categorías en el eje horizontal. Normalmente, este tipo de gráfico se utiliza para analizar datos científicos y ver si un conjunto de valores depende de o afecta a otro conjunto de valores.

hoja   Un conjunto de filas, columnas y celdas en las cuales almacena y manipula datos en Microsoft Excel. En un libro pueden aparecer varias hojas, y puede cambiar entre ellas fácilmente pulsando sus etiquetas con el ratón.

hoja de datos   Una hoja en la que se guardan valores de entrada que desea sustituir en las celdas de su hoja.

hoja dependiente   Una hoja que contiene una fórmula de referencia externa o una fórmula de referencia remota. Cuando enlaza dos hojas de Microsoft Excel, la hoja dependiente cuenta con otra hoja para obtener el valor de la fórmula con referencia externa. Cuando enlaza una hoja de Microsoft Excel con un documento de una aplicación diferente, la hoja depende de ese documento para la obtención del valor de la fórmula con referencia remota.

hoja fuente   Una hoja de Microsoft Excel a la que se hace referencia por medio de una fórmula de referencia externa o por una fórmula de referencia remota. La hoja origen es la fuente del valor contenido en la fórmula de referencia externa o en la fórmula de referencia remota; esta hoja le proporciona los datos a la hoja dependiente.

incrustación   El proceso por el cual un objeto se copia en otro documento. La incrustación puede tener lugar entre documentos dentro de la misma aplicación o entre documentos de distintas aplicaciones, siempre que ambas aplicaciones soporten el proceso de incrustación. Como un objeto incrustado se relaciona con su aplicación original, puede abrir esa aplicación y editar el objeto incrustado pulsando dos veces dicho objeto.

leyenda   Lista cada patrón o símbolo que se utiliza como marcador de un gráfico, seguido por la serie de datos o nombre de categoría correspondiente.

libro   Un documento de Microsoft Excel en el cual puede almacenar otros documentos. Un libro puede incluir varias hojas, módulos y gráficos.

libro personal de macros   Un libro de trabajo separado que contiene macros que están disponibles cada vez que arranca el programa. Cuando registre una macro, puede escoger incluirla en su libro personal de macros.

línea de tendencia   Una línea trazada en un gráfico que indica la evolución de una serie de datos en un gráfico que contiene varias series de datos. Puede añadir una línea de tendencia a una serie de datos que mostrará claramente los cambios de esa serie en relación con las otras que aparècen en el gráfico. Puede añadir líneas de tendencia a gráficos de barras, columna, áreas y gráficos xy (dispersión).

macro   Una secuencia de órdenes que se registra en un módulo. Posteriormente, puede ejecutar la macro para automatizar su trabajo. Para facilitar el uso de las macros, éstas pueden asignarse a una tecla de abreviatura, a un botón, a un objeto, o a una herramienta.

matriz   Un conjunto de datos utilizados para desarrollar fórmulas que producen varios resultados o que operan sobre un grupo de argumentos organizados en filas y columnas. Existen dos tipos de matrices en Microsoft Excel: matrices de rangos y matrices de constantes. Una matriz de rango es un área de celdas rectangular que comparte una fórmula común. Una matriz de constantes es un grupo de constantes organizados especialmente y que se utilizan como argumento de una fórmula.

menú contextual   Un menú que aparece cuando pulsa el botón derecho del ratón mientras señala a cualquiera de las distintas áreas de la pantalla. Puede visualizar menús contextuales de celdas, columnas, filas, cuadros de texto, objetos, botones, gráficos, elementos de gráfico, barras de herramientas, herramientas o libros.

módulo   Un documento similar a una hoja y que contiene conjuntos de instrucciones (macros) para realizar tareas específicas.

nombre   Un identificador creado para referirse a una celda, grupo de celdas, valor constante, serie de valores o fórmula. Cuando utiliza nombres en una fórmula, es más fácil de recordar y comprender que si se trata de una fórmula que contiene referencias de celda.

nota de celda   Una nota que explica, identifica o comenta la información de una celda o rango de celdas concreto.

objeto gráfico   Una línea o figura (botón, casilla de selección, óvalo, rectángulo, arco, dibujo) dibujada utilizando las herramientas de la barra de herramientas, o un dibújo incorporado dentro de Microsoft Excel.

operador   Véase operadores de comparación.

operadores de comparación   Normalmente, existen seis operadores de comparación lógicos que se pueden utilizar en las fórmulas de Microsoft Excel, tal como vemos en la tabla siguiente:

Operador	Significado
<	Menor que
<=	Menor o igual que
<>	Distinto de
=	Igual que
>	Mayor que
>=	Mayor o igual que

Portapapeles   El lugar donde se coloca la información que se corta o se copia con las órdenes Cortar, Copiar o Copiar imagen. Si corta o copia celdas de la hoja, el Portapapeles no visualiza las celdas como están en la hoja. En vez de ello, visualiza su contenido y su posición. Ejemplo, "Copia C2 ó "Corta C2".

punto de inserción   Una línea vertical intermitente que muestra dónde se introducirá el texto; por ejemplo, en la barra de fórmula.

rango   Una sección rectangular de una hoja que contiene dos o más celdas.

referencia absoluta   Una referencia de celda que indica la posición absoluta de una celda concreta, en lugar de una posición relativa con respecto a la celda actual. Si se desplaza una fórmula que contiene una referencia absoluta, la referencia permanece lo mismo. En una referencia absoluta, la fila y columna van precedidas cada una de ellas por un signo de dólar ($). Véase también tipo de refencia.

referencia de celda   La combinación de la letra de columna y el número de fila de una celda. Por ejemplo, la intersección de la primera columna con la primera fila forman la celda A1. La celda que se halla una columna a la derecha de A1 se denomina B1; la celda que se halla una fila por debajo de A1 es A2, y así sucesivamente.

referencia externa   Una referencia a otra hoja de Microsoft Excel. Una referencia externa puede designar una sola celda, un rango de celdas o un rango denominado.

referencia relativa   Una referencia de celda que indica la posición de una celda concreta en relación a la celda actual, en lugar de referirse a su posición absoluta. Vea también tipo de referencia.

registro   Una fila de una base de datos. La primera fila de la base de datos contiene el nombre de campo. Cada fila adicional de la base de datos es un registro. Cada registro de la base de datos contiene las mismas categorías de datos.

referencia   La posición de una celda o grupo de celdas de una hoja, indicada por la letra de columna y el número de fila. Ejemplos: C5, A1:D3, L1C1 y L[1]C[3].

sección   Puede dividir la ventana de su hoja y obtener secciones separadas. Al inmovilizar dichas secciones, puede visualizar al mismo tiempo cabeceras y datos alejados de estas cabeceras.

selección no adyacente   Una selección de celdas y/u objetos no contiguos.

series de datos   Un grupo de puntos de datos relacionados para ser representado en un gráfico. Cada punto de dato consta de una categoría y un valor. Puede representar una o más series de datos en un gráfico.

situación de la barra de herramientas   La zona por encima de la barra de fórmula y por debajo de la barra de menú, o las zonas en los lados izquierdo, derecho e inferior de la ventana de aplicación, donde pueden permanecer las barras de herramientas.

subtotales anidados   Varios niveles de subtotales que proporcionan otros niveles de detalle en un informe complejo.

tabla de datos   Un rango de celdas que resume los resultados de la sustitución de diferentes valores en una o más fórmulas de su hoja. En Microsoft Excel, existen tablas de datos de una entrada y tablas de datos de dos entradas.

tabla de datos de una entrada   Una tabla producida con la orden Tabla del menú Datos. Utilizando una fórmula con una variable y una serie de valores a sustituir en esa variable, puede generar una serie de resultados formando una fila o una columna en función de la serie de valores introducida.

tabla de datos de dos entradas   Una tabla producida con la orden Tabla del menú Datos. Utilizando una fórmula con dos variables y dos series de valores a sustituir en esas variables, puede generar una matriz de resultados bidimensional en función de las series de valores introducidas.

tabla dinámica   Una tabla, similar a una sinopsis, que permite visualizar diferentes combinaciones de resúmenes por filas y columnas de los datos seleccionados de una base de datos. Desarrolle una tabla dinámica con el Asistente para tablas dinámicas.

tipo de referencia   Una referencia relativa (A1) en una fórmula indica la posición de otra celda en relación con la celda que contiene la fórmula. Una referencia absoluta ($A$1) siempre hace referencia a la posición exacta de una celda concreta. Una referencia mixta ($A2;A$2) es mitad relativa y mitad absoluta.

título de impresión   Una cabecera que repite en sucesivas páginas impresas de una hoja para identificar los datos.

Indice

El disco que acompaña al libro

El disco de 3,5 (pulgadas) que incluye el libro contiene archivos de prácticas que complementan cada una de las lecciones de esta obra.Para utilizar estos archivos necesita el sistema operativo Microsoft Windows 3.1 o posterior y Microsoft Excel 5 para Windows.

Cada lección del libro está relacionada con los archivos de prácticas del disco. Antes de comenzar a leer las lecciones del manual *Paso a paso*, le recomendamos que lea la sección "Introducción" de este libro e instale los archivos de prácticas en el disco fijo. Cuando esté trabajando en cada lección, no olvide seguir las instrucciones en cuanto al cambio del nombre de los archivos de prácticas de forma que pueda realizar una lección varias veces si lo necesita.

Le ofrece

- Administración
- Arquitectura
- Biología
- Contabilidad
- Derecho
- Economía
- Electricidad
- Electrónica
- Física
- Informática
- Ingeniería
- Marketing
- Matemáticas
- Psicología
- Química
- Serie McGraw-Hill de Divulgación Científica
- Serie McGraw-Hill de Electrotecnologías
- Serie McGraw-Hill de Management
- Sociología
- Textos Universitarios

--- ✂ ---

Sí envíenme el catálogo de las novedades de McGRAW-HILL en

☐ Informática   ☐ Economía/Empresa   ☐ Ciencia/Tecnología

☐ Español   ☐ Inglés

Nombre .... Titulación ....

Empresa .... Departamento ....

Dirección .... Código postal ....

Localidad .... País ....

¿Por qué elegí este libro?

☐ Renombre del autor
☐ Renombre McGraw-Hill
☐ Reseña en prensa
☐ Catálogo McGraw-Hill
☐ Buscando en librería
☐ Requerido como texto
☐ Precio
☐ Otros ....

....

Temas que quisiera ver tratados en futuros libros McGraw-Hill:

....
....
....
....

Este libro me ha parecido:

☐ Excelente   ☐ Bueno   ☐ Malo

Comentarios ....

....

Por favor, rellene esta tarjeta y envíela por correo a la dirección apropiada.

EXCEL 5 PP

OFICINAS DEL GRUPO IBEROAMERICANO

USA

McGRAW-HILL IBEROAMERICAN GROUP
28 th. floor 1221 Avenue of the Americas
New York, N.Y. 10020

BRASIL

MAKRON BOOKS EDITORA, LTDA.
Rua Tabapua 1105, Sao Paulo, S.P.
Telf.: (5511) 280 66 22 Fax (5511) 829 49 70

ESPAÑA

McGRAW-HILL/INTERAMERICANA
DE ESPAÑA, S.A.
Apartado Postal 786 F.D.
Edificio Valrealty, - 1.ª planta - c/Basauri, 17
28023 Aravaca (Madrid)
Telf.: (341) 372 81 93. Fax: (341) 372 84 67

ARGENTINA, PARAGUAY Y URUGUAY

McGRAW-HILL EXPORT ESPAÑA
Apartado Postal 786 F.D.
Edificio Valrealty, - 1.ª planta - c/Basauri, 17
28023 Aravaca (Madrid)
Telf.: (341) 372 81 93. Fax: (341) 372 84 67

CHILE

McGRAW-HILL/INTERAMERICANA DE CHILE, LTDA.
Seminario, 541
Casilla 150, Correo 29
Santiago
Telf.: 222 94 05. Fax: (56-2) 635-4467

PORTUGAL

EDITORA McGRAW-HILL DE PORTUGAL, LDA.
Av. Almirante Reis, 59, 6.º, 1100 Lisboa
Telf.: (3511) 315 49 84. Fax: (3511) 352 19 75

COLOMBIA

McGRAW-HILL/INTERAMERICANA
DE COLOMBIA, S.A.
Apartado 81078, Santafé de Bogotá, D.E.
Transversal 42B, 19-77, Santafé de Bogotá, D.E.
Telf.: (571) 268 27 00. Fax: (571) 268 55 67

ECUADOR, BOLIVIA Y PERU

McGRAW-HILL EXPORT COLOMBIA
Apartado 81078, Santafé de Bogotá, D.E.
Transversal 42B, 19-77, Santafé de Bogotá, D.E.
Telf.: (571) 268 27 00. Fax: (571) 268 55 67

VENEZUELA

McGRAW-HILL/INTERAMERICANA
DE VENEZUELA, S.A.
Apartado Postal 50785, Caracas 1050
Calle Vargas, Edificio Centro Berimer
Planta 1.ª Boleíta Norte. Caracas
Telfs.: 238 24 97 - 238 34 94. Fax: 238 23 74

MEXICO

McGRAW-HILL/INTERAMERICANA
DE MEXICO, S.A.
Apartado Postal 5-237, México 5, D.F.
Atlacomulco 499-501
Fracc. Industrial San Andrés Atoto,
Naucalpan de Juárez, Edo. de México, 53500
Telf.: (525) 576 90 44. Fax: Ventas (525) 576 08 15

CENTROAMERICA Y CARIBE

McGRAW-HILL EXPORT MEXICO
Apartado Postal 5-237, México 5, D.F.
Atlacomulco 499-501
Fracc. Industrial San Andrés Atoto,
Naucalpan de Juárez, Edo. de México, 53500
Telf.: (525) 576 90 44. Fax: Ventas (525) 576 08 15

Envíe la tarjeta por correo a la dirección apropiada